열공방
열심히 공부하는
아이들을 위한 합격비법

ITQ
엑셀 2016

SD에듀
(주)시대고시기획

이 책의 구성

유형 분석하기

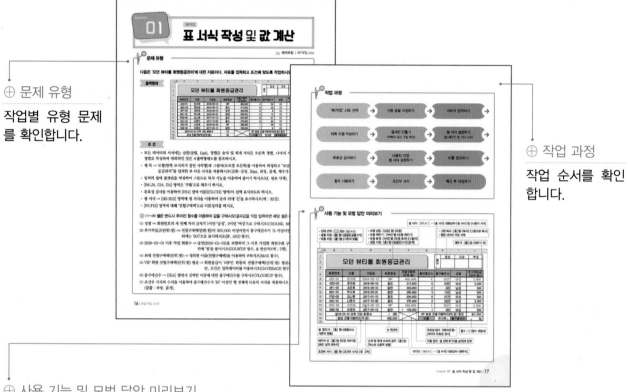

⊕ **문제 유형**

작업별 유형 문제
를 확인합니다.

⊕ **작업 과정**

작업 순서를 확인
합니다.

⊕ **사용 기능 및 모범 답안 미리보기**

답안 작성에 필요한 기능들을 확인합니다.

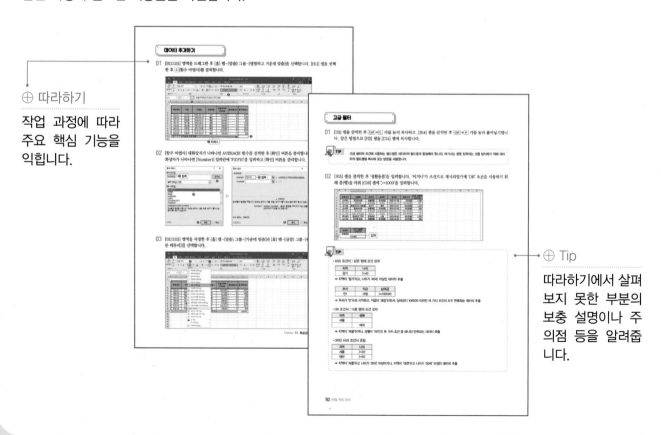

⊕ **따라하기**

작업 과정에 따라
주요 핵심 기능을
익힙니다.

⊕ **Tip**

따라하기에서 살펴
보지 못한 부분의
보충 설명이나 주
의점 등을 알려줍
니다.

기본 예제 / 기출 유형 문제

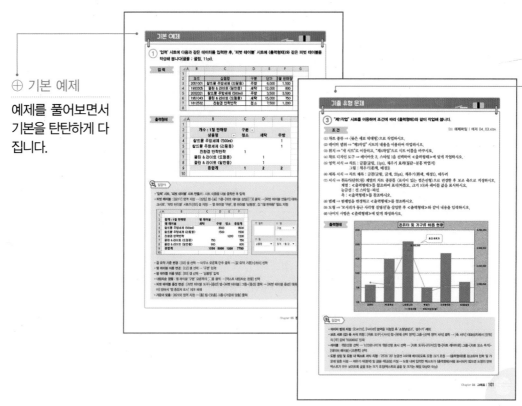

⊕ 기본 예제

예제를 풀어보면서
기본을 탄탄하게 다
집니다.

⊕ 기출 유형 문제

출제 유형을 파악할
수 있도록 기출문제
를 작업별로 연습해
봅니다.

실전 모의고사 / 최신 기출문제

다양한 유형의 문제를 통해 문제 해결력을 기르고 최신 기출문제를 풀어봅니다.

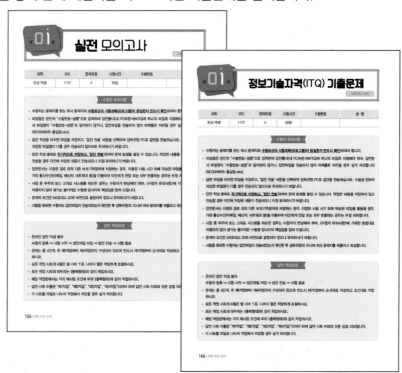

검정 안내

 ITQ 시험은?

정보화 시대의 기업, 기관, 단체 구성원들에 대한 정보기술능력 또는 정보기술 활용능력을 객관적으로 평가하는 시험입니다. 산업인력의 정보경쟁력 강화를 통한 국가정보화 촉진을 목적으로 시행하고 있으며, 초등학생부터 대학생, 직장인, 노년층에 이르기까지 다양한 계층에서 응시하고 있는 "국가공인(민간)자격" 시험입니다. 1957년 산업발전법에 의거하여 설립된 한국생산성본부에서 시행합니다.

 활용 분야

- 기업체 : 의무취득, 입사 시 우대, 사원교육제도, 승진가점, 경진대회
- 대학교 : 학점인정, 교양필수, 개설과목 적용, 졸업인증제, 정보화능력배양, 신입생특별전형
- 정부부처 및 지자체 : 의무취득, 공무원 채용가점, 공무원 승진가점, 경진대회, 이벤트, 주민정보화교육

 자격 특징

- 공정성, 객관성, 신뢰성이 확보된 OA 자격 시험입니다.
- 동일 시험 과목에 응시가 가능하며, 취득한 성적별로 A · B · C등급을 부여하여 업그레이드 할 수 있습니다.
- 8과목 중 1과목만 취득하여도 국가공인자격이 부여됩니다.
- 필기 시험 없이 실기 시험만으로 평가합니다.
- 실무 중심의 작업형 문제로 출제되는 현장 실무 위주의 시험입니다.

 한국생산성 본부 자격인증 센터

- 홈페이지 : license.kpc.or.kr
- 주소 : 서울시 종로구 새문안로 5가길 32 생산성빌딩
- 문의 : (국번없이) 1577-9402

 자격검정 응시절차 안내

응시 자격 조건		원서 접수하기		시험 응시		합격자 발표
제한 없음 (누구나 가능)	▶	방문 접수 또는 인터넷 접수 (license.kpc.or.kr)	▶	실무 작업형 시험 (60분)	▶	"license.kpc.or.kr"에서 결과 확인 (합격자 : 자격증 발급 신청)

ITQ 합격 기준

(만점 : 500점 만점, 시험 시간 : 60분)

A등급	B등급	C등급
400~500점	300~399점	200~299점

 ITQ 시험 과목

자격 종목		시험 프로그램(S/W) 및 버전	기타
국가공인 ITQ 정보기술자격	아래한글	한컴오피스 NEO	실기 시험으로만 평가
	한셀		
	한쇼		
	MS 워드	MS오피스 2016	
	한글 엑셀		
	한글 액세스		
	한글 파워포인트		
	인터넷	IE 8.0 이상	

※ 한 회차에 아래한글·MS워드, 한글 엑셀/한셀, 한글 액세스, 한글 파워포인트/한쇼, 인터넷의 5개 과목 중 최대 3과목까지 시험자가 선택하여 신청 가능 (단, 아래한글/MS 워드, 한글 엑셀/한셀, 한글 파워포인트/한쇼는 동일 과목군으로 동일 회차에 응시 불가)

 ITQ "엑셀" 시험 출제 기준

문항	배점	출제 기준	
1. 표 작성	240점	출력형태의 표를 작성하고 조건에 따른 서식 변환 및 함수 사용 능력 평가	
		100점	• 데이터 입력 및 셀 편집 • 도형을 이용한 제목 작성 및 편집 • 카메라, 이름 정의, 유효성 검사 등
		140점	• 함수를 이용한 수식 작성 • 조건부 서식
2. 필터, 목표값 찾기, 자동 서식	80점	**유형1** 필터 및 서식 기본 데이터를 이용한 데이터 필터 능력과 서식 작성 능력 평가 • 고급 필터 : 정확한 조건과 추출 위치 지정 • 자동 서식(표 스타일) : 서식 적용	
		유형2 목표값 찾기 및 필터 원하는 결과값을 구하기 위해 변경되는 값을 구하는 능력과 데이터 필터 능력 평가 • 목표값 찾기 : 정확한 목표값 산출 • 고급 필터 : 정확한 조건과 추출 위치 지정	
3. 부분합/ 피벗 테이블	80점	**유형1** 정렬 및 부분합 기본 데이터를 이용하여 특정 필드에 대한 합계, 평균 등을 구하는 능력 평가	
		유형2 피벗 테이블 데이터 자료 중에서 필요한 필드를 추출하여 보기 쉬운 결과물을 만드는 능력 평가	
4. 차트	100점	기본 데이터를 이용하여 보기 쉽게 차트로 표현하는 능력 평가 • 차트 종류　　•차트 위치 및 서식　　•차트 옵션 변경	

목차 (Contents)

소스파일 다운로드 및 사용방법

홈페이지에서 다운받기

01 SD에듀 홈페이지(www.sdedu.co.kr)에 접속한 후, 로그인을 합니다.

※ SD에듀 회원이 아닌 경우 회원가입을 한 후 로그인을 합니다.

02 홈페이지의 위쪽 메뉴 중 [프로그램]을 선택합니다.

03 학습에 필요한 소스파일을 다운로드받습니다.

소스파일 구성

다운로드한 압축 파일을 해제하면 다음과 같이 구성되어 있습니다.

ITQ   Part1   Part2   Part3   예제파일

[ITQ] 폴더 이동

[ITQ] 폴더를 내 PC의 [문서] 폴더로 이동한 후 연습을 시작합니다.

01

출제유형 분석하기

답안 작성 준비

 문제 유형

- 수험자는 문제지를 받는 즉시 문제지와 **수험표상의 시험과목(프로그램), 버전이 동일한지 반드시 확인**하여야 합니다.

- 파일명은 본인의 "수험번호−성명"으로 입력하여 답안폴더(내 PC₩문서₩ITQ)에 하나의 파일로 저장해야 하며, 답안문서 파일명이 "수험번호−성명"과 일치하지 않거나, 답안파일을 전송하지 않아 미제출로 처리될 경우 실격 처리합니다(예:12345678−홍길동.xlsx).

- 답안 작성을 마치면 파일을 저장하고, '답안 전송' 버튼을 선택하여 감독위원 PC로 답안을 전송하십시오. 수험생 정보와 저장한 파일명이 다를 경우 전송되지 않으므로 주의하시기 바랍니다.

- 답안 작성 중에도 **주기적으로 저장하고 답안을 전송**하여야 문제 발생을 줄일 수 있습니다. 작업한 내용을 저장하지 않고 전송할 경우 이전에 저장된 내용이 전송되오니 이점 유의하시기 바랍니다.

- 답안문서는 지정된 경로 외의 다른 보조기억장치에 저장하는 경우, 지정된 시험 시간 외에 작성된 파일을 활용할 경우, 기타 통신수단(이메일, 메신저, 네트워크 등)을 이용하여 타인에게 전달 또는 외부 반출하는 경우는 부정 처리합니다.

- 시험 중 부주의 또는 고의로 시스템을 파손한 경우는 수험자가 변상해야 하며, 〈수험자 유의사항〉에 기재된 방법대로 이행하지 않아 생기는 불이익은 수험생 당사자의 책임임을 알려 드립니다.

- 문제의 조건은 MS오피스 2016 버전으로 설정되어 있으니 유의하시기 바랍니다.

- 시험을 완료한 수험자는 답안파일이 전송되었는지 확인한 후 감독위원의 지시에 따라 문제지를 제출하고 퇴실합니다.

- 온라인 답안 작성 절차
  수험자 등록 ⇒ 시험 시작 ⇒ 답안파일 저장 ⇒ 답안 전송 ⇒ 시험 종료

- 문제는 총 4단계, 즉 제1작업부터 제4작업까지 구성되어 있으며 반드시 제1작업부터 순서대로 작성하고 조건대로 작업하시오.

- 모든 작업 시트의 A열은 열 너비 '1'로, 나머지 열은 적당하게 조절하시오.

- 모든 작업 시트의 테두리는 《출력형태》와 같이 작업하시오.

- 해당 작업란에서는 각각 제시된 조건에 따라 《출력형태》와 같이 작업하시오.

- 답안 시트 이름은 "제1작업", "제2작업", "제3작업", "제4작업"이어야 하며 답안 시트 이외의 것은 감점 처리됩니다.

- 각 시트를 파일로 나누어 작업해서 저장할 경우 실격 처리됩니다.

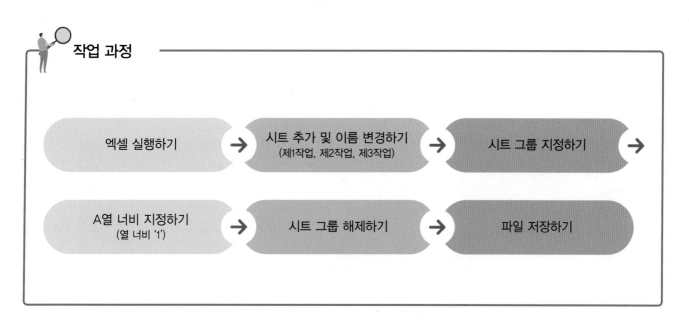

작업 과정

엑셀 실행하기 → 시트 추가 및 이름 변경하기 (제1작업, 제2작업, 제3작업) → 시트 그룹 지정하기 →

A열 너비 지정하기 (열 너비 '1') → 시트 그룹 해제하기 → 파일 저장하기

사용 기능 및 모범 답안 미리보기

워크시트 그룹 후 열 너비 '1'로 조정

- 저장 : Ctrl + S
- 파일명 : 수험번호−성명.xlsx

시트 추가

워크시트 이름 변경 : 더블 클릭

엑셀 실행하기

01 [시작(⊞)]-[Excel 2016]을 선택합니다.

02 [Excel 서식]이 나타나면 [새 통합 문서]를 선택합니다.

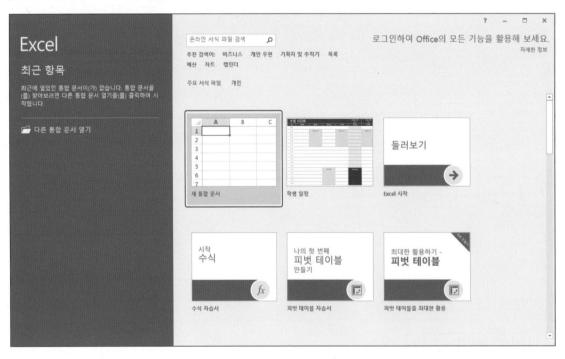

03 새로운 통합 문서가 나타납니다.

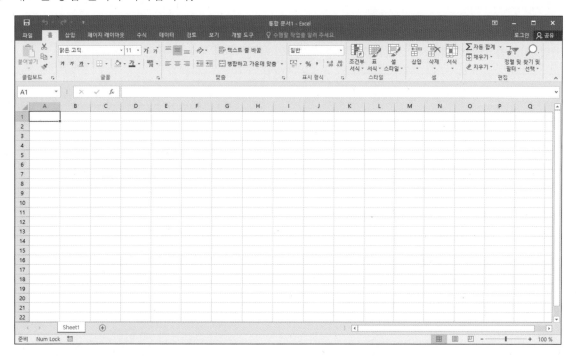

워크시트 추가하기

워크시트를 추가하기 위해 [새 시트(⊕)]를 2번 클릭합니다. 3개의 워크시트가 만들어진 것을 확인합니다.

워크시트 이름 변경하기

01 'Sheet1'을 더블 클릭합니다. '제1작업'이라 입력하고 Enter 키를 누릅니다.

02 같은 방법으로 시트 이름을 각각 '제2작업', '제3작업'으로 변경합니다.

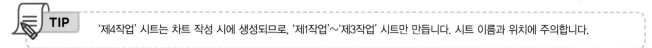

TIP '제4작업' 시트는 차트 작성 시에 생성되므로, '제1작업'~'제3작업' 시트만 만듭니다. 시트 이름과 위치에 주의합니다.

A열 너비 지정하기

01 '제1작업' 시트를 클릭한 후 Shift 키를 누른 채 '제3작업'을 클릭해 시트 그룹으로 지정합니다.

TIP 시트 탭에서 마우스 오른쪽 버튼을 클릭한 후 나타나는 바로 가기 메뉴 중 [모든 시트 선택]을 선택해도 됩니다.

02 A열의 셀이 선택한 후 [홈] 탭-[셀] 그룹-[서식]-[열 너비]를 선택합니다.

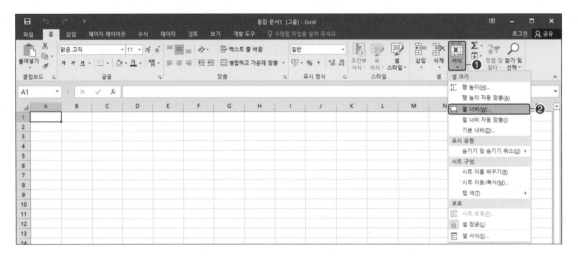

03 [열 너비] 대화상자가 나타나면 '1'을 입력한 후 [확인] 버튼을 클릭합니다. 선택한 시트 그룹의 A열 너비가 '1'로 변경됩니다.

04 시트 탭의 아무 시트나 마우스 오른쪽 버튼으로 클릭한 후 [시트 그룹 해제]를 선택합니다.

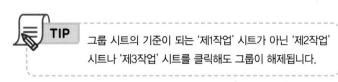

TIP 그룹 시트의 기준이 되는 '제1작업' 시트가 아닌 '제2작업' 시트나 '제3작업' 시트를 클릭해도 그룹이 해제됩니다.

저장하기

01 [파일] 탭을 선택합니다.

02 [다른 이름으로 저장]을 선택한 후 [찾아보기]를 선택합니다.

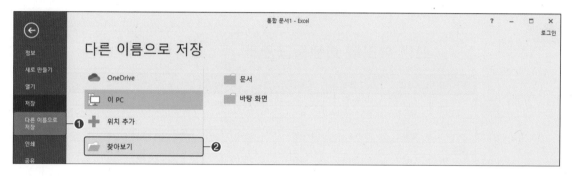

 TIP

• 빠른 실행 도구 모음의 [저장(🔲)]을 클릭하거나 Ctrl + S 키를 눌러 저장할 수도 있습니다.
• 작업 과정 중 Ctrl + S 키를 눌러 수시로 저장해두는 게 안전합니다.

03 [다른 이름으로 저장] 대화상자가 나타나면 저장 위치(내 PC\문서\ITQ 폴더)에 지정된 형식의 파일 이름
(수험번호–이름)을 입력한 후 [저장] 버튼을 클릭합니다.

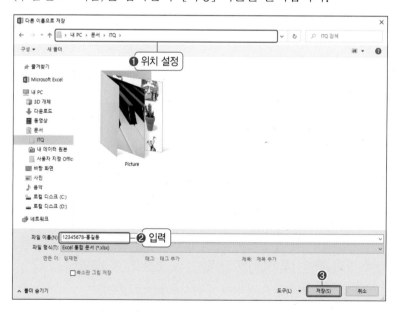

제1작업

표 서식 작성 및 값 계산

📁 **예제파일** | 제1작업.xlsx

🔍 **문제 유형**

다음은 '모던 뷰티몰 회원등급관리'에 대한 자료이다. 자료를 입력하고 조건에 맞도록 작업하시오. 240점

출력형태

	결재	담당	과장	부장

모던 뷰티몰 회원등급관리

회원번호	이름	가입일	회원등급	전월구매액 (단위:원)	총반품건수	총구매건수	성별	추가적립금 (단위:원)
AV2-01	한가현	2018-05-12	VIP	405,000	4	32	(1)	(2)
GE2-03	장지희	2019-08-19	골드	317,000	5	23	(1)	(2)
NF1-03	조민후	2018-09-15	일반	303,000	2	8	(1)	(2)
NS1-01	박시후	2018-03-21	일반	285,000	3	13	(1)	(2)
FG2-02	김나윤	2017-01-10	골드	204,000	6	21	(1)	(2)
SG1-01	나은석	2017-10-05	골드	375,000	2	22	(1)	(2)
AV2-02	신선희	2019-02-23	VIP	398,000	1	38	(1)	(2)
EN2-02	이정아	2017-04-12	일반	105,000	1	9	(1)	(2)
2019-01-01 이후 가입 회원수			(3)			VIP 회원 전월구매액(단위:원) 평균		(5)
최대 전월구매액(단위:원)			(4)			이름	한가현	총구매건수	(6)

조 건

- 모든 데이터의 서식에는 글꼴(굴림, 11pt), 정렬은 숫자 및 회계 서식은 오른쪽 정렬, 나머지 서식은 가운데 정렬로 작성하며 예외적인 것은 ≪출력형태≫를 참조하시오.
- 제 목 ⇒ 도형(한쪽 모서리가 잘린 사각형)과 그림자(오프셋 오른쪽)를 이용하여 작성하고 "모던 뷰티몰 회원 등급관리"를 입력한 후 다음 서식을 적용하시오(글꼴-굴림, 24pt, 검정, 굵게, 채우기-노랑).
- 임의의 셀에 결재란을 작성하여 그림으로 복사 기능을 이용하여 붙이기 하시오(단, 원본 삭제).
- [B4:J4, G14, I14] 영역은 '주황'으로 채우기 하시오.
- 유효성 검사를 이용하여 [H14] 셀에 이름([C5:C12] 영역)이 선택 표시되도록 하시오.
- 셀 서식 ⇒ [H5:H12] 영역에 셀 서식을 이용하여 숫자 뒤에 '건'을 표시하시오(예 : 32건).
- [F5:F12] 영역에 대해 '전월구매액'으로 이름정의를 하시오.

▶ (1)~(6) 셀은 반드시 주어진 함수를 이용하여 값을 구하시오(결과값을 직접 입력하면 해당 셀은 0점 처리됨).

(1) 성별 ⇒ 회원번호의 세 번째 자리 글자가 1이면 '남성', 2이면 '여성'으로 구하시오(CHOOSE, MID 함수).

(2) 추가적립금(단위:원) ⇒ 전월구매액(단위:원)이 300,000 이상이면서 총구매건수가 15 이상이면 '2,000', 그 외에는 '500'으로 표시하시오(IF, AND 함수).

(3) 2019-01-01 이후 가입 회원수 ⇒ 당일(2019-01-01)을 포함하여 그 이후 가입한 회원수를 구하고, 결과값 뒤에 '명'을 붙이시오(COUNTIF 함수, & 연산자)(예 : 5명).

(4) 최대 전월구매액(단위:원) ⇒ 정의된 이름(전월구매액)을 이용하여 구하시오(MAX 함수).

(5) VIP 회원 전월구매액(단위:원) 평균 ⇒ 회원등급이 VIP인 회원의 전월구매액(단위:원) 평균을 구하시오. 단, 조건은 입력데이터를 이용하시오(DAVERAGE 함수).

(6) 총구매건수 ⇒ [H14] 셀에서 선택한 이름에 대한 총구매건수를 구하시오(VLOOKUP 함수).

(7) 조건부 서식의 수식을 이용하여 총구매건수가 '30' 이상인 행 전체에 다음의 서식을 적용하시오 (글꼴 : 파랑, 굵게).

작업 과정

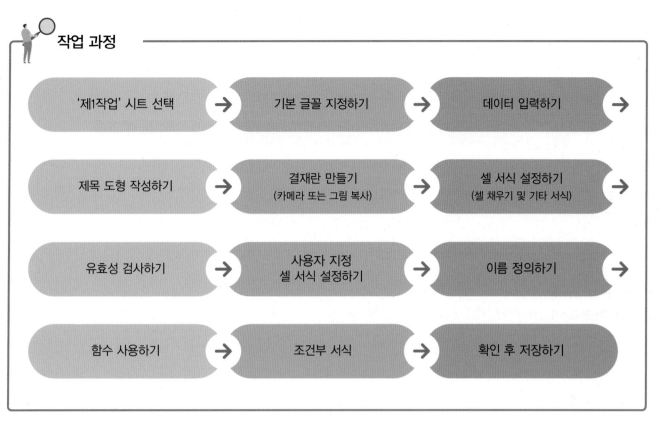

'제1작업' 시트 선택	→ 기본 글꼴 지정하기	→ 데이터 입력하기 →
제목 도형 작성하기	→ 결재란 만들기 (카메라 또는 그림 복사)	→ 셀 서식 설정하기 (셀 채우기 및 기타 서식) →
유효성 검사하기	→ 사용자 지정 셀 서식 설정하기	→ 이름 정의하기 →
함수 사용하기	→ 조건부 서식	→ 확인 후 저장하기

사용 기능 및 모범 답안 미리보기

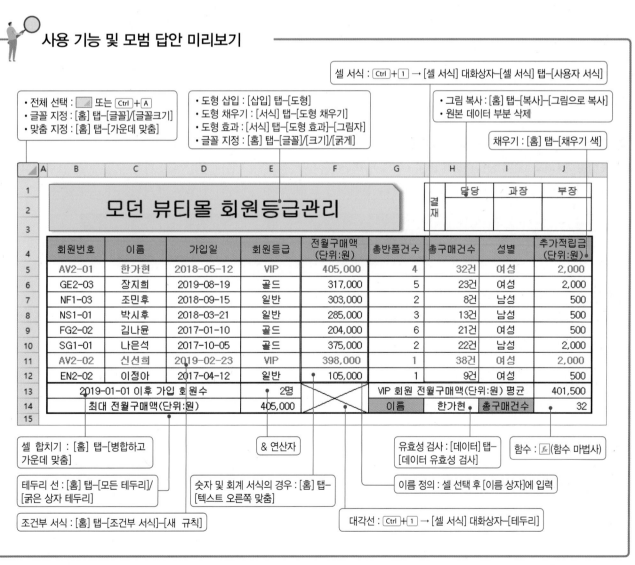

- 셀 서식 : Ctrl + 1 → [셀 서식] 대화상자-[셀 서식] 탭-[사용자 서식]

- 전체 선택 : ◢ 또는 Ctrl + A
- 글꼴 지정 : [홈] 탭-[글꼴]/[글꼴크기]
- 맞춤 지정 : [홈] 탭-[가운데 맞춤]

- 도형 삽입 : [삽입] 탭-[도형]
- 도형 채우기 : [서식] 탭-[도형 채우기]
- 도형 효과 : [서식] 탭-[도형 효과]-[그림자]
- 글꼴 지정 : [홈] 탭-[글꼴]/[크기]/[굵게]

- 그림 복사 : [홈] 탭-[복사]-[그림으로 복사]
- 원본 데이터 부분 삭제

- 채우기 : [홈] 탭-[채우기 색]

모던 뷰티몰 회원등급관리

회원번호	이름	가입일	회원등급	전월구매액 (단위:원)	총반품건수	총구매건수	성별	추가적립금 (단위:원)
AV2-01	한가현	2018-05-12	VIP	405,000	4	32건	여성	2,000
GE2-03	장지희	2019-08-19	골드	317,000	5	23건	여성	2,000
NF1-03	조민후	2018-09-15	일반	303,000	2	8건	남성	500
NS1-01	박시후	2018-03-21	일반	285,000	3	13건	남성	500
FG2-02	김나윤	2017-01-10	골드	204,000	6	21건	여성	500
SG1-01	나은석	2017-10-05	골드	375,000	2	22건	남성	2,000
AV2-02	신선희	2019-02-23	VIP	398,000	1	38건	여성	2,000
EN2-02	이정아	2017-04-12	일반	105,000	1	9건	여성	500

결재 / 담당 / 과장 / 부장

2019-01-01 이후 가입 회원수 : 2명 / VIP 회원 전월구매액(단위:원) 평균 : 401,500
최대 전월구매액(단위:원) : 405,000 / 이름 : 한가현 / 총구매건수 : 32

- 셀 합치기 : [홈] 탭-[병합하고 가운데 맞춤]
- 테두리 선 : [홈] 탭-[모든 테두리]/[굵은 상자 테두리]
- 조건부 서식 : [홈] 탭-[조건부 서식]-[새 규칙]
- & 연산자
- 숫자 및 회계 서식의 경우 : [홈] 탭-[텍스트 오른쪽 맞춤]
- 유효성 검사 : [데이터] 탭-[데이터 유효성 검사]
- 이름 정의 : 셀 선택 후 [이름 상자]에 입력
- 함수 : fx (함수 마법사)
- 대각선 : Ctrl + 1 → [셀 서식] 대화상자-[테두리]

'제1작업' 시트를 선택한 후 Ctrl + A 키를 눌러 모든 셀을 선택합니다. [홈] 탭-[글꼴] 그룹에서 《조건》에서 제시된 글꼴(굴림, 11pt)을 설정하고, [홈] 탭-[맞춤] 그룹-[가운데 맞춤]을 클릭합니다.

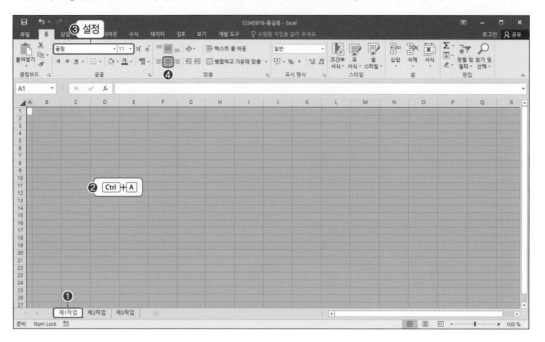

 TIP [모두 선택(⬜)]을 클릭하여 모든 셀을 선택할 수 있습니다.

[B13:D13] 영역과 [B14:D14] 영역, [G13:I13] 영역은 [홈] 탭-[맞춤] 그룹-[병합하고 가운데 맞춤]을 클릭한 후, 다음과 같이 데이터를 입력합니다. 열 머리글의 경계선을 드래그하여 데이터가 모두 표시되도록 조정합니다.

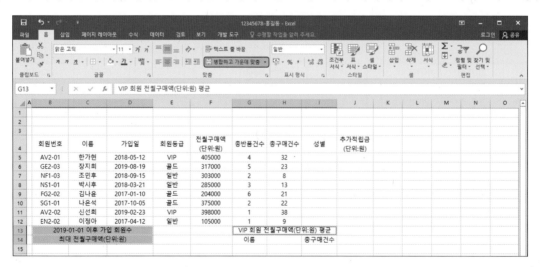

 TIP [F4] 셀이나 [J4] 셀과 같이 두 줄로 입력하려면 Alt + Enter 키를 이용합니다.

도형으로 제목 작성하기

01 도형을 삽입하기 위해 1행부터 3행까지 머리글을 드래그하여 선택하고, 경계선을 드래그하여 행 높이를 적당히 조절합니다.

 ▷  ▷

02 [삽입] 탭-[일러스트레이션] 그룹에서 [도형]-[한쪽 모서리가 잘린 사각형]을 선택합니다.

03 다음과 같이 적당한 크기로 드래그하여 삽입한 후 '모던 뷰티몰 회원등급관리'를 입력합니다.

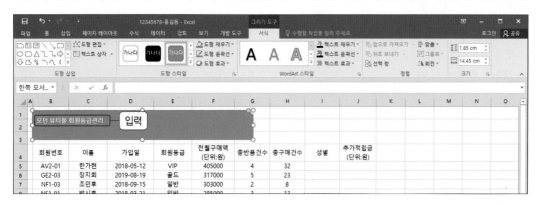

04 《출력형태》와 동일하게 도형 서식을 설정하기 위해 도형을 선택한 후, [홈] 탭-[맞춤] 그룹-[가운데 맞춤]을 클릭합니다. 다시 [홈] 탭-[글꼴] 그룹에서 글꼴 서식(굴림, 24pt, 검정, 굵게)을 설정합니다. 제목 텍스트가 도형에 제대로 표시되지 않는다면 도형의 크기를 조절합니다.

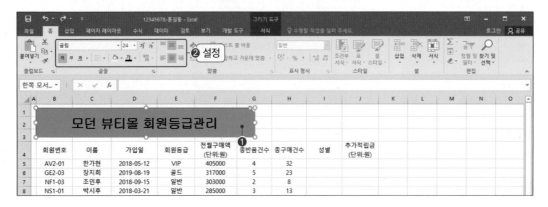

05 도형이 선택된 상태에서 [그리기 도구]-[서식] 탭-[도형 스타일] 그룹에서 [도형 채우기]-[노랑]을 선택합니다.

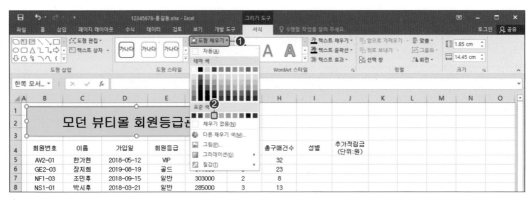

06 [그리기 도구]-[서식] 탭-[도형 스타일] 그룹에서 [도형 효과]-[그림자]-[바깥쪽]-[오프셋 오른쪽]을 선택합니다.

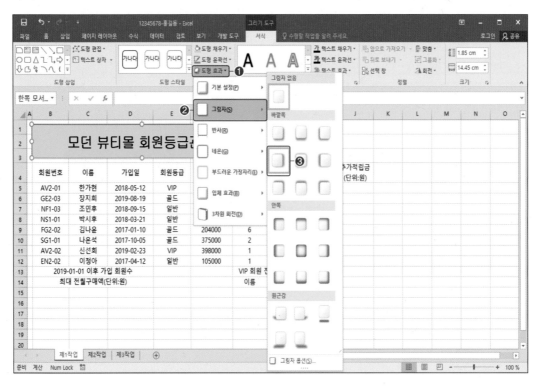

결재란 작성하기

01 결재란은 작성한 후 나중에 삭제할 예정이므로 데이터가 없는 곳을 선택하여 다음과 같이 입력합니다.

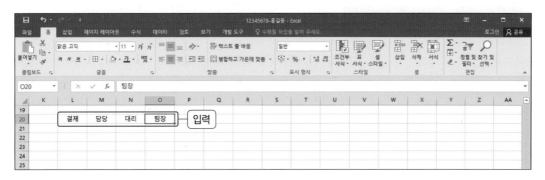

02 [L20:L21] 영역을 블록으로 지정한 후, [홈] 탭-[맞춤] 그룹-[병합하고 가운데 맞춤]을 클릭하고 [방향( )]-[세로 쓰기]를 선택합니다.

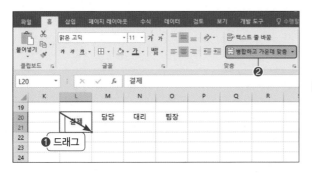 

03 《출력형태》를 참고하여 행 높이와 열 너비를 조정합니다. [L20:O21] 영역을 블록으로 지정하고 [홈] 탭-[글꼴] 그룹에서 [테두리( )]의 를 클릭하고 [모든 테두리]를 선택합니다.

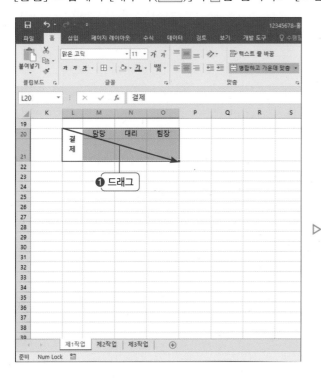 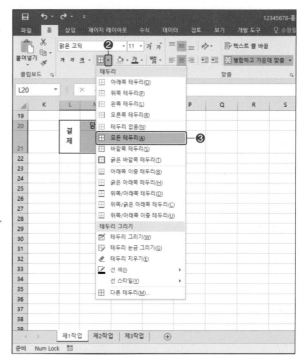

04 결재란을 그림으로 복사하기 위해 [홈] 탭-[클립보드] 그룹-[복사(📋▾)]의 ▾를 클릭한 후 [그림으로 복사]를 선택합니다. [그림 복사] 대화상자가 나타나면 모양(화면에 표시된 대로)과 형식(그림)을 지정한 후 [확인] 버튼을 클릭합니다.

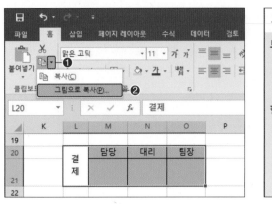
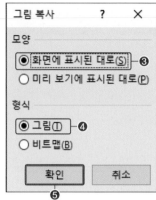

05 [H1] 셀을 클릭한 후 Ctrl+V 키를 누릅니다. 《출력형태》를 보며 위치와 크기를 조정합니다.

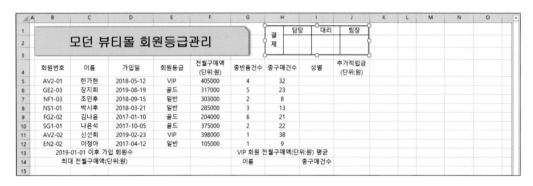

06 20행부터 21행의 머리글을 드래그해서 블록으로 지정한 후 마우스 오른쪽 버튼을 클릭합니다. [삭제] 바로 가기 메뉴를 선택하면 결재란의 원본이 삭제됩니다.

셀 서식 설정하기

숫자와 회계 유형 데이터의 맞춤 서식 설정

01 [F5:H12] 영역을 블록 지정하고 Ctrl 키를 누른 채 [E13:E14] 영역과 [J5:J14] 영역을 드래그하여 선택한 후, [홈] 탭-[표시 형식] 그룹-[쉼표 스타일(♪)]을 클릭합니다.

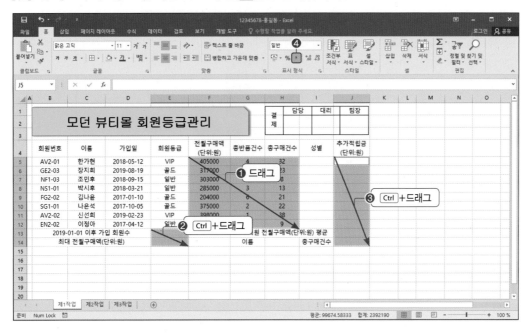

> **TIP**
>
> 숫자 서식인지, 회계 서식인지는 채점 대상이 아니므로 이 문제의 경우 출력 형태처럼 천 단위 구분 기호(,)가 들어간 형태만 취하도록 숫자나 회계 서식 중 선택하여 설정하면 됩니다. 또한 함수 부분의 정렬 및 셀 서식은 채점 대상이 아니며, 제시된 '예'와 같은 형태로 작성합니다.

02 [홈] 탭-[맞춤] 그룹-[텍스트 오른쪽 맞춤]을 클릭합니다.

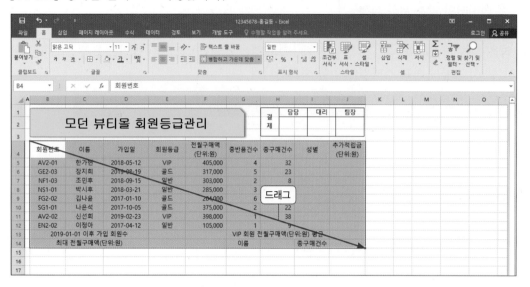

테두리

01 [B4:J14] 영역을 블록으로 지정합니다.

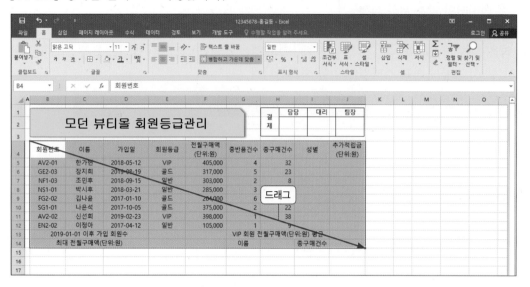

02 [홈] 탭-[글꼴] 그룹-[테두리(⊞ ▾)]에서 [모든 테두리]와 [굵은 바깥쪽 테두리]를 차례대로 선택합니다.

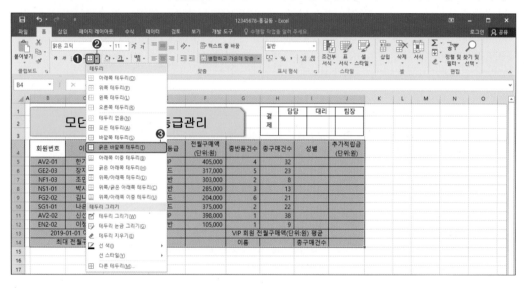

03 [B5:J12] 영역을 블록으로 지정한 후 한 번 더 [굵은 바깥쪽 테두리]를 클릭합니다.

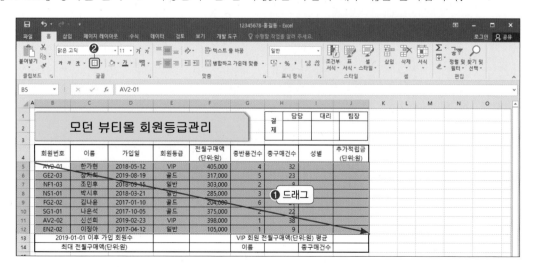

04 [F13:F14] 영역을 병합한 후 Ctrl + 1 키를 누릅니다. [셀 서식] 대화상자의 [테두리] 탭에서 다음과 같이 설정하고 [확인] 버튼을 클릭합니다.

채우기

[B4:J4] 영역을 블록 지정하고 Ctrl 키를 사용하여 [G14], [I14] 셀을 블록 지정합니다. [홈] 탭-[글꼴] 그룹에서 [채우기 색(△ ▾)]의 ▾를 클릭하고 [주황]을 선택합니다.

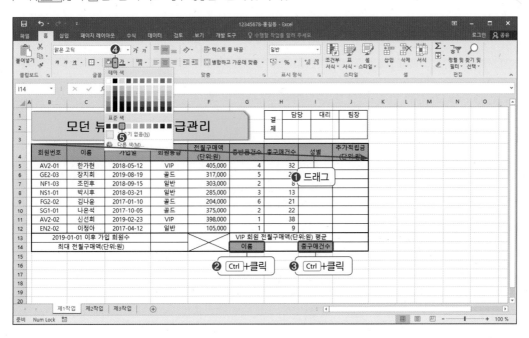

유효성 검사하기

01 [H14] 셀을 선택한 후 [데이터] 탭-[데이터 도구] 그룹-[데이터 유효성 검사(⬚)]를 클릭합니다.

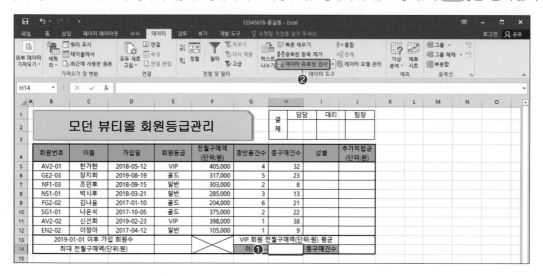

02 [데이터 유효성] 대화상자의 [설정] 탭에서 [제한 대상]을 '목록'으로 설정한 후, [원본]은 [C5:C12] 영역을 지정하고 [확인] 버튼을 클릭합니다.

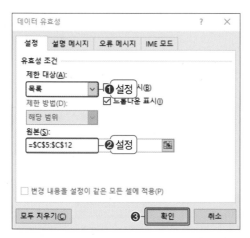

03 [H14] 셀에 목록 단추가 나타나면 ▼ 버튼을 클릭하여 '한가현'으로 지정합니다.

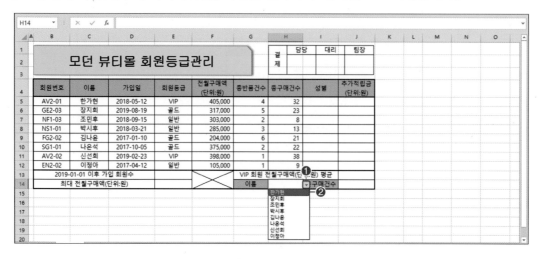

사용자 지정 셀 서식 지정하기

[H5:H12] 영역을 블록 지정하고 [Ctrl]+[1] 키를 눌러 [셀 서식] 대화상자를 불러옵니다. [셀 서식] 대화상자의 [표시 형식] 탭에서 '사용자 지정' 범주를 선택한 후, 형식 입력란에 '#,##0"건"'을 입력하고 [확인] 버튼을 클릭합니다.

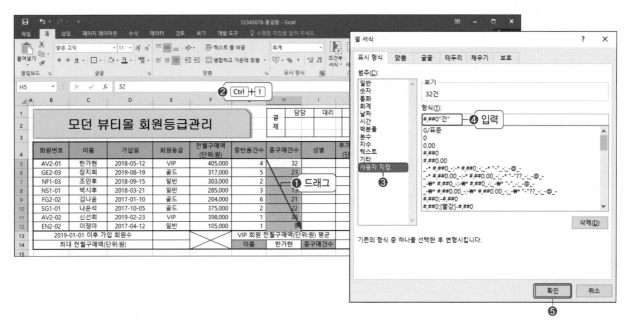

이름 정의하기

[F5:F12] 영역을 블록으로 지정한 뒤 [이름 상자]에 '전월구매액'을 입력하고 [Enter] 키를 누릅니다.

📜 **TIP** 정의된 이름 수정 시

[수식] 탭-[정의된 이름] 그룹-[이름 관리자]를 클릭하여 편집합니다.

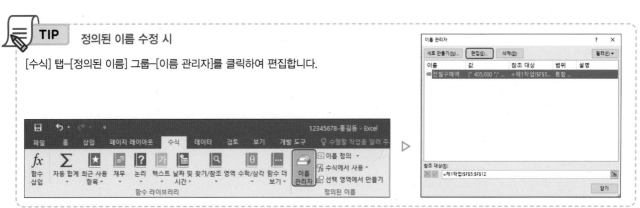

> 성별

01 [I5] 셀을 선택한 후 수식입력줄의 f_x(함수 마법사)를 클릭합니다.

02 [함수 마법사] 대화상자가 나타나면 [함수 검색]에 'choose'를 입력한 후 [검색] 버튼을 클릭합니다. [함수 선택]에서 CHOOSE 함수를 찾아 선택한 후 [확인] 버튼을 클릭합니다.

> **TIP** CHOOSE 함수
>
> CHOOSE(위치 번호, 값1, 값2, ...) :
> 위치 번호에 해당하는 값이 나타나면 해당하는 값을 출력합니다.
> 예 =CHOOSE(3, "값1", "값2", "값3") = 값3

> **TIP** [함수 마법사] 대화상자 활용하기
>
> 함수는 [함수 마법사] 대화상자에서 [범주 선택]을 '모두'로 설정한 후 알파벳순으로 정렬된 [함수 선택] 목록에서 찾아 선택할 수도 있습니다. 함수의 범주를 알고 있다면 [범주 선택]에서 해당 범주를 선택하면 [함수 선택]에 표시되는 목록의 수가 줄어듭니다.

03 회원번호에 따른 성별을 구분하기 위한 인수의 위치 번호를 추출하기 위해 MID 함수를 불러와야 합니다. [함수 인수] 대화상자의 [Index_num] 입력란에 커서가 놓인 상태에서 수식입력줄 옆에 있는 ▼를 클릭합니다. 나타난 목록에 찾고자 하는 함수 이름이 표시되어 있으면 바로 선택하고, 그렇지 않으면 [함수 추가]를 선택합니다. 아래 그림의 경우 목록에 표시되어 있지 않으므로 [함수 추가]를 선택합니다.

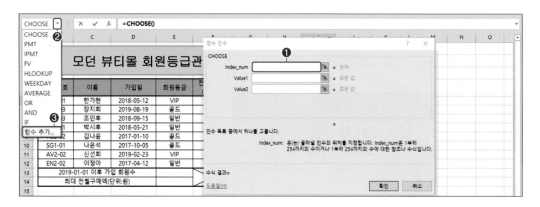

04 [함수 마법사] 대화상자가 나타나면 [함수 검색]에 'mid'를 입력한 후 [검색] 버튼을 클릭합니다. [함수 선택]에서 MID 함수를 찾아 선택한 후 [확인] 버튼을 클릭합니다.

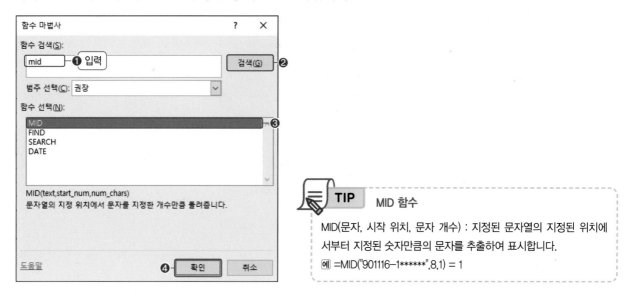

05 [함수 인수] 대화상자의 [Text] 입력란에 커서가 놓인 상태에서 [B5] 셀을 클릭한 후 [Start_num] 입력란에 '3'을 입력합니다. [Num_chars] 입력란에는 '1'을 입력합니다.

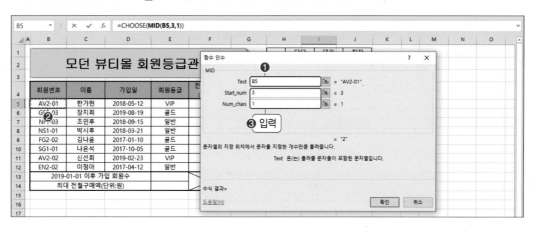

06 수식입력줄의 'CHOOSE' 글자 사이의 임의의 위치를 클릭합니다. CHOOSE 함수의 [함수 인수] 대화상자가 표시되면 [Value1] 입력란을 클릭하여 커서의 위치를 이동한 후 '남성'이라고 입력합니다.

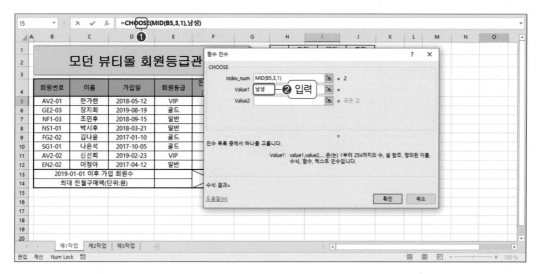

07 Tab 키를 눌러 커서의 위치를 [Value2]로 이동한 후 '여성'이라고 입력합니다. [확인] 버튼을 클릭합니다.

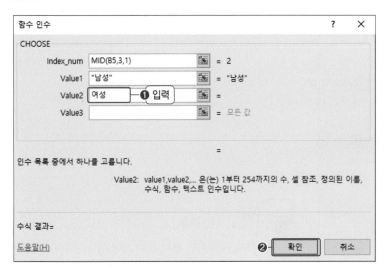

08 [I5] 셀의 채우기 핸들을 [I12] 셀까지 드래그하여 수식을 복사합니다.

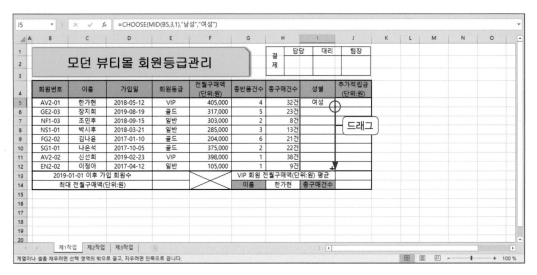

09 🖳 (자동 채우기 옵션)을 클릭한 후 [서식 없이 채우기]를 선택합니다.

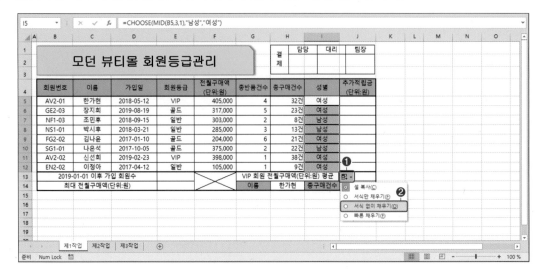

추가적립금(단위:원)

01 [J5] 셀을 선택한 후 ☑(함수 마법사)를 클릭합니다. [함수 마법사] 대화상자에서 IF 함수를 검색하여 선택한 후 [확인] 버튼을 클릭합니다.

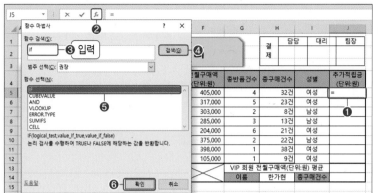

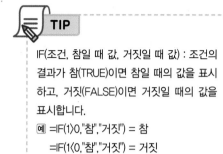
02 전월구매액이 300,000 이상이면서 총구매건수가 15 이상인 회원을 찾기 위해 두 가지 조건을 모두 충족시키는 AND 함수를 불러와야 합니다. [함수 인수] 대화상자의 [Logical_test] 입력란에 커서가 놓인 상태에서 수식 입력 줄 옆에 있는 ▼를 클릭합니다. 나타난 목록에 AND 함수가 없으면 [함수 추가]를 선택합니다.

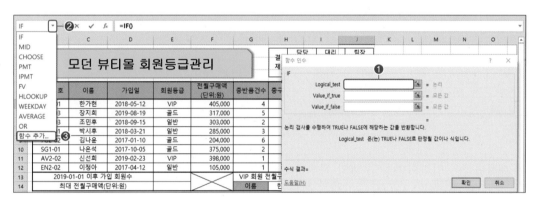

TIP

[함수 인수] 대화상자가 선택할 셀을 가리고 있는 경우, [함수 인수] 대화상자의 제목 표시줄을 누른 채 드래그하여 대화상자를 이동하거나 입력란 옆의 ▥를 클릭하여 [함수 인수] 대화상자를 축소한 후 선택합니다. 셀 이름을 직접 입력해도 됩니다.

03 [함수 마법사] 대화상자가 나타나면 AND 함수를 검색하여 선택한 후 [확인] 버튼을 클릭합니다.

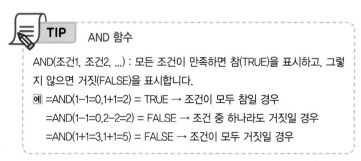

04 [Logical1] 입력란에는 전월구매액이 300000 이상인 조건인 'F5>=300000'를 입력하고, [Logical2] 입력란에는 총구매건수가 15건 이상인 값을 찾기 위해 'H5>=15'를 입력합니다.

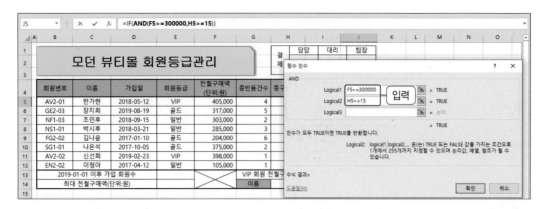

05 수식입력줄의 'IF' 글자를 클릭합니다. IF 함수의 [함수 인수] 대화상자가 표시되면 [Value_if_true]에 '2000'을 입력하고 [Value_if_false]에 '500'을 입력합니다. [확인] 버튼을 클릭합니다.

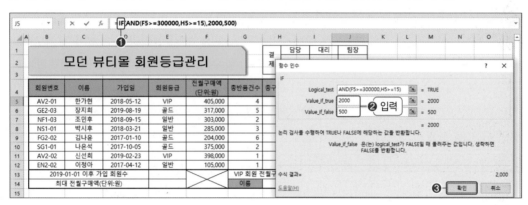

06 [J5] 셀에 추가적립금이 입력되면 [J5] 셀의 채우기 핸들을 [J12] 셀까지 드래그하여 수식을 복사한 후, 🖼️(자동 채우기 옵션)을 클릭하고 [서식 없이 채우기]를 선택합니다.

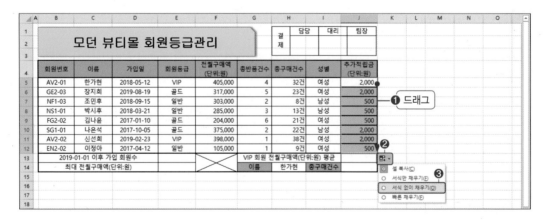

01 [E13] 셀을 선택한 후 f_x(함수 마법사)를 클릭합니다. [함수 마법사] 대화상자에서 COUNTIF 함수를 검색하여 선택한 후 [확인] 버튼을 클릭합니다.

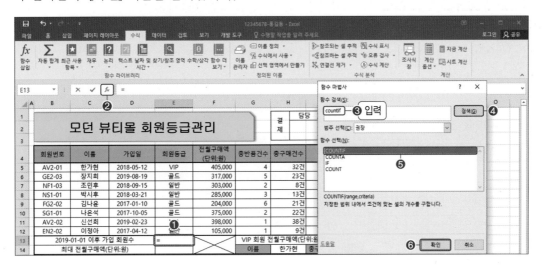

02 [함수 인수] 대화상자가 나타나면 [Range] 입력란에 '가입일'이 입력되어 있는 'D5:D12'를 입력하고, [Criteria] 입력란에 '>=2019-01-01'을 입력한 후 [확인] 버튼을 클릭합니다.

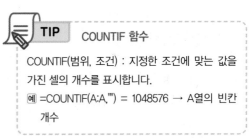

TIP COUNTIF 함수

COUNTIF(범위, 조건) : 지정한 조건에 맞는 값을 가진 셀의 개수를 표시합니다.
예 =COUNTIF(A:A,"") = 1048576 → A열의 빈칸 개수

03 수식입력줄의 함수식 뒷부분을 클릭한 후 '& "명"'을 입력하고 Enter 키를 누릅니다.

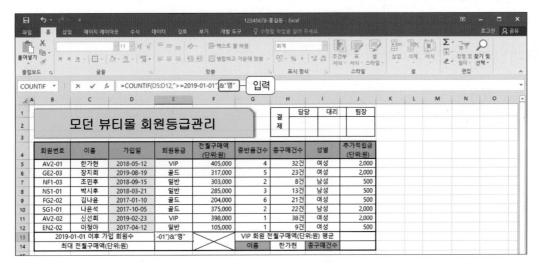

최대 전월구매액(단위:원)

01 [E14] 셀을 선택한 후, f_x(함수 마법사)를 클릭합니다. [함수 마법사] 대화상자에서 MAX 함수를 찾아 선택한 후 [확인] 버튼을 클릭합니다.

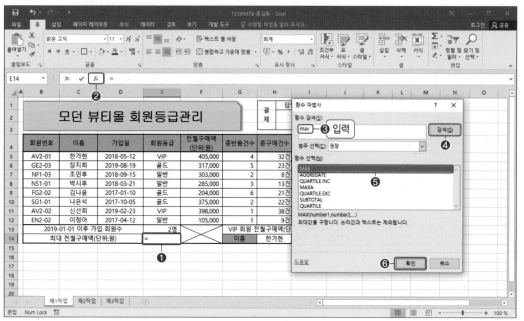

TIP   MAX 함수

MAX(숫자1, 숫자2, ...) : 숫자 사이의 최대값을 표시합니다.
예) =MAX(1,2,3,4,5,6,7,8) = 8

02 [함수 인수] 대화상자가 나타나면 [Number1] 입력란에 커서가 놓인 상태에서 [F5:F12] 영역을 드래그합니다. [F5:F12] 영역에 정의한 '전월구매액'이 표시되면 [확인] 버튼을 클릭합니다.

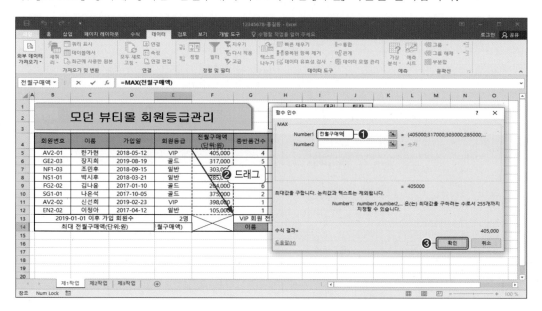

01 [J13] 셀을 선택한 후, fx(함수 마법사)를 클릭합니다. 함수 마법사 대화상자에서 DAVERAGE 함수를 검색하여 선택한 후 [확인] 버튼을 클릭합니다.

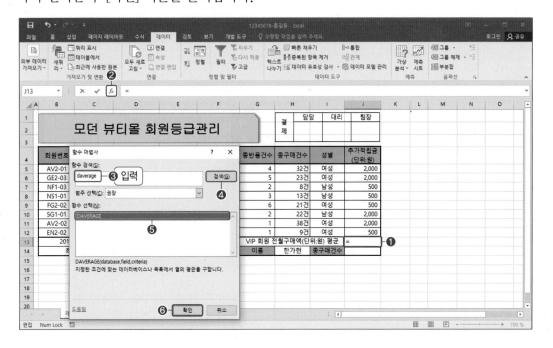

TIP DAVERAGE 함수

DAVERAGE(범위, 필드, 조건) : 데이터베이스(범위)에서 지정한 조건에 맞는 필드 값들의 평균을 구합니다.

02 [함수 인수] 대화상자가 나타나면 [Database] 입력란에 커서가 놓인 상태에서 'B4:H12'를 입력한 후, [Field] 입력란에 'VIP'가 적혀있는 열의 번호인 '5'를 입력합니다. 조건은 입력 데이터를 이용하라고 하였으므로 [E4:E5] 영역을 지정한 후 [확인] 버튼을 클릭합니다.

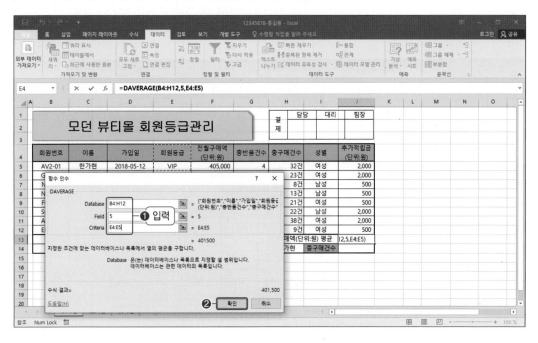

01 [J14] 셀을 선택한 후 *fx*(함수 마법사)를 클릭합니다. [함수 마법사] 대화상자에서 VLOOKUP 함수를 찾아 선택한 후 [확인] 버튼을 클릭합니다.

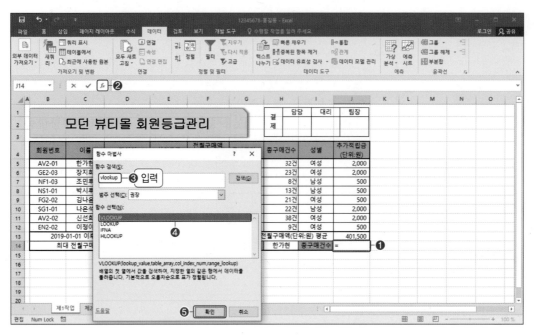

TIP   VLOOKUP 함수

VLOOKUP(찾을 값, 범위, 열 번호, 옵션)
범위의 첫 열에서 값을 검색하여 지정한 열의 같은 행의 값을 표시합니다.

---

02 [함수 인수] 대화상자가 나타나면 [H14] 셀에 입력되어 있는 이름을 이용하기 위해 [Lookup_value] 입력란에는 찾으려는 값이 들어 있는 'H14'를 입력하고, [Table_array] 입력란에는 찾으려는 값과 비교할 'C5:H12'를 입력합니다. [Col_index_num] 입력란에는 값을 추출할 열인 '총구매건수'의 열 번호인 '6'을 입력하고, [Range_lookup] 입력란에는 정확하게 일치하는 값을 찾도록 'False'를 입력한 후 [확인] 버튼을 클릭합니다.

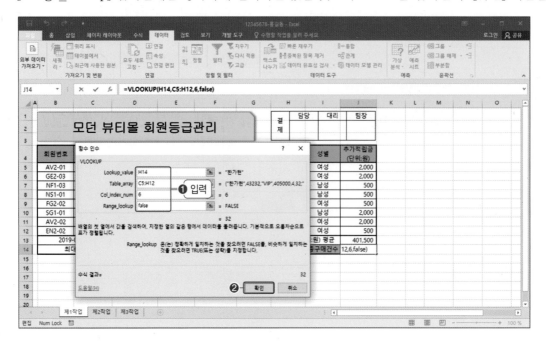

조건부 서식 지정하기

01 행 전체에 서식이 적용되어야 하므로 [B5:J12] 영역을 블록으로 지정한 후, [홈] 탭-[스타일] 그룹에서 [조건부 서식]-[새 규칙]을 선택합니다.

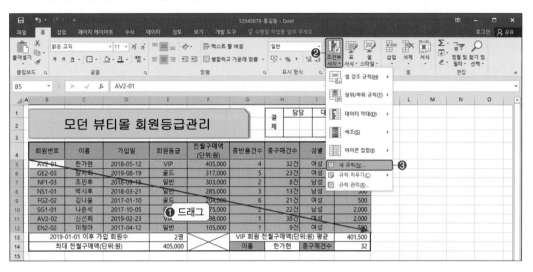

02 [새 서식 규칙] 대화상자가 나타나면 규칙 유형으로 '수식을 사용하여 서식을 지정할 셀 결정'을 클릭합니다. [다음 수식이 참인 값의 서식 지정] 입력란을 클릭한 후 조건 대상이 총구매건수이므로 [H5] 셀을 클릭합니다. 행이 바뀌면서 조건을 비교해야 하므로 F4 키를 2번 눌러 혼합 참조 형태($H5)로 변경한 후, '>=30'을 입력합니다. 수식이 완료되면 적용할 서식을 지정하기 위해 [서식] 버튼을 클릭합니다.

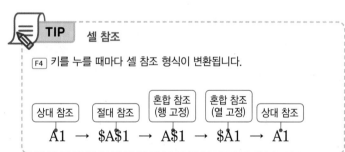

TIP 셀 참조

F4 키를 누를 때마다 셀 참조 형식이 변환됩니다.

상대 참조 → 절대 참조 → 혼합 참조 (행 고정) → 혼합 참조 (열 고정) → 상대 참조

$A1 \rightarrow \$A\$1 \rightarrow A\$1 \rightarrow \$A1 \rightarrow A1$

03 [셀 서식] 대화상자가 나타나면 [글꼴] 탭에서 [글꼴 스타일]을 '굵게', [색]은 '파랑'으로 지정하고 [확인] 버튼을 클릭합니다. [새 서식 규칙] 대화상자가 다시 나타나면 [확인] 버튼을 클릭합니다. 조건에 따라 행 전체에 서식이 적용된 것을 확인합니다.

TIP 또 다른 조건부 서식 문제 유형

데이터 막대로 표시하는 조건부 서식 문제가 나오기도 합니다. [기본 예제]와 [기출 유형 문제]에서 살펴봅니다.

확인 후 저장하기

작업 결과를 《출력형태》와 비교해 확인해 봅니다. 《출력형태》와 유사하게 높이와 위치를 조정합니다. [보기] 탭–[표시] 그룹에서 [눈금선]의 체크를 해제한 후 Ctrl+S 키를 눌러 저장합니다.

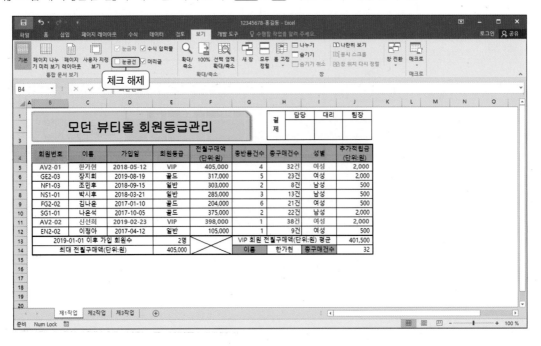

시험에 나오는 함수

함수 출제 범위는 검정 지침에 따라 일부 추가될 수 있습니다.

날짜/시간 함수

함수(인수)	설명
TODAY( )	오늘 날짜를 표시합니다.
NOW( )	오늘 날짜와 현재 시간을 표시합니다.
TIME(시, 분, 초)	입력된 인수(시, 분, 초)를 시간 형식으로 표시합니다.
HOUR(시간)	입력된 인수(시간)에서 시를 추출하여 표시합니다.
MINUTE(시간)	입력된 인수(시간)에서 분을 추출하여 표시합니다.
SECOND(시간)	입력된 인수(시간)에서 초를 추출하여 표시합니다.
DATE(년, 월, 일)	입력된 인수(년, 월, 일)를 날짜 형식으로 표시합니다.
YEAR(날짜)	입력된 인수(날짜)에서 년을 추출하여 표시합니다.
MONTH(날짜)	입력된 인수(날짜)에서 월을 추출하여 표시합니다.
DAY(날짜)	입력된 인수(날짜)에서 일을 추출하여 표시합니다.
WEEKDAY(날짜, 형식)	입력된 인수(날짜)에 해당하는 요일의 숫자를 표시합니다. • 형식 값이 생략되거나 '1'인 경우 : 1(일요일)에서 7(토요일) 사이의 숫자 • 형식 값이 '2'인 경우 : 1(월요일)에서 7(일요일) 사이의 숫자 • 형식 값이 '3'인 경우 : 0(월요일)에서 6(일요일) 사이의 숫자

수학/삼각 함수

함수(인수)	설명
ROUND(숫자, 자릿수)	지정된 숫자를 지정된 자릿수로 반올림하여 표시합니다.
ROUNDDOWN(숫자, 자릿수)	지정된 숫자를 지정된 자릿수로 내림(삭제)하여 표시합니다.
ROUNDUP(숫자, 자릿수)	지정된 숫자를 지정된 자릿수로 올림하여 표시합니다.
SUBTOTAL (계산방식, 범위1, 범위2, ...)	필터링 후 화면에 보이는 범위의 부분 합계를 계산합니다.
SUM(숫자1, 숫자2, ...)	지정된 숫자를 모두 더한 결과를 표시합니다.
SUMPRODUCT(배열1, 배열2, ...)	주어진 배열에서 해당 요소를 모두 곱하고 그 곱의 합계를 표시합니다.
SUMIF(범위, 조건, 합계를 구할 범위)	지정한 조건에 맞는 범위의 값만 추출하여 합계를 구합니다.
MOD(숫자, 제수)	나눗셈의 나머지 값을 표시합니다.
PRODUCT(숫자1, 숫자2, ...)	지정된 숫자를 모두 곱한 결과를 표시합니다.
INT(숫자)	소수점 이하는 버리고, 가장 가까운 정수로 표시합니다.
TRIMMEAN(범위, 퍼센트)	양 끝에서 지정된 퍼센트 또는 개수를 제외한 평균을 반환합니다.
TRUNC(숫자, 자릿수)	소수점 이하는 버리고, 정수로 표시합니다. (INT 함수와 비슷함. 음수일 때만 결과 차이 있음)
ABS(숫자)	절댓값(부호를 제외한 숫자)으로 표시합니다.
CEILING(숫자, 배수)	지정된 배수로 올림된 수를 표시합니다.
ODD(숫자)	가장 가까운 홀수로 올림한 수를 표시합니다.
PI( )	3.14159265358979를 표시합니다.
POWER(밑수, 지수)	밑수를 지정한 수(지수)만큼 거듭제곱한 결과를 표시합니다.

통계 함수

함수(인수)	설명
AVERAGE(숫자1, 숫자2, ...)	지정된 숫자의 평균값을 표시합니다.
RANK(숫자, 범위, 정렬 방법)	범위 내의 지정한 수의 크기 순위를 표시합니다.
COUNT(값)	숫자 값이 입력된 셀의 개수를 표시합니다.
COUNTA(범위)	값이 입력된 셀의 개수를 표시합니다.
COUNTBLANK(범위)	빈 셀의 개수를 표시합니다.
COUNTIF(범위, 조건)	지정한 조건에 맞는 값을 가진 셀의 개수를 표시합니다.
LARGE(범위, K번째)	K번째 큰 값을 표시합니다.
SMALL(범위, K번째)	K번째 작은 값을 표시합니다.
MAX(숫자1, 숫자2, ...)	최대값을 표시합니다.
MEDIAN(숫자1, 숫자2, ...)	중간값을 표시합니다.
MIN(숫자1, 숫자2, ...)	최소값을 표시합니다.
MODE(숫자1, 숫자2, ...)	가장 자주 발생하는 값(최빈수)을 표시합니다.

찾기/참조 함수

함수(인수)	설명
ADDRESS(행 번호, 열 번호, 참조유형, 주소 형식, 참조시트)	행 번호와 열 번호를 받아 지정한 형식으로 셀 주소를 반환합니다.
VLOOKUP(찾을 값, 범위, 열 번호, 옵션)	범위의 첫 열에서 값을 검색하여 지정한 열의 같은 행의 값을 표시합니다.
HLOOKUP(찾을 값, 범위, 행 번호, 옵션)	범위의 첫 행에서 값을 검색하여 지정한 행의 같은 열의 값을 표시합니다.
CHOOSE(위치 번호, 값1, 값2, ...)	목록 중 지정된 위치 번호에 해당하는 값을 표시합니다.
INDEX(배열, 행 번호, 열 번호)	행 번호, 열 번호 위치에 있는 값을 표시합니다.
MATCH(찾을 값, 범위, 옵션)	지정된 값에 일치하는 항목의 상대 위치 값을 표시합니다.
OFFSET(범위, 이동할 행 수, 이동할 열 수, 포함할 행 수, 포함할 열 수)	기준 위치(범위)에서 지정한 행과 열만큼 떨어진 위치의 참조 영역을 표시합니다.
TRANSPOSE(배열)	배열이나 범위의 행과 열을 바꿉니다.

데이터베이스 함수

함수(인수)	설명
DSUM(범위, 필드, 조건)	데이터베이스(범위)에서 지정한 조건에 맞는 필드 값들의 합계를 구합니다.
DAVERAGE(범위, 필드, 조건)	데이터베이스(범위)에서 지정한 조건에 맞는 필드 값들의 평균을 구합니다.
DCOUNT(범위, 필드, 조건)	데이터베이스(범위)에서 지정한 조건에 맞는 필드 값 중 숫자를 포함한 셀의 수를 구합니다.
DCOUNTA(범위, 필드, 조건)	데이터베이스(범위)에서 지정한 조건에 맞는 필드 값 중 비어 있지 않은 셀의 수를 구합니다.
DMAX(범위, 필드, 조건)	데이터베이스(범위)에서 지정한 조건에 맞는 필드 값 중 가장 큰 수를 구합니다.
DMIN(범위, 필드, 조건)	데이터베이스(범위)에서 지정한 조건에 맞는 필드 값 중 가장 작은 수를 구합니다.
DPRODUCT(범위, 필드, 조건)	데이터베이스(범위)에서 지정한 조건에 맞는 필드 값들의 곱을 구합니다.
DGET(범위, 필드, 조건)	데이터베이스(범위)에서 찾을 조건에 맞는 레코드가 하나인 경우 해당 레코드를 추출합니다.
DVAR(범위, 필드, 조건)	표본 집단의 분산을 구합니다.
DSTDEV(범위, 필드, 조건)	표본 집단의 표준편차를 구합니다.

텍스트 함수

함수(인수)	설명
LEFT(문자, 숫자)	지정된 문자열의 왼쪽에서부터 지정된 숫자만큼의 문자를 추출하여 표시합니다.
RIGHT(문자, 숫자)	지정된 문자열의 오른쪽에서부터 지정된 숫자만큼의 문자를 추출하여 표시합니다.
MID(문자, 시작 위치, 문자 개수)	지정된 문자열의 지정된 위치에서부터 지정된 숫자만큼의 문자를 추출하여 표시합니다.
REPLACE(문자, 시작 위치, 문자, 개수, 변경할 문자)	문자열에서 일부 문자를 다른 문자로 바꿔 표시합니다.
LEN(문자)	공백을 포함하여 문자의 개수를 구합니다.
LOWER(문자)	문자열의 모든 문자를 소문자로 변경하여 표시합니다.
PROPER(문자)	첫 번째 문자를 대문자로 변경하고, 나머지 문자는 모두 소문자로 변경하여 표시합니다.
REPT(문자, 반복 횟수)	지정된 문자를 지정된 숫자만큼 반복하여 표시합니다.
VALUE(문자)	숫자를 나타내는 문자열을 숫자로 변환합니다.
CONCATENATE(문자1, 문자2, ...)	두 개 이상의 문자열을 하나로 합쳐 표시합니다.
WON(숫자, 자릿수)	지정된 자리에서 반올림하고 통화 형식을 사용하여 숫자를 텍스트로 변환합니다.

정보 함수

함수(인수)	설명
ISERROR(값)	값이 오류인지 확인하고 'TRUE' 또는 'FALSE'를 표시합니다.

논리값 함수

함수(인수)	설명
TRUE( )	논리값 'TRUE'를 표시합니다.
FALSE( )	논리값 'FALSE'를 표시합니다.
NOT(조건)	조건이 'FALSE'면 'TRUE'를 표시하고, 'TRUE'이면 'FALSE'를 표시합니다.
AND(조건1, 조건2, ...)	모든 조건이 만족하면 참(TRUE)을 표시하고, 그렇지 않으면 거짓(FALSE)을 표시합니다.
OR(조건1, 조건2, ...)	조건 중 하나라도 만족하면 참(TRUE)을 표시하고, 모두 만족하지 않으면 거짓(FALSE)을 표시합니다.
IF(조건, 참일 때 값, 거짓일 때 값)	조건의 결과가 참(TRUE)이면 참일 때의 값을 표시하고, 거짓(FALSE)이면 거짓일 때의 값을 표시합니다.

① 다음과 같은 제목 도형을 작성해 봅니다.

출력형태

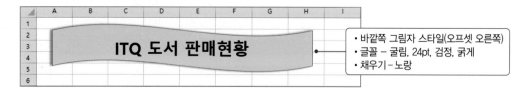

ITQ 도서 판매현황

- 바깥쪽 그림자 스타일(오프셋 오른쪽)
- 글꼴 – 굴림, 24pt, 검정, 굵게
- 채우기 – 노랑

길잡이

- **물결** : [삽입] 탭–[일러스트레이션] 그룹–[도형]에서 선택
- **바깥쪽 그림자 스타일(오프셋 오른쪽)** : [서식] 탭–[도형 스타일] 그룹–[도형 효과]–[그림자]에서 선택
- [A1:H5] 영역을 넘어가지 않도록 작성함에 유의

② 임의의 셀에 결재란을 작성하여 [그림으로 복사] 기능을 이용하여 [B2] 셀에 붙여넣기해 봅니다.

출력형태

		담당	팀장	부서장	본부장	전무이사
	결					
	제					

길잡이

데이터 입력 → 셀 너비 및 높이 조정 → 테두리 선 지정 → 블록 지정 → [홈] 탭–[클립보드] 그룹–[복사]–[그림으로 복사] 선택 → [B2] 셀 클릭 → Ctrl + V

③ 다음과 같은 데이터를 입력한 후 조건에 맞도록 서식을 작성해 봅니다.

출력형태

회원번호	이름	등급	1월 활동 지수	2월 활동 지수	3월 활동 지수	합계
S-001	고길동	열매	1,500	1,300	2,100	
S-002	오빛나	새싹	120	550	600	
S-003	김하늘	열매	800	1,100	1,300	
S-004	나사랑	씨앗	35	23	55	
S-005	이기상	새싹	750	340	800	
		회원명		총 활동지수		

조 건

- A열은 열 너비 '1'로, 나머지 열은 적당하게 조절하시오.
- 테두리는 《출력형태》와 같이 작업하시오.
- 모든 데이터 서식에는 글꼴(굴림, 11pt), 정렬은 숫자 및 회계 서식은 오른쪽 정렬, 나머지 서식은 가운데 정렬 로 작성하며 예외적인 것은 《출력형태》를 참조하시오.
- [B2:H2, D8, F8:G8] 영역은 '노랑'으로 채우기 하시오.

④ 앞의 문제 ③에서 작성한 파일을 불러온 후, 주어진 조건에 맞도록 작업해 봅니다.

📁 예제파일 | 예제 01_04.xlsx

출력형태

	회원번호	이름	등급	1월 활동 지수	2월 활동 지수	3월 활동 지수	합계
	S-001	고길동님	열매	1,500	1,300	2,100	
	S-002	오빛나님	새싹	120	550	600	
	S-003	김하늘님	열매	800	1,100	1,300	
	S-004	나사랑님	씨앗	35	23	55	
	S-005	이기상님	새싹	750	340	800	
			회원명	고길동	총 활동지수		

조 건

• 유효성 검사를 이용하여 [E8] 셀에 이름([C3:C7] 영역)이 선택 표시되도록 하시오.
• 셀 서식 ⇒ [C3:C7] 영역에 셀 서식을 이용하여 글자 뒤에 '님'을 표시하시오(예 : 고길동님).
• [D3:D7] 영역은 '회원등급'으로 이름 정의를 하시오.

 길잡이 ▶ Ctrl + 1 → [셀 서식] 대화상자의 [표시 형식] 탭에서 '사용자 지정' 범주 선택 → 형식 입력란에 '@"님"' 입력

---

⑤ 앞의 문제 ④에서 작성한 파일을 불러온 후, 주어진 함수를 이용하여 값을 구해 봅니다.

📁 예제파일 | 예제 01_05.xlsx

출력형태

	회원번호	이름	등급	1월 활동 지수	2월 활동 지수	3월 활동 지수	합계
	S-001	고길동님	열매	1,500	1,300	2,100	4900
	S-002	오빛나님	새싹	120	550	600	1270
	S-003	김하늘님	열매	800	1,100	1,300	3200
	S-004	나사랑님	씨앗	35	23	55	113
	S-005	이기상님	새싹	750	340	800	1890
			회원명	고길동	총 활동지수		4900

조 건

• 합계([H3:H7] 영역) ⇒ 1월부터 3월까지의 활동지수의 합계를 구하시오(SUM 함수).
• 총 활동지수([H8] 셀) ⇒ [E8] 셀에서 선택한 이름의 활동 지수의 합계를 구하시오(VLOOKUP 함수).
• 조건부 서식을 이용하여 3월 활동 지수 셀에 데이터 막대 스타일(녹색)을 최소값 및 최대값으로 적용하시오.

 길잡이

• [H3] 셀 : SUM(E3:G3)
• [H8] 셀 : VLOOKUP(E8,C3:H7,6,0)
• 조건부 서식 – 데이터 막대 스타일 : 범위 설정([G3:G7] 영역) → [홈] 탭–[스타일] 그룹–[조건
부 서식]–[새 규칙] 선택 → [새 서식 규칙] 대화상자에서 다음과 같이 설정

'제1작업' 시트에 다음 자료를 입력하고 조건에 맞도록 작업해 봅니다.

출력형태

A	B	C	D	E	F	G	H	I	J	K
							결 재	담당	팀장	센터장
		사무실 비품 현황								
	비품코드	비품명	비품종류	최종점검일	취득가 (단위:원)	보유수량	잔존가 (단위:원)	순위	비고	
	CP-167	프린터	컴퓨터	2020-01-22	1,075,000	6	157,500	(1)	(2)	
	BE-637	PC용책상	가구류	2020-01-18	964,000	15	75,480	(1)	(2)	
	EA-631	소형냉장고	기타비품	2020-02-23	796,000	2	57,400	(1)	(2)	
	CU-127	LCD모니터	컴퓨터	2020-02-19	3,165,000	21	540,000	(1)	(2)	
	EG-414	정수기	기타비품	2020-02-20	3,145,000	6	226,800	(1)	(2)	
	CA-254	복합기	컴퓨터	2020-01-30	550,000	5	97,800	(1)	(2)	
	BL-514	사무용의자	가구류	2020-02-09	874,000	17	49,700	(1)	(2)	
	BT-859	4단파일장	가구류	2020-01-24	954,000	7	71,400	(1)	(2)	
	가구류 보유수량 합계			(3)			최저 취득가(단위:원)			(5)
	컴퓨터의 잔존가(단위:원) 평균			(4)		비품명	프린터	보유수량	(6)	

조 건

- 작업 시트의 이름이 '제1작업', '제2작업', '제3작업'인 3개 빈 작업 시트를 작성하시오.
- 모든 작업 시트의 A열은 열 너비 '1'로, 나머지 열은 적당하게 조절하시오.
- 모든 작업 시트의 테두리는 《출력형태》와 같이 작업하시오.

- 모든 데이터의 서식에는 글꼴(굴림, 11pt), 정렬은 숫자 및 회계 서식은 오른쪽 정렬, 나머지 서식은 가운데 정렬로 작성하며 예외적인 것은 《출력형태》를 참조하시오.
- 제 목 ⇒ 도형(배지)과 그림자(오프셋 대각선 오른쪽 아래)를 이용하여 작성하고 "사무실 비품 현황"을 입력한 후 다음 서식을 적용하시오(글꼴-굴림, 24pt, 검정, 굵게, 채우기-노랑).
- 임의의 셀에 결재란을 작성하여 그림으로 복사 기능을 이용하여 붙이기 하시오(단, 원본 삭제).
- [B4:J4, G14, I14] 영역은 '주황'으로 채우기 하시오.
- 유효성 검사를 이용하여 [H14] 셀에 비품명([C5:C12] 영역)이 선택 표시되도록 하시오.
- 셀 서식 ⇒ [G5:G12] 영역에 셀 서식을 이용하여 숫자 뒤에 '개'를 표시하시오(예 : 6개).
- [F5:F12] 영역에 대해 '취득가'로 이름정의를 하시오.

▶ (1)~(6) 셀은 반드시 주어진 함수를 이용하여 값을 구하시오(결과값을 직접 입력하면 해당 셀은 0점 처리됨).

(1) 순위 ⇒ 잔존가(단위:원)의 내림차순 순위를 구한 결과값에 '위'를 붙이시오(RANK.EQ 함수, & 연산자)(예 : 1위).
(2) 비고 ⇒ 비품코드의 첫 번째 글자가 C이면 '재점검', B이면 '구매필요', 그 외에는 공백으로 구하시오(IF, LEFT 함수).
(3) 가구류 보유수량 합계 ⇒ (SUMIF 함수)
(4) 컴퓨터의 잔존가(단위:원) 평균 ⇒ 반올림하여 천원 단위로 구하시오. 단, 조건은 입력데이터를 이용하시오(ROUND, DAVERAGE 함수)(예 : 145,648 → 146,000).
(5) 최저 취득가(단위:원) ⇒ 정의된 이름(취득가)을 이용하여 구하시오(MIN 함수).
(6) 보유수량 ⇒ [H14] 셀에서 선택한 비품명에 대한 보유수량을 구하시오(VLOOKUP 함수).
(7) 조건부 서식의 수식을 이용하여 보유수량이 '15' 이상인 행 전체에 다음의 서식을 적용하시오(글꼴 : 파랑, 굵게).

길잡이

- [G5: G12] 영역 셀 서식(사용자 지정) : #,##0"개"
- (1) : =RANK.EQ(H5,$H$5:$H$12)&"위"
- (2) : =IF(LEFT(B5,1)="C","재점검",IF(LEFT(B5,1)="B","구매필요",""))
- (3) : =SUMIF(D5:D12,"가구류",G5:G12)
- (4) : =ROUND(DAVERAGE(B4:H12,7,D4:D5),-3)
- (5) : =MIN(취득가)
- (6) : =VLOOKUP(H14,C5:H12,5,0)
- (7) : 조건부 서식(수식) : =$G5>=15

7 '제1작업' 시트에 다음 자료를 입력하고 조건에 맞도록 작업해 봅니다.

출력형태

결 재		담당	대리	팀장

전통 공예품 판매 현황

상품코드	상품명	대분류	중분류	제조일	판매가격	포토 상품평 (단위:건)	적립금	판매가격 순위
LA-565	복조리세트	생활용품	민속용품	2020-01-05	8,500	1,560	(1)	(2)
HB-643	연잎2봉	한지공예	한지등	2020-02-12	130,000	345	(1)	(2)
JC-731	분청도자기 국화꽂	장신구	팔찌	2020-07-01	54,000	1,212	(1)	(2)
LA-654	윷놀이세트	생활용품	민속용품	2020-07-03	40,000	658	(1)	(2)
HB-652	청사초롱	한지공예	닥종이인형	2020-04-15	250,000	145	(1)	(2)
JC-724	청자 사각금꽃	장신구	목걸이	2020-05-20	350,000	95	(1)	(2)
HB-668	명상문구 액자	한지공예	소품	2020-04-20	65,000	1,675	(1)	(2)
LA-732	장식용 문살	생활용품	민속용품	2020-06-03	48,000	845	(1)	(2)
생활용품 판매가격의 평균			(3)			최대 포토 상품평(단위:건)		(5)
5월 이후 제조한 상품수			(4)			상품명	복조리세트	제조일	(6)

조 건

- 작업 시트의 이름이 '제1작업', '제2작업', '제3작업'인 3개 빈 작업 시트를 작성하시오.
- 모든 작업 시트의 A열은 열 너비 '1'로, 나머지 열은 적당하게 조절하시오.
- 모든 작업 시트의 테두리는 《출력형태》와 같이 작업하시오.

- 모든 데이터의 서식에는 글꼴(굴림, 11pt), 정렬은 숫자 및 회계 서식은 오른쪽 정렬, 나머지 서식은 가운데 정렬로 작성하며 예외적인 것은 《출력형태》를 참조하시오.
- 제 목 ⇒ 도형(한쪽 모서리가 잘린 사각형)과 그림자(오프셋 오른쪽)를 이용하여 작성하고 "전통 공예품 판매 현황"을 입력한 후 다음 서식을 적용하시오(글꼴-굴림, 24pt, 검정, 굵게, 채우기-노랑).
- 임의의 셀에 결재란을 작성하여 그림으로 복사 기능을 이용하여 붙이기 하시오(단, 원본 삭제).
- [B4:J4, G14, I14] 영역은 '주황'으로 채우기 하시오.
- 유효성 검사를 이용하여 [H14] 셀에 상품명([C5:C12] 영역)이 선택 표시되도록 하시오.
- 셀 서식 ⇒ [G5:G12] 영역에 셀 서식을 이용하여 숫자 뒤에 '원'을 표시하시오(예 : 8,500원).
- [H5:H12] 영역에 대해 '상품평'으로 이름정의를 하시오.

▶ (1)~(6) 셀은 반드시 주어진 함수를 이용하여 값을 구하시오(결과값을 직접 입력하면 해당 셀은 0점 처리됨).

(1) 적립금 ⇒ [판매가격×적립률]로 구하시오. 단, 적립률은 상품코드의 두 번째 글자가 A이면 '5%', B이면 '8%', 그 외에는 '10%'로 지정하시오(IF, MID 함수).
(2) 판매가격 순위 ⇒ 판매가격의 내림차순 순위를 구하시오(RANK.EQ 함수).
(3) 생활용품 판매가격의 평균 ⇒ 반올림하여 정수로 구하시오. 단, 조건은 입력데이터를 이용하시오
　　(ROUND, DAVERAGE 함수)(예 : 35,487.64 → 35,488).
(4) 5월 이후 제조한 상품수 ⇒ 5월을 포함하여 구한 결과값에 '개'를 붙이시오(COUNTIF 함수, & 연산자)(예 : 2개).
(5) 최대 포토 상품평(단위:건) ⇒ 정의된 이름(상품평)을 이용하여 구하시오(LARGE 함수).
(6) 제조일 ⇒ [H14] 셀에서 선택한 상품명에 대한 제조일을 구하시오(VLOOKUP 함수)(예 : 2020-01-01).
(7) 조건부 서식의 수식을 이용하여 판매가격이 '100,000' 이상인 행 전체에 다음의 서식을 적용하시오(글꼴 : 파랑, 굵게).

길잡이

- [G5:G12] 영역 셀 서식(사용자 지정) : ?,??0"원"
- (1) : =G5*IF(MID(B5,2,1)="A",5%,IF(MID(B5,2,1)="B",8%,10%))
- (2) : =RANK.EQ(G5,$G$5:$G$12)
- (3) : =ROUND(DAVERAGE(B4:H12,6,D4:D5),0)
- (4) : =COUNTIF(F5:F12,")=2020-5-1")&"개"
- (5) : =LARGE(상품평,1)
- (6) : =VLOOKUP(H14,C5:H12,4,0)
- (7) : 조건부 서식(수식) : =$G5>=100000

⑧ '제1작업' 시트에 다음 자료를 입력하고 조건에 맞도록 작업해 봅니다.

출력형태

광고번호	분류	광고상품	광고종류	제작비 (단위:원)	계약기간	월광고비 (단위:원)	순위	광고시작일
CE-209	화장품	수분크림	신문	1,087,000	7	1,157,000	(1)	(2)
SW-110	의류	등산복	온라인	1,440,000	3	440,000	(1)	(2)
CE-311	화장품	기초세트	신문	1,133,000	5	1,500,000	(1)	(2)
EA-808	교육	중국어회화	지하철	2,070,000	6	790,000	(1)	(2)
EE-908	교육	하나스터디	지하철	1,180,000	8	1,826,000	(1)	(2)
CZ-207	화장품	CC쿠션	온라인	2,420,000	6	1,080,000	(1)	(2)
SF-107	의류	유아복	지하철	1,720,000	5	750,000	(1)	(2)
SG-511	의류	영캐주얼	온라인	975,000	4	675,000	(1)	(2)
화장품 월광고비(단위:원) 합계			(3)			최대 월광고비(단위:원)		(5)
교육 광고 건수			(4)			광고상품	수분크림	계약기간	(6)

대성기획 광고제작 현황

확인 / 담당 / 팀장 / 대표

조건

- 작업 시트의 이름이 '제1작업', '제2작업', '제3작업'인 3개 빈 작업 시트를 작성하시오.
- 모든 작업 시트의 A열은 열 너비 '1'로, 나머지 열은 적당하게 조절하시오.
- 모든 작업 시트의 테두리는 《출력형태》와 같이 작업하시오.

- 모든 데이터의 서식에는 글꼴(굴림, 11pt), 정렬은 숫자 및 회계 서식은 오른쪽 정렬, 나머지 서식은 가운데 정렬로 작성하며 예외적인 것은 《출력형태》를 참조하시오.
- 제 목 ⇒ 도형(육각형)과 그림자(오프셋 대각선 오른쪽 위)를 이용하여 작성하고 "대성기획 광고제작 현황"을 입력한 후 다음 서식을 적용하시오(글꼴-굴림, 24pt, 검정, 굵게, 채우기-노랑).
- 임의의 셀에 결재란을 작성하여 그림으로 복사 기능을 이용하여 붙이기 하시오(단, 원본 삭제).
- [B4:J4, G14, I14] 영역은 '주황'으로 채우기 하시오.
- 유효성 검사를 이용하여 [H14] 셀에 광고상품([D5:D12] 영역)이 선택 표시되도록 하시오.
- 셀 서식 ⇒ [G5:G12] 영역에 셀 서식을 이용하여 숫자 뒤에 '개월'을 표시하시오(예 : 7개월).
- [C5:C12] 영역에 대해 '분류'로 이름정의를 하시오.

▶ (1)~(6) 셀은 반드시 주어진 함수를 이용하여 값을 구하시오(결과값을 직접 입력하면 해당 셀은 0점 처리됨).

(1) 순위 ⇒ 제작비(단위:원)의 내림차순 순위를 1~4까지 구하고, 그 외에는 공백으로 표시하시오(IF, RANK.EQ 함수).
(2) 광고시작일 ⇒ 광고번호의 마지막 두 자리 숫자를 월로, 일은 '10'으로 하는 2020년도 날짜를 구하시오
　　　　　　　　(DATE, RIGHT 함수)(예 : CZ-107 → 2020-07-10).
(3) 화장품 월광고비(단위:원) 합계 ⇒ 조건은 입력데이터를 이용하시오(DSUM 함수).
(4) 교육 광고 건수 ⇒ 정의된 이름(분류)을 이용하여 구한 결과값에 '건'을 붙이시오(COUNTIF 함수, & 연산자)(예 : 1건).
(5) 최대 월광고비(단위:원) ⇒ (MAX 함수)
(6) 계약기간 ⇒ [H14] 셀에서 선택한 광고상품에 대한 계약기간을 표시하시오(VLOOKUP 함수).
(7) 조건부 서식의 수식을 이용하여 월광고비(단위:원)가 '1,500,000' 이상인 행 전체에 다음의 서식을 적용하시오
　　(글꼴 : 파랑, 굵게).

길잡이

- [G5:G12] 영역 셀 서식(사용자 지정) : G/표준"개월"
- (1):=IF(RANK.EQ(F5,$F$5:$F$12)<=4,RANK.EQ(F5,$F$5:$F$12),"")
- (2) : =DATE(2020,RIGHT(B5,2),10)
- (3) : =DSUM(B4:H12,7,C4:C5)

- (4) : =COUNTIF(분류,"교육")&"건"
- (5) : =MAX(H5:H12)
- (6) : =VLOOKUP(H14,$D$4:$H$12,4,0)
- (7) : 조건부 서식(수식) : =$H5>=1500000

CHAPTER
02

제2작업-유형1

필터 및 서식

📁 예제파일 | 제2작업-유형1.xlsx

 문제 유형

"제1작업" 시트의 [B4:H12] 영역을 복사하여 "제2작업" 시트의 [B2] 셀부터 모두 붙여넣기를 한 후 다음의 조건과 같이 작업하시오. 　　80점

조 건

(1) 고급 필터 – 대분류가 '생활용품'이거나 포토 상품평(단위:건)이 '1,000' 이상인 자료의 상품코드, 상품명, 중분류, 판매가격, 포토 상품평(단위:건) 데이터만 추출하시오.
　　　　　　 – 조건 범위 : [B14] 셀부터 입력하시오.
　　　　　　 – 복사 위치 : [B18] 셀부터 나타나도록 하시오.

(2) 표 서식 – 고급필터의 결과셀을 채우기 없음으로 설정한 후 '표 스타일 보통 7'의 서식을 적용하시오.
　　　　　 – 머리글 행, 줄무늬 행을 적용하시오.

작업 과정

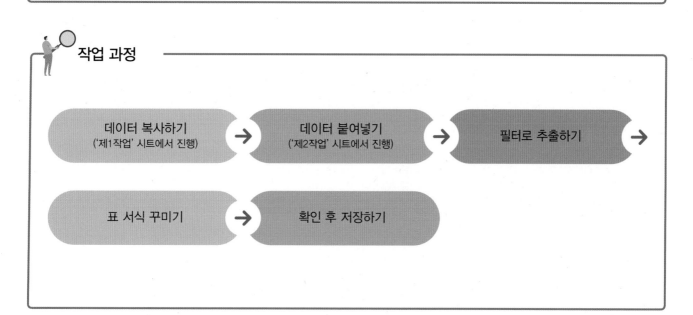

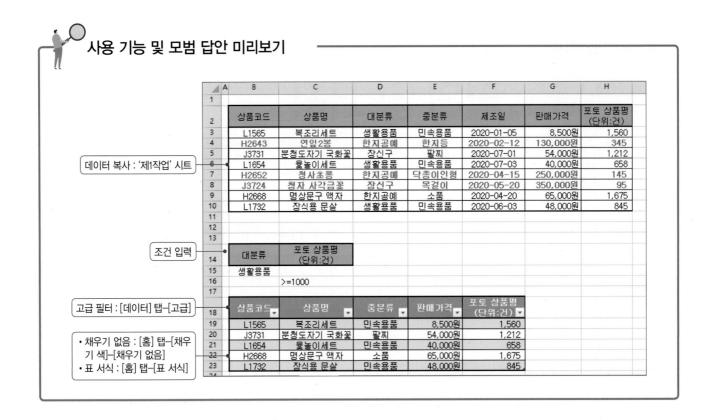

데이터 복사 : '제1작업' 시트

조건 입력

고급 필터 : [데이터] 탭-[고급]

· 채우기 없음 : [홈] 탭-[채우기 색]-[채우기 없음]
· 표 서식 : [홈] 탭-[표 서식]

데이터 복사하기

01 '제1작업' 시트의 [B4:H12] 영역을 드래그한 후 Ctrl + C 키를 눌러 복사합니다.

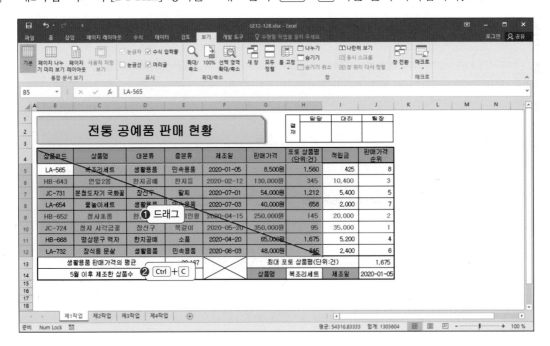

02 '제2작업' 시트의 [B2] 셀을 클릭한 후 Ctrl+V 키를 눌러 붙여넣기합니다.

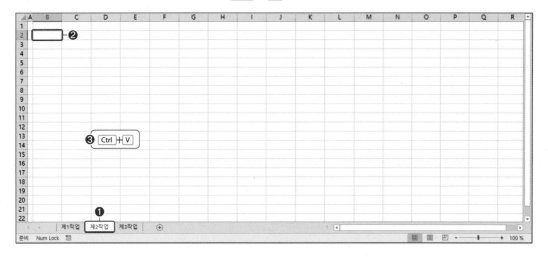

03 [홈] 탭-[클립보드] 그룹에서 [붙여넣기(붙여넣기)]-[선택하여 붙여넣기]를 선택합니다.

04 [선택하여 붙여넣기] 대화상자가 나타나면 '열 너비'를 선택하고 [확인] 버튼을 클릭합니다.

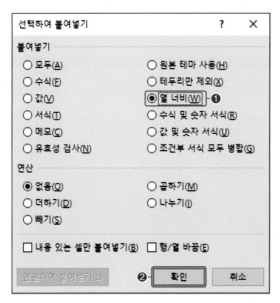

01 [D2] 셀을 클릭한 후 Ctrl + C 키를 눌러 복사하고, [B14] 셀을 클릭한 후 Ctrl + V 키를 눌러 붙여넣기합니다. 같은 방법으로 [H2] 셀을 [C14] 셀에 복사합니다.

> **TIP**
>
> 고급 필터의 조건에 사용하는 필드명은 데이터의 필드명과 동일해야 합니다. 여기서는 잘못 입력되는 것을 방지하기 위해 데이터의 필드명을 복사해 오는 방법을 사용합니다.

02 [B15] 셀을 클릭한 후 '생활용품'을 입력합니다. '이거나'가 조건으로 제시되었기에 'OR' 조건을 사용하기 위해 줄(행)을 바꿔 [C16] 셀에 '>=1000'을 입력합니다.

상품코드	상품명	대분류	중분류	제조일	판매가격	포토 상품평 (단위:건)
LA-565	복조리세트	생활용품	민속용품	2020-01-05	8,500원	1,560
HB-643	연잎2봉	한지공예	한지등	2020-02-12	130,000원	345
JC-731	분청도자기 국화꽃	장신구	팔찌	2020-07-01	54,000원	1,212
LA-654	윷놀이세트	생활용품	민속용품	2020-07-03	40,000원	658
HB-652	청사초롱	한지공예	닥종이인형	2020-04-15	250,000원	145
JC-724	청자 사각금꽃	장신구	목걸이	2020-05-20	350,000원	95
HB-668	명상문구 액자	한지공예	소품	2020-04-20	65,000원	1,675
LA-732	장식용 문살	생활용품	민속용품	2020-06-03	48,000원	845

대분류	포토 상품평 (단위:건)
생활용품	
	>=1000

→ 입력

> **TIP**
>
>
>
> • **AND 조건식 : 같은 행에 조건 입력**
>
> | 지역 | 나이 |
> |---|---|
> | 경기 | >=40 |
>
> ➡ 지역이 '경기'이고, 나이가 '40세' 이상인 데이터 추출
>
> | 부서 | 직급 | 상여금 |
> |---|---|---|
> | 인* | 과장 | <=100000 |
>
> ➡ 부서가 '인'으로 시작하고, 직급이 '과장'이면서, 상여금이 100000 이하인 세 가지 조건이 모두 만족하는 데이터 추출
>
> • **OR 조건식 : 다른 행에 조건 입력**
>
> | 지역 | 성별 |
> |---|---|
> | 서울 | |
> | | 여자 |
>
> ➡ 지역이 '서울'이거나, 성별이 '여자'인 두 가지 조건 중 하나만 만족하는 데이터 추출
>
> • **OR와 AND 조건식 혼합**
>
> | 지역 | 나이 |
> |---|---|
> | 서울 | >=20 |
> | 대전 | >=50 |
>
> ➡ 지역이 '서울'이고 나이가 '20세' 이상이거나, 지역이 '대전'이고 나이가 '50세' 이상인 데이터 추출

03 [B2:C2] 영역을 드래그하여 선택한 후 Ctrl 키를 누른 채 [E2:G2] 영역을 추가로 선택한 후 Ctrl + C 키를 눌러 복사합니다. [B18] 셀을 클릭한 후 Ctrl + V 키를 눌러 붙여넣기합니다.

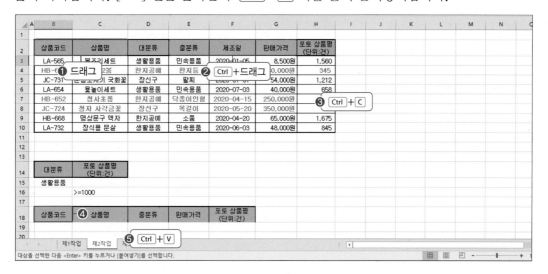

04 [B2:H10] 영역 내에 셀 포인터를 위치시킨 후, [데이터] 탭-[정렬 및 필터] 그룹-[고급]을 클릭합니다.

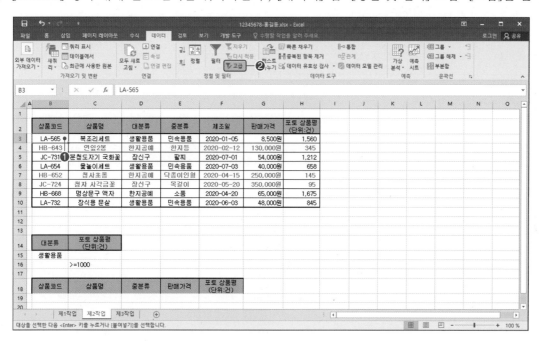

05 [고급 필터] 대화상자가 나타나면 '다른 장소에 복사'를 클릭한 후, [조건 범위]로 [B14:C16] 영역을 지정합니다. [복사 위치]로 [B18:F18] 영역을 지정한 후 [확인] 버튼을 클릭합니다.

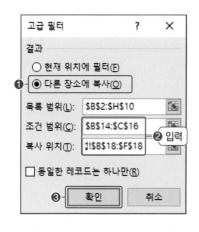

상품코드	상품명	중분류	판매가격	포토 상품평 (단위:건)
LA-565	복조리세트	민속용품	8,500원	1,560
JC-731	분청도자기 국화꽃	팔찌	54,000원	1,212
LA-654	윷놀이세트	민속용품	40,000원	658
HB-668	명상문구 액자	소품	65,000원	1,675
LA-732	장식용 문살	민속용품	48,000원	845

표 서식 적용하기

01 [B18:F23] 영역을 블록으로 지정한 후, [홈] 탭-[글꼴] 그룹에서 [채우기 색( )]-[채우기 없음]을 선택합니다.

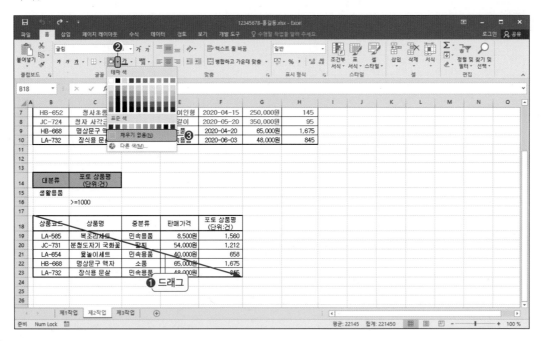

02 범위로 지정된 상태에서 [홈] 탭-[스타일] 그룹-[표 서식]을 클릭하고 [표 스타일 보통 7]을 선택합니다.

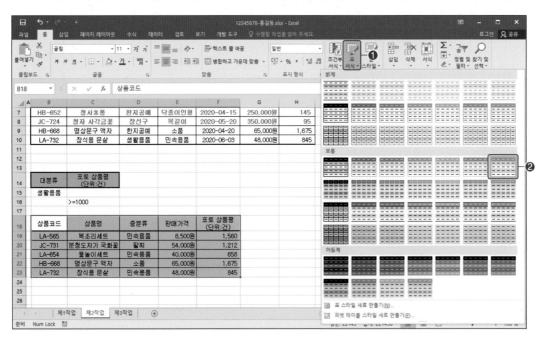

03 [표 서식] 대화상자가 나타나면 범위를 확인하고 [확인] 버튼을 클릭합니다.

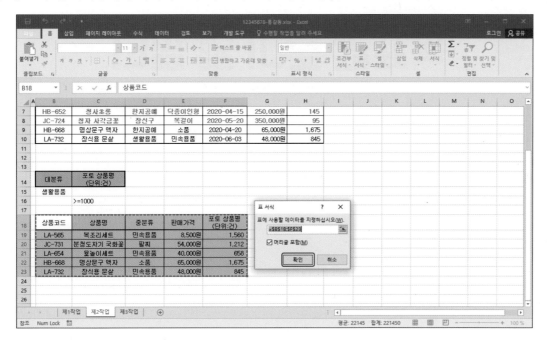

04 《조건》에 맞게 작성되었는지 확인한 후 Ctrl + S 키를 눌러 저장합니다.

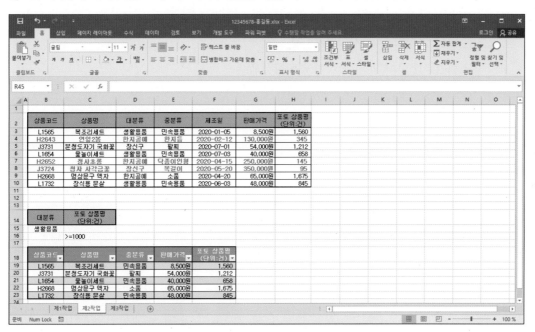

제2작업-유형2

목표값 찾기 및 필터

📁 예제파일 | 제2작업-유형2.xlsx

문제 유형

"제1작업" 시트의 [B4:H12] 영역을 복사하여 "제2작업" 시트의 [B2] 셀부터 모두 붙여넣기를 한 후 다음의 조건과 같이 작업하시오.   80점

조 건

(1) 목표값 찾기 – [B11:G11] 셀을 병합하여 "전월구매액(단위:원)의 전체 평균"을 입력한 후 [H11] 셀에 전월구매액(단위:원)의 전체 평균을 구하시오(AVERAGE 함수, 테두리, 가운데 맞춤).

　　　　　　– '전월구매액(단위:원)의 전체 평균'이 '300,000'이 되려면 한가현의 전월구매액(단위:원)이 얼마가 되어야 하는지 목표값을 구하시오.

(2) 고급 필터 – 회원등급이 '골드'이거나, 총구매건수가 '10' 이하인 자료의 이름, 회원등급, 전월구매액(단위:원), 총구매건수 데이터만 추출하시오.

　　　　　– 조건 범위 : [B14] 셀부터 입력하시오.

　　　　　– 복사 위치 : [B18] 셀부터 나타나도록 하시오.

작업 과정

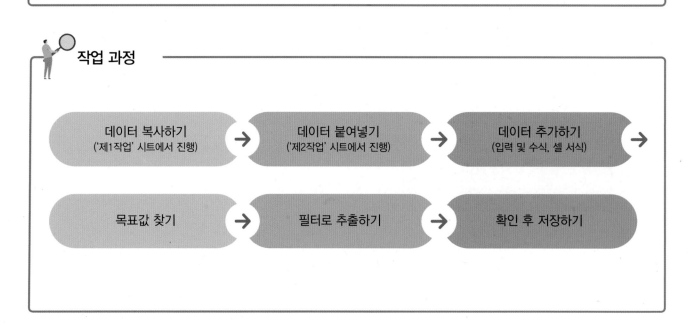

사용 기능 및 모범 답안 미리보기

데이터 복사 : '제1작업' 시트

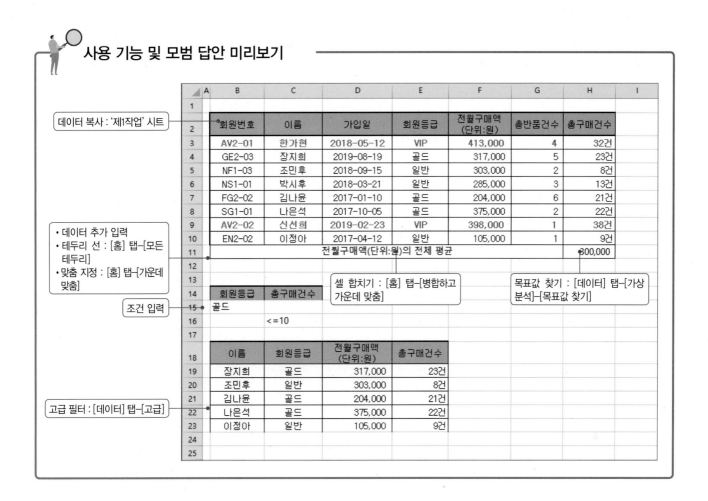

회원번호	이름	가입일	회원등급	전월구매액 (단위:원)	총반품건수	총구매건수
AV2-01	한가현	2018-05-12	VIP	413,000	4	32건
GE2-03	장지희	2019-08-19	골드	317,000	5	23건
NF1-03	조민후	2018-09-15	일반	303,000	2	8건
NS1-01	박시후	2018-03-21	일반	285,000	3	13건
FG2-02	김나윤	2017-01-10	골드	204,000	6	21건
SG1-01	나은석	2017-10-05	골드	375,000	2	22건
AV2-02	신선희	2019-02-23	VIP	398,000	1	38건
EN2-02	이정아	2017-04-12	일반	105,000	1	9건

전월구매액(단위:원)의 전체 평균 : 300,000

- 데이터 추가 입력
- 테두리 선 : [홈] 탭-[모든 테두리]
- 맞춤 지정 : [홈] 탭-[가운데 맞춤]

조건 입력

회원등급	총구매건수
골드	
	<=10

셀 합치기 : [홈] 탭-[병합하고 가운데 맞춤]

목표값 찾기 : [데이터] 탭-[가상 분석]-[목표값 찾기]

이름	회원등급	전월구매액 (단위:원)	총구매건수
장지희	골드	317,000	23건
조민후	일반	303,000	8건
김나윤	골드	204,000	21건
나은석	골드	375,000	22건
이정아	일반	105,000	9건

고급 필터 : [데이터] 탭-[고급]

데이터 복사하기

01 '제1작업' 시트의 [B4:H12] 영역을 드래그한 후 Ctrl + C 키를 눌러 복사합니다.

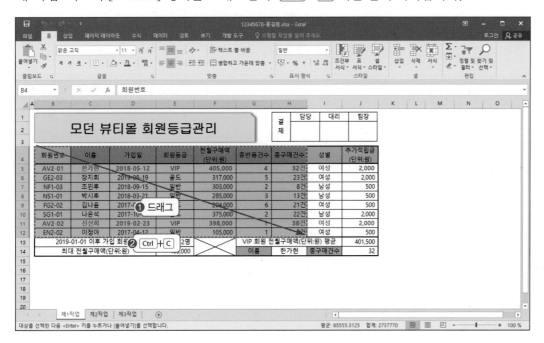

02 '제2작업' 시트의 [B2] 셀을 클릭한 후 Ctrl + V 키를 눌러 붙여넣기합니다.

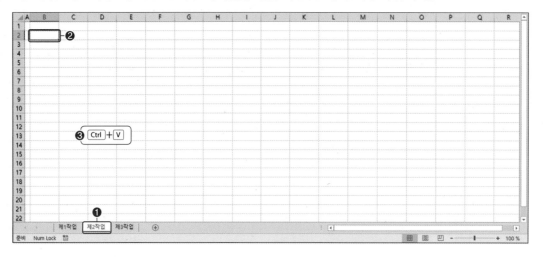

03 [홈] 탭-[클립보드] 그룹에서 [붙여넣기(붙여넣기)]-[선택하여 붙여넣기]를 선택합니다.

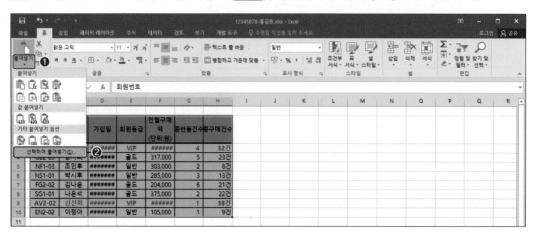

04 [선택하여 붙여넣기] 대화상자가 나타나면 '열 너비'를 선택하고 [확인] 버튼을 클릭합니다.

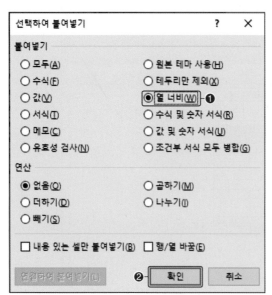

데이터 추가하기

01 [B11:G11] 영역을 드래그한 후 [홈] 탭-[맞춤] 그룹-[병합하고 가운데 맞춤]을 선택합니다. [H11] 셀을 선택한 후 f_x(함수 마법사)를 클릭합니다.

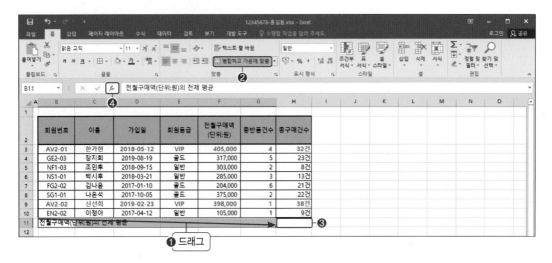

02 [함수 마법사] 대화상자가 나타나면 AVERAGE 함수를 검색한 후 [확인] 버튼을 클릭합니다. [함수 인수] 대화상자가 나타나면 [Number1] 입력란에 'F3:F10'을 입력하고 [확인] 버튼을 클릭합니다.

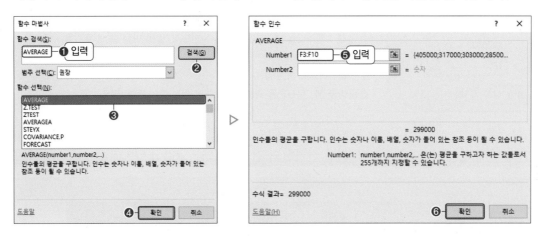

03 [B11:H11] 영역을 지정한 후 [홈] 탭-[맞춤] 그룹-[가운데 맞춤]과 [홈] 탭-[글꼴] 그룹-[테두리(⊞ ▾)]-[모든 테두리]를 선택합니다.

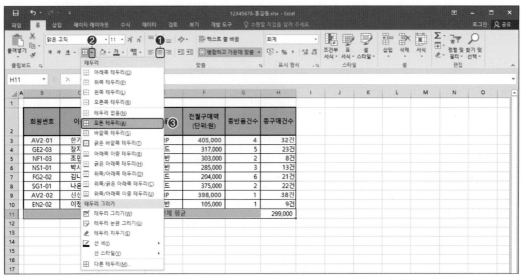

목표값 찾기

01 [H11] 셀을 클릭한 후 [데이터] 탭-[데이터 도구] 그룹에서 [가상 분석]-[목표값 찾기]를 선택합니다.

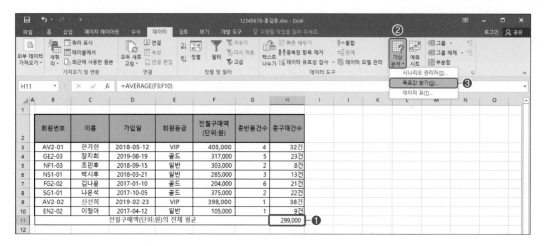

02 [목표값 찾기] 대화상자에서 [수식 셀]은 'H11', [찾는 값]은 '300,000', [값을 바꿀 셀]은 'F3'을 입력하고 [확인] 버튼을 클릭합니다.

> **TIP**
> • **수식 셀** : 결과값을 얻기 위한 셀 주소(반드시 '값을 바꿀 셀'의 주소를 사용하는 수식이 필요합니다.)
> • **찾는 값** : 목표로 하는 값
> • **값을 바꿀 셀** : 목표값을 위해 변경되어야 하는 값이 들어 있는 셀 주소

03 '전월구매액의 전체 평균'이 300,000이 되려면 한가현의 전월구매액은 413,000으로 변경된 것을 확인할 수 있습니다.

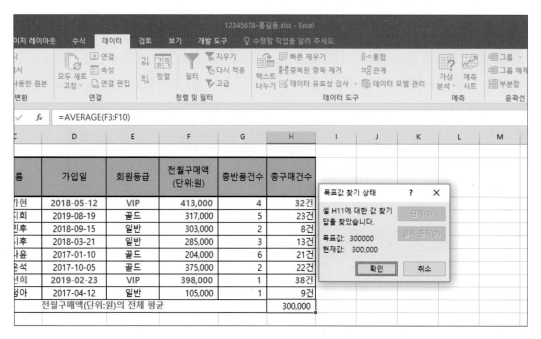

01 [E2] 셀을 클릭하고 Ctrl 키를 누른 채 [H2] 셀을 클릭한 후 Ctrl + C 키를 누릅니다. [B14] 셀을 선택하고 Ctrl + V 키를 눌러 붙여넣기합니다.

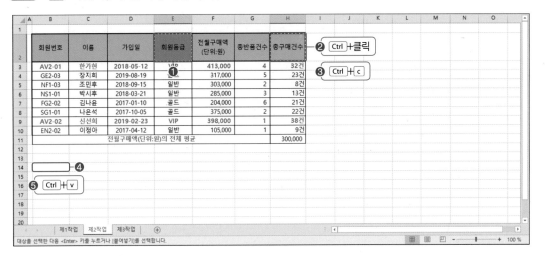

02 [B15] 셀에 '골드'를 입력합니다. '이거나'가 조건으로 제시되었기에 'OR' 조건을 사용하기 위해 줄(행)을 바꿔 [C16] 셀에 '<=10'을 입력합니다.

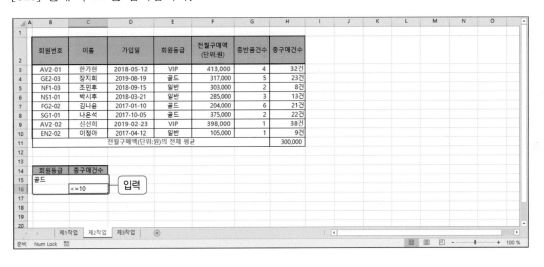

03 [C2] 셀을 클릭한 후 Ctrl 키를 누른 채 [E2:G2] 영역을 드래그하여 추가로 선택한 후 Ctrl + C 키를 눌러 복사합니다. 그런 다음 [B18] 셀을 클릭하고 Ctrl + V 키를 눌러 붙여넣기합니다.

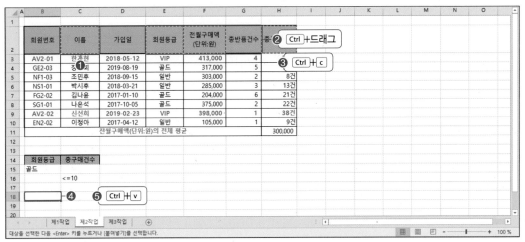

04 [B2:H10] 영역 내에 셀 포인터를 위치시킨 후 [데이터] 탭-[정렬 및 필터] 그룹-[고급]을 클릭합니다. [고급 필터] 대화상자가 나타나면 [다른 장소에 복사]를 클릭한 후, [목록 범위]는 [B2:H10] 영역을 지정하고 [조건 범위]로는 [B14:C16] 영역을 지정합니다. [복사 위치]로 [B18:E18] 영역을 지정한 후 [확인] 버튼을 클릭합니다.

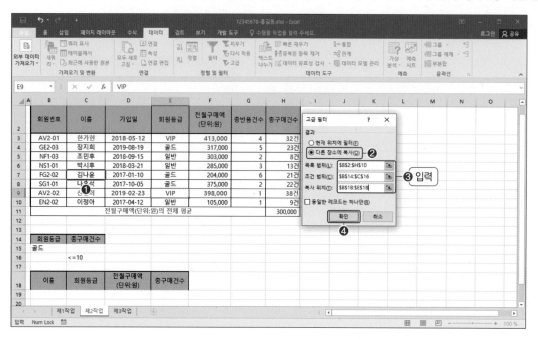

05 《조건》에 맞게 작성되었는지 확인한 후 Ctrl + S 키를 눌러 저장합니다.

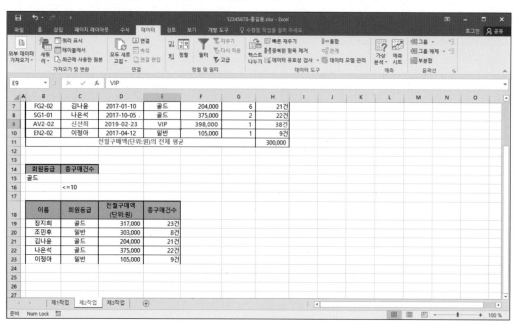

기본 예제

1 다음과 같은 데이터를 입력한 후 '표 스타일 보통 2'의 서식을 적용해 봅니다(글꼴 : 굴림, 11pt).

출력형태

A	B	C	D	E	F
1					
2	업체명 ▼	2019년 ▼	2020년 ▼	2021년 ▼	
3	대기유통	21,405	28,357	42,100	
4	천하상사	6,128	6,952	8,323	
5	가화유통	2,758	3,707	5,126	
6					

2 다음과 같은 데이터를 입력한 후, 조건과 같이 작업해 봅니다(글꼴 : 굴림, 11pt).

입력

A	B	C	D	E	F	G
1						
2	코드	상품명	생산지	판매단가	판매개수	
3	S-102	갈비	상주	80,000	1,200	
4	H-103	한우	횡성	95,000	1,800	
5	T-205	멸치	해남	40,000	5,200	
6	S-002	곶감	상주	15,000	3,000	
7	D-301	한과	전주	35,000	7,800	
8	상주 지역 판매개수 평균					
9						

조건

- [F8] 셀에 상주 지역의 판매개수 평균을 구하시오. 단, 조건은 입력 데이터를 이용하시오(DAVERAGE 함수, 쉼표 스타일).
- 상주 지역의 판매개수 평균이 '3000'이 되려면 곶감 세트의 판매개수가 얼마가 되어야 하는지 목표값을 구하시오.

길잡이

- 함수식([F8] 셀) : =DAVERAGE(B2:F7,5,D2:D3)
- 목표값 찾기 : [데이터] 탭-[데이터 도구] 그룹-[가상 분석]-[목표값 찾기] 선택 → [목표값 찾기] 대화상자 설정

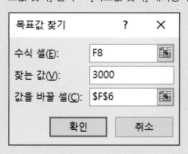

- 출력형태

F8		× ✓ fx	=DAVERAGE(B2:F7,5,D2:D3)			
A	B	C	D	E	F	G
1						
2	코드	상품명	생산지	판매단가	판매개수	
3	S-102	갈비	상주	80,000	1,200	
4	H-103	한우	횡성	95,000	1,800	
5	T-205	멸치	해남	40,000	5,200	
6	S-002	곶감	상주	15,000	4,800	
7	D-301	한과	전주	35,000	7,800	
8	상주 지역 판매개수 평균				3,000	
9						

③ 다음과 같은 데이터를 입력한 후 조건과 같이 작업해 봅니다(글꼴 : 굴림, 11pt).

입력

	A	B	C	D	E	F	G
1							
2		사원번호	이름	입사일	성별	직급	
3		S-031	강하다	2020-03-01	남	사원	
4		S-013	구수해	2017-07-23	남	대리	
5		S-025	금잔화	2019-11-11	여	사원	
6		S-019	이기자	2017-12-03	남	사원	
7		S-007	진달래	2016-04-05	여	대리	
8		S-001	한수이	2015-03-28	여	부장	
9							

조 건

- 성별이 '남'이면서 직급이 '사원'인 자료의 데이터만 추출하시오.
- 조건 위치 : [B11] 셀부터 입력하시오.
- 복사 위치 : [B15] 셀부터 나타나도록 하시오.

길잡이

- **고급 필터** : [B11:C12] 영역에 조건 입력(같은 줄에 입력) → [B2:F8] 영역 내 임의의 위치 클릭 → [데이터] 탭–[데이터 도구] 그룹–[고급] 클릭 → [고급 필터] 대화상자 설정

- **출력형태**

	A	B	C	D	E	F	G
1							
2		사원번호	이름	입사일	성별	직급	
3		S-031	강하다	2020-03-01	남	사원	
4		S-013	구수해	2017-07-23	남	대리	
5		S-025	금잔화	2019-11-11	여	사원	
6		S-019	이기자	2017-12-03	남	사원	
7		S-007	진달래	2016-04-05	여	대리	
8		S-001	한수이	2015-03-28	여	부장	
9							
10							
11		성별	직급				
12		남	사원				
13							
14							
15		사원번호	이름	입사일	성별	직급	
16		S-031	강하다	2020-03-01	남	사원	
17		S-019	이기자	2017-12-03	남	사원	
18							

④ "제1작업" 시트의 [B4:H12] 영역을 복사하여 "제2작업" 시트의 [B2] 셀부터 모두 붙여넣기를 하고 다음의 조건과 같이 작업해 봅니다.

조 건   📁 예제파일 | 예제 02_04.xlsx

(1) 고급 필터 – 비품코드가 'B'로 시작하거나, 취득가(단위:원)가 '3,000,000' 이상인 자료의 비품명, 비품종류, 최종점검일, 보유수량, 잔존가(단위:원) 데이터만 추출하시오.
       – 조건 범위 : [B14] 셀부터 입력하시오.
       – 복사 위치 : [B18] 셀부터 나타나도록 하시오.

(2) 표 서식 – 고급필터의 결과셀을 채우기 없음으로 설정한 후 '표 스타일 보통 6'의 서식을 적용하시오.
       – 머리글 행, 줄무늬 행을 적용하시오.

🔍 길잡이

- **고급 필터** : [B14:C16] 영역에 조건 입력(다른 줄에 입력) → [B2:H10] 영역 내 임의의 위치 클릭 → [데이터] 탭-[데이터 도구] 그룹-[고급] 클릭 → [고급 필터] 대화상자 설정

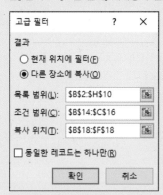

- **표 서식** : [B18:F23] 영역 지정 → [홈] 탭-[글꼴] 그룹-[채우기 색]-[채우기 없음] 선택 → [홈] 탭-[스타일] 그룹-[표 서식]에서 선택

- **출력형태**

	비품코드	비품명	비품종류	최종점검일	취득가(단위:원)	보유수량	잔존가(단위:원)
2	비품코드	비품명	비품종류	최종점검일	취득가(단위:원)	보유수량	잔존가(단위:원)
3	CP-167	프린터	컴퓨터	2020-01-22	1,075,000	6개	157,500
4	BE-637	PC용책상	가구류	2020-01-18	964,000	15개	75,480
5	EA-631	소형냉장고	기타비품	2020-02-23	796,000	2개	57,400
6	CU-127	LCD모니터	컴퓨터	2020-02-19	3,165,000	21개	540,000
7	EG-414	정수기	기타비품	2020-02-20	3,145,000	6개	226,800
8	CA-254	복합기	컴퓨터	2020-01-30	550,000	5개	97,800
9	BL-514	사무용의자	가구류	2020-02-09	874,000	17개	49,700
10	BT-859	4단파일장	가구류	2020-01-24	954,000	7개	71,400

	비품코드	취득가(단위:원)
14	비품코드	취득가(단위:원)
15	B*	
16		>=3000000

	비품명	비품종류	최종점검일	보유수량	잔존가(단위:원)
18	비품명	비품종류	최종점검일	보유수량	잔존가(단위:원)
19	PC용책상	가구류	2020-01-18	15개	75,480
20	LCD모니터	컴퓨터	2020-02-19	21개	540,000
21	정수기	기타비품	2020-02-20	6개	226,800
22	사무용의자	가구류	2020-02-09	17개	49,700
23	4단파일장	가구류	2020-01-24	7개	71,400

제1작업 제2작업 제3작업 ⊕

준비 Num Lock

⑤ "제1작업" 시트의 [B4:H12] 영역을 복사하여 "제2작업" 시트의 [B2] 셀부터 모두 붙여넣기를 하고 다음의 조건과 같이 작업해 봅니다.

📁 **예제파일** | 예제 02_05.xlsx

조 건

(1) 목표값 찾기 – [B11:G11] 셀을 병합하여 "화장품의 월광고비(단위:원) 평균"을 입력한 후 [H11] 셀에 화장품의 월광고비(단위:원) 평균을 구하시오. 단, 조건은 입력데이터를 이용하시오(DAVERAGE 함수, 테두리, 가운데 맞춤).
　　　　　　　　　 – '화장품의 월광고비(단위:원) 평균'이 '1,250,000'이 되려면 수분크림의 월광고비(단위:원)가 얼마가 되어야 하는지 목표값을 구하시오.

(2) 고급 필터 – 분류가 '의류'이면서 제작비(단위:원)가 '1,500,000' 이하인 자료의 광고상품, 제작비(단위:원), 계약기간, 월광고비(단위:원) 데이터만 추출하시오.
　　　　　　　 – 조건 범위 : [B14] 셀부터 입력하시오.
　　　　　　　 – 복사 위치 : [B18] 셀부터 나타나도록 하시오.
　　　　　　　 – 복사 위치 : [B18] 셀부터 나타나도록 하시오.

🔍 길잡이

- 함수식([H11] 셀) : =DAVERAGE(B2:H10,7,C2:C3)
- 목표값 찾기 : [H11] 셀 클릭 → [데이터] 탭–[데이터 도구] 그룹–[가상 분석]–[목표값 찾기] 선택 → [목표값 찾기] 대화상자 설정([수식 셀]은 'H11', [찾는 값]은 '1250000', [값을 바꿀 셀]은 'H3' 입력)
- 고급 필터 : [B14:C16] 영역에 조건 입력(다른 줄에 입력) → [B18:E18] 영역에 추출 필드명 입력([D2:F2], [H2] 셀 복사) → [B2:H10] 영역 내 임의의 위치 클릭 → [데이터] 탭–[데이터 도구] 그룹–[고급] 클릭 → [고급 필터] 대화상자 설정

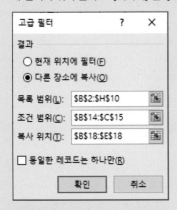

- 출력형태

	광고번호	분류	광고상품	광고종류	제작비(단위:원)	계약기간	월광고비(단위:원)
CE-209	화장품	수분크림	신문	1,087,000	7개월	1,170,000
SW-110	의류	등산복	온라인	1,440,000	3개월	440,000
CE-311	화장품	기초세트	신문	1,133,000	5개월	1,500,000
EA-808	교육	출국어회화	지하철	2,070,000	6개월	790,000
EE-908	교육	하나스터디	지하철	1,180,000	8개월	1,826,000
CZ-207	화장품	CC쿠션	온라인	2,420,000	6개월	1,080,000
SF-107	의류	유아복	지하철	1,720,000	5개월	750,000
SG-511	의류	영캐주얼	온라인	975,000	4개월	675,000
화장품의 월광고비(단위:원) 평균						1,250,000

분류	제작비(단위:원)
의류	<=1500000

광고상품	제작비(단위:원)	계약기간	월광고비(단위:원)
등산복	1,440,000	3개월	440,000
영캐주얼	975,000	4개월	675,000

제3작업–유형1

피벗 테이블

📁 예제파일 | 제3작업–유형1.xlsx

 문제 유형

"제1작업" 시트를 이용하여 "제3작업" 시트에 조건에 따라 《출력형태》와 같이 작업하시오. ⟨80점⟩

조 건

(1) 제조일 및 대분류별 상품코드의 개수와 포토 상품평(단위:건)의 평균을 구하시오.

(2) 제조일을 그룹화하고, 대분류를 ≪출력형태≫와 같이 정렬하시오.

(3) 레이블이 있는 셀 병합 및 가운데 맞춤 적용 및 빈 셀은 '***'로 표시하시오.

(4) 행의 총합계는 지우고, 나머지 사항은 ≪출력형태≫에 맞게 작성하시오.

출력형태

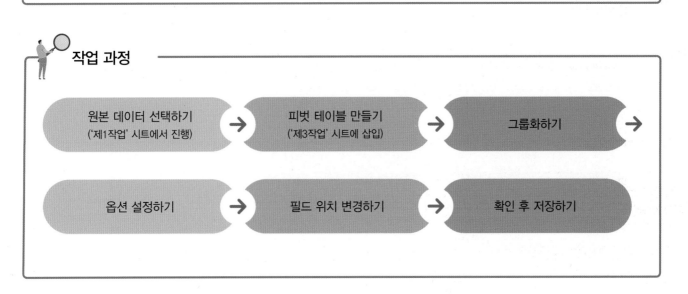

	B	C	D	E	F	G	H
		대분류 ▾					
		한지공예		장신구		생활용품	
제조일 ▾	개수 : 상품코드	평균 : 포토 상품평(단위:건)	개수 : 상품코드	평균 : 포토 상품평(단위:건)	개수 : 상품코드	평균 : 포토 상품평(단위:건)
1사분기	1	345	***	***	1	1,560
2사분기	2	910	1	95	1	845
3사분기	***	***	1	1,212	1	658
총합계	3	722	2	654	3	1,021

작업 과정

원본 데이터 선택하기 ('제1작업' 시트에서 진행) → 피벗 테이블 만들기 ('제3작업' 시트에 삽입) → 그룹화하기 →

옵션 설정하기 → 필드 위치 변경하기 → 확인 후 저장하기

사용 기능 및 모범 답안 미리보기

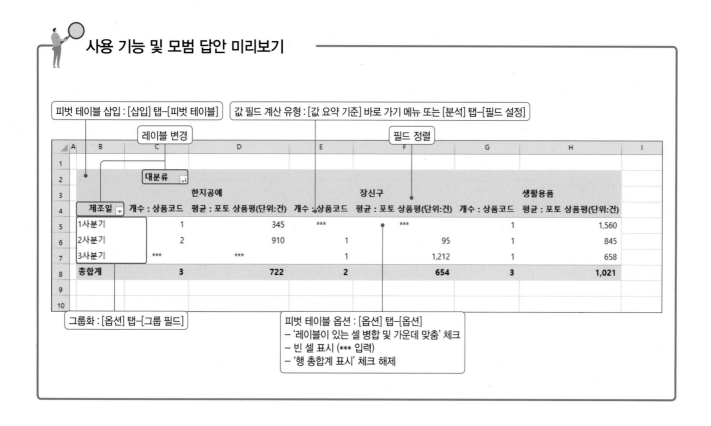

| 피벗 테이블 삽입 : [삽입] 탭-[피벗 테이블] | 값 필드 계산 유형 : [값 요약 기준] 바로 가기 메뉴 또는 [분석] 탭-[필드 설정] |

레이블 변경 / 필드 정렬

대분류	한지공예		장신구		생활용품	
제조일	개수 : 상품코드	평균 : 포토 상품평(단위:건)	개수 : 상품코드	평균 : 포토 상품평(단위:건)	개수 : 상품코드	평균 : 포토 상품평(단위:건)
1사분기	1	345	***	***	1	1,560
2사분기	2	910	1	95	1	845
3사분기	***	***	1	1,212	1	658
총합계	3	722	2	654	3	1,021

그룹화 : [옵션] 탭-[그룹 필드]

피벗 테이블 옵션 : [옵션] 탭-[옵션]
- '레이블이 있는 셀 병합 및 가운데 맞춤' 체크
- 빈 셀 표시 (*** 입력)
- '행 총합계 표시' 체크 해제

피벗 테이블 만들기

01 '제1작업' 시트의 [B4:J12] 영역을 블록으로 지정한 후, [삽입] 탭-[표] 그룹-[피벗 테이블(📱)]을 클릭합니다.

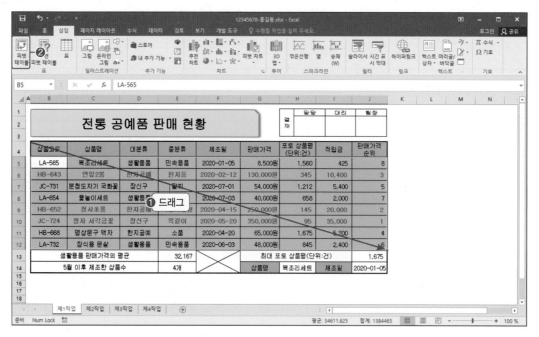

02 [피벗 테이블 만들기] 대화상자가 나타납니다. 데이터 범위는 피벗 테이블을 시작할 때 지정하였으므로 피벗 테이블을 입력할 위치를 지정합니다. '기존 워크시트'를 선택한 후, '제3작업' 시트의 [B2] 셀을 클릭하고 [확인] 버튼을 클릭합니다.

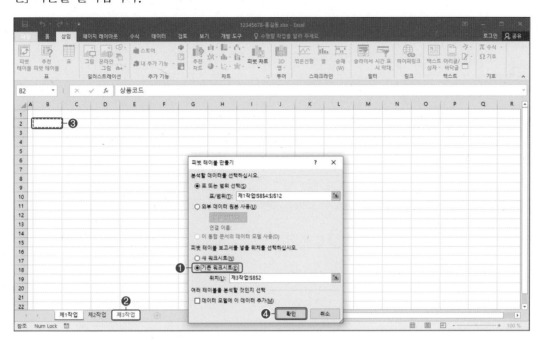

 TIP '제3작업' 시트의 [B2] 셀을 클릭한 상태에서 [삽입] 탭-[표] 그룹-[피벗 테이블]을 클릭한 후 범위를 선택해도 됩니다.

03 피벗 테이블의 기본 화면이 나타납니다.

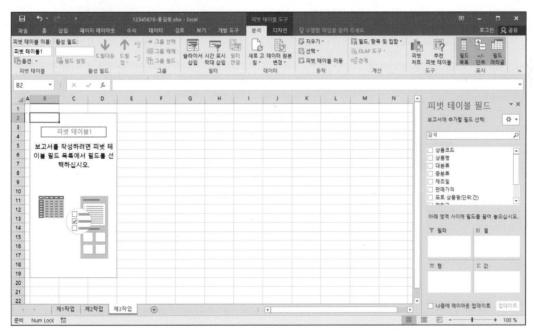

04 [피벗 테이블 필드 목록] 창에서 열 레이블에 '대분류', 행 레이블에 '제조일'을 드래그하여 삽입합니다. [피벗 테이블 필드 목록] 창에서 값에 '상품코드', '포토 상품평(단위:건)'을 드래그하여 삽입합니다. 열 레이블의 Σ 값은 자동으로 입력됩니다.

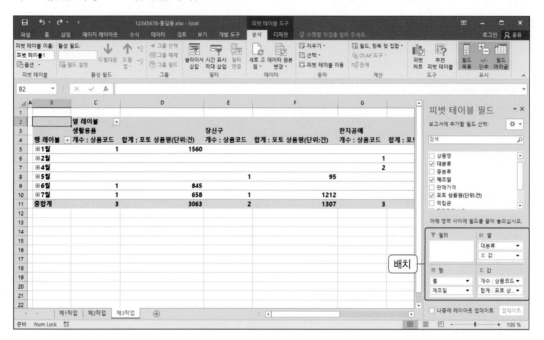

05 '포토 상품평(단위:건)'의 평균을 구하기 위해 [D4] 셀에서 마우스 오른쪽 버튼을 클릭합니다. 바로 가기 메뉴에서 [값 요약 기준]-[평균]을 선택합니다.

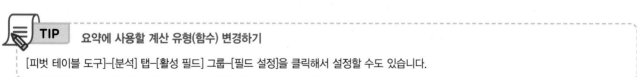

TIP   **요약에 사용할 계산 유형(함수) 변경하기**

[피벗 테이블 도구]-[분석] 탭-[활성 필드] 그룹-[필드 설정]을 클릭해서 설정할 수도 있습니다.

01 [B5] 셀을 클릭한 후 [피벗 테이블 도구]-[분석] 탭-[그룹] 그룹-[그룹 필드]를 클릭합니다.

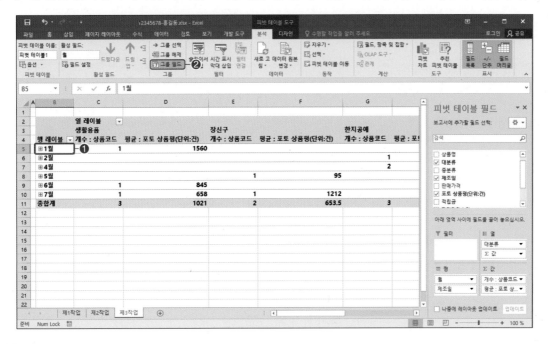

 **그룹 설정**

마우스 오른쪽 버튼을 클릭한 후 바로 가기 메뉴에서 [그룹]을 선택해서 설정할 수도 있습니다.

02 [그룹화] 대화상자가 나타나면 [일], [월]을 클릭하여 체크를 해제하고 [분기]를 선택한 후 [확인] 버튼을 클릭합니다.

피벗 테이블 옵션 설정하기

01 [피벗 테이블 도구]-[분석] 탭-[피벗 테이블] 그룹-[옵션]을 클릭합니다.

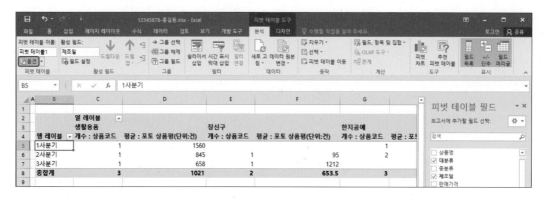

02 [피벗 테이블 옵션] 대화상자에서 '레이블이 있는 셀 병합 및 가운데 맞춤'을 선택(체크)하고, '빈 셀 표시'에는 '***'를 입력합니다. [요약 및 필터] 탭을 클릭하고 '행 총합계 표시'의 체크를 해제한 후 [확인] 버튼을 클릭합니다.

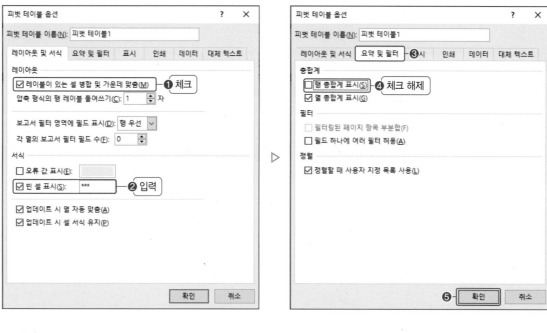

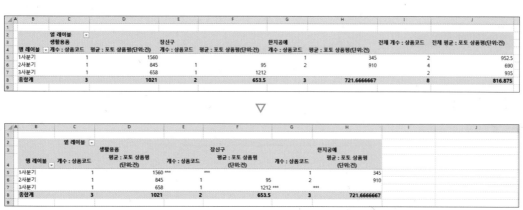

필드 위치 변경하기

《출력형태》와 같이 위치를 정렬하기 위해 '장신구'를 '한지공예' 다음으로 드래그하여 이동합니다.

TIP 여기서는 데이터의 범위를 보여 주기 위해 블록으로 설정한 후 이동했습니다. [G3] 셀을 클릭한 후 드래그해도 됩니다.

TIP **필드 위치를 변경하는 또 다른 방법**

필드 항목이 내림차순 또는 오름차순 등으로 정렬되어 있다면 레이블의 ⬇ 버튼을 클릭하여 텍스트 정렬 방법을 선택합니다.

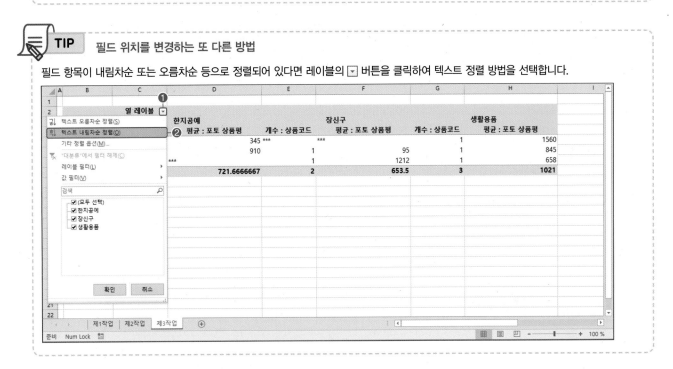

확인 후 저장하기

01 [B4] 셀의 '행 레이블'을 클릭하여 텍스트를 '제조일'로 변경하고 [C2] 셀의 '열 레이블'도 클릭하여 텍스트를 '대분류'로 변경합니다.

02 '평균 : 포토 상품평(단위:건)'의 텍스트를 모두 표시하기 위해 [D4] 셀을 선택합니다. 수식입력줄 오른쪽의 ∨(확장 버튼)을 클릭한 후, 마우스 커서를 '평' 글자 뒤에 위치한 후 Delete 키를 눌러 한 줄로 변경합니다.

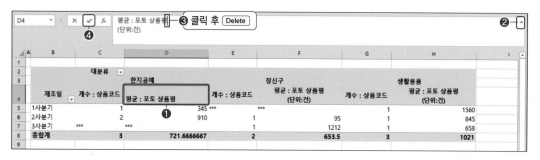

03 다음과 같이 '***'이 입력된 셀들만 Ctrl 키를 사용해서 선택한 후, [홈] 탭–[맞춤] 그룹–[가운데 정렬]을 클릭합니다.

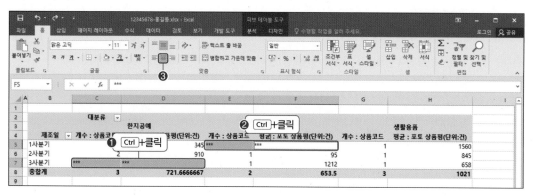

04 값에 천 단위 구분 기호를 표시하기 위해 [C5:H8] 영역을 블록으로 지정한 후, [홈] 탭–[표시 형식] 그룹–[쉼표 스타일(,)]을 클릭합니다.

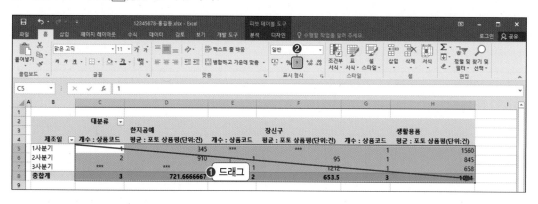

05 Ctrl + S 키를 눌러 저장합니다.

제3작업-유형2

정렬 및 부분합

📁 예제파일 | 제3작업-유형2.xlsx

문제 유형

"제1작업" 시트의 [B4:H12] 영역을 복사하여 "제3작업" 시트의 [B2] 셀부터 모두 붙여넣기를 한 후 다음의 조건과 같이 작업하시오.   80점

조 건

(1) 부분합 – 《출력형태》처럼 정렬하고, 이름의 개수와 전월구매액(단위:원)의 평균을 구하시오.

(2) 윤 곽 – 지우시오.

(3) 나머지 사항은 《출력형태》에 맞게 작성하시오.

출력형태

A	B	C	D	E	F	G	H	I
1								
2	회원번호	이름	가입일	회원등급	전월구매액 (단위:원)	총반품건수	총구매건수	
3	NF1-03	조민후	2018-09-15	일반	303,000	2	8건	
4	NS1-01	박시후	2018-03-21	일반	285,000	3	13건	
5	EN2-02	이정아	2017-04-12	일반	105,000	1	9건	
6				일반 평균	231,000			
7		3		일반 개수				
8	GE2-03	장지희	2019-08-19	골드	317,000	5	23건	
9	FG2-02	김나윤	2017-01-10	골드	204,000	6	21건	
10	SG1-01	나은석	2017-10-05	골드	375,000	2	22건	
11				골드 평균	298,667			
12		3		골드 개수				
13	AV2-01	한가현	2018-05-12	VIP	405,000	4	32건	
14	AV2-02	신선희	2019-02-23	VIP	398,000	1	38건	
15				VIP 평균	401,500			
16		2		VIP 개수				
17				전체 평균	299,000			
18		8		전체 개수				
19								

작업 과정

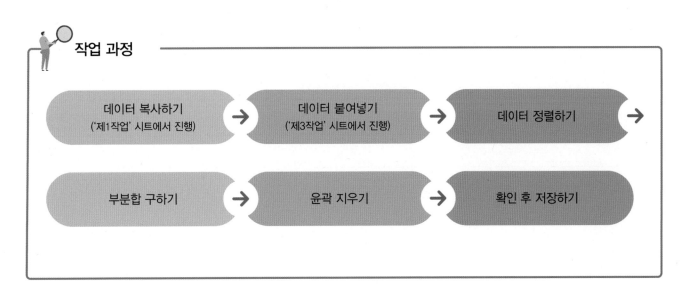

데이터 복사하기 ('제1작업' 시트에서 진행) → 데이터 붙여넣기 ('제3작업' 시트에서 진행) → 데이터 정렬하기 →

부분합 구하기 → 윤곽 지우기 → 확인 후 저장하기

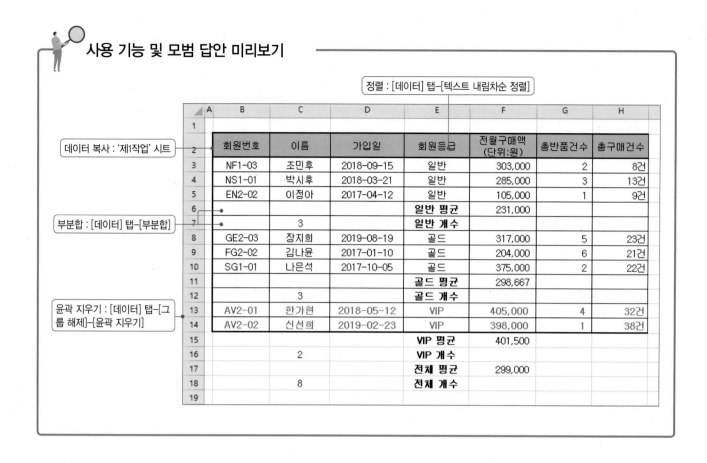

사용 기능 및 모범 답안 미리보기

정렬 : [데이터] 탭-[텍스트 내림차순 정렬]

데이터 복사 : '제1작업' 시트

부분합 : [데이터] 탭-[부분합]

윤곽 지우기 : [데이터] 탭-[그룹 해제]-[윤곽 지우기]

A	B	C	D	E	F	G	H
	회원번호	이름	가입일	회원등급	전월구매액(단위:원)	총반품건수	총구매건수
	NF1-03	조민후	2018-09-15	일반	303,000	2	8건
	NS1-01	박시후	2018-03-21	일반	285,000	3	13건
	EN2-02	이정아	2017-04-12	일반	105,000	1	9건
				일반 평균	231,000		
		3		일반 개수			
	GE2-03	장지희	2019-08-19	골드	317,000	5	23건
	FG2-02	김나윤	2017-01-10	골드	204,000	6	21건
	SG1-01	나은석	2017-10-05	골드	375,000	2	22건
				골드 평균	298,667		
		3		골드 개수			
	AV2-01	한가현	2018-05-12	VIP	405,000	4	32건
	AV2-02	신선희	2019-02-23	VIP	398,000	1	38건
				VIP 평균	401,500		
		2		VIP 개수			
				전체 평균	299,000		
		8		전체 개수			

데이터 가져와서 정렬하기

01 '제1작업' 시트의 [B4:H12] 영역을 드래그한 후 Ctrl + C 키를 눌러 복사합니다.

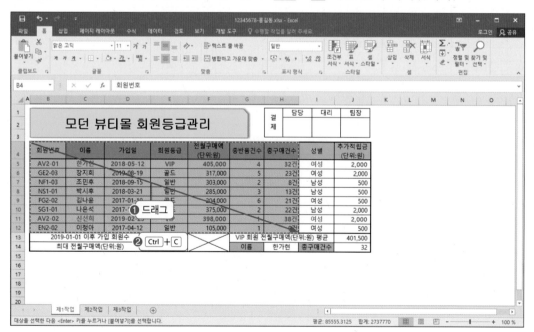

02 '제3작업' 시트의 [B2] 셀을 클릭한 후 `Ctrl`+`V` 키를 눌러 붙여넣기합니다.

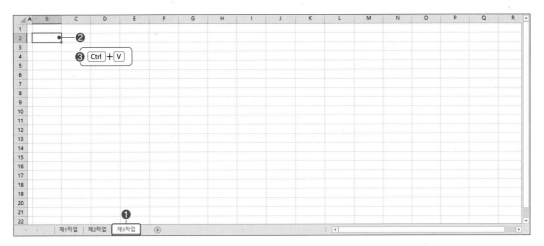

03 [홈] 탭-[클립보드] 그룹에서 [붙여넣기(붙여넣기)]-[선택하여 붙여넣기]를 선택합니다. [선택하여 붙여넣기] 대화상자가 나타나면 '열 너비'를 선택하고 [확인] 버튼을 클릭합니다.

04 부분합을 실행하기 전에 부분합으로 구할 그룹 항목을 기준으로 정렬해야 합니다. 《출력형태》를 살펴보면 '회원등급' 필드를 기준으로 내림차순으로 부분합이 구해져 있으므로 [E2:E10] 영역 내의 임의의 위치를 지정한 후 [데이터] 탭-[정렬 및 필터] 그룹-[텍스트 내림차순 정렬(힉↓)]을 클릭합니다.

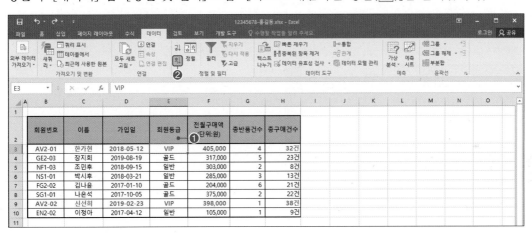

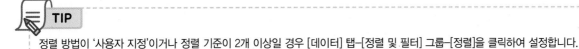

TIP

정렬 방법이 '사용자 지정'이거나 정렬 기준이 2개 이상일 경우 [데이터] 탭-[정렬 및 필터] 그룹-[정렬]을 클릭하여 설정합니다.

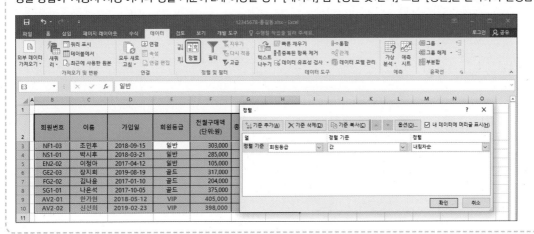

TIP 오름차순과 내림차순

- **오름차순** : 작은 값에서 큰 값 순(예 1 → 9, ㄱ → ㅎ, A → Z 등)으로 배치하는 것을 말합니다.
- **내림차순** : 큰 값에서 작은 값 순(예 9 → 1, ㅎ → ㄱ, Z → A 등)으로 배치하는 것을 말합니다.
- 단, 공백 셀의 경우 '오름차순', '내림차순'과 상관 없이 맨 아래쪽에 배치됩니다.

원본	오름차순	내림차순
4	2	파
가	4	타
11	11	가
Z	A	Z
	C	C
2	Z	A
A	가	11
파	타	4
C	파	2
타		

부분합 구하기

01 [B2:H10] 영역 내의 임의의 위치를 지정한 후 [데이터] 탭-[윤곽선] 그룹-[부분합]을 클릭합니다.

02 [부분합] 대화상자가 나타나면 [그룹화할 항목]은 앞에서 정렬해 둔 '회원등급'을 선택하고, [사용할 함수]는 《출력형태》에 표시된 '개수'와 '평균' 중 먼저 '개수'를 선택합니다. [부분합 계산 항목]은 '이름'만 체크하고 나머지 항목의 체크는 해제한 후 [확인] 버튼을 클릭합니다.

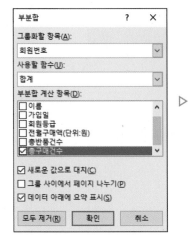
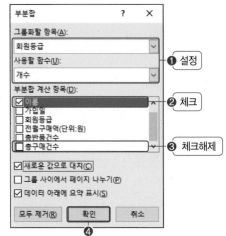

03 부분합이 2개이므로, 다시 [데이터] 탭-[윤곽선] 그룹-[부분합]을 클릭합니다.

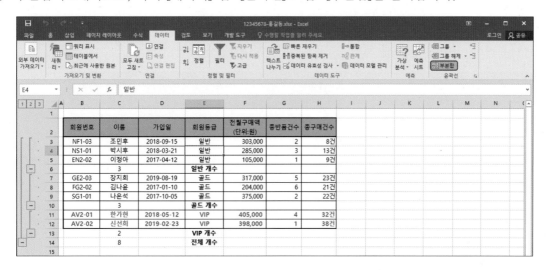

04 [부분합] 대화상자가 나타나면 [사용할 함수]는 '평균'을 선택하고, [부분합 계산 항목]은 '전월구매액(단위: 원)'만 체크하고 나머지 항목의 체크는 해제합니다. '새로운 값으로 대치'의 체크를 해제한 후, [확인] 버튼을 클릭합니다.

 ▷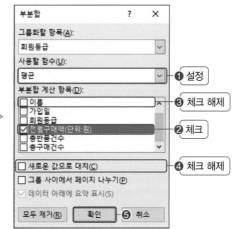

TIP [부분합] 대화상자

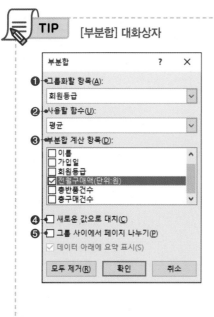

① **그룹화할 항목** : 정렬할 때 설정했던 정렬 기준을 선택해야 합니다.

② **사용할 함수** : 11개의 함수(합계, 개수, 평균, 최대값, 최소값, 곱, 숫자 개수, 표본 표준 편차, 표준 편차, 표본 분산, 분산) 중에서 선택할 수 있습니다.

③ **부분합 계산 항목** : 함수를 이용할 데이터 항목을 설정합니다. 여러 개 선택이 가능합니다.

④ **새로운 값으로 대치** : 두 번째 부분합을 구하는 경우 체크된 상태에서는 기존의 부분합의 결과는 사라집니다. 체크를 해제하면 기존 부분합 결과 위에 새로운 부분합 결과가 생성됩니다.

▲ 체크된 경우　　　　　　▲ 체크 해제된 경우

⑤ **모두 제거** : 클릭하면 부분합이 제거됩니다.

윤곽선 지우기

01 [데이터] 탭-[윤곽선] 그룹에서 [그룹 해제(圖)]-[윤곽 지우기]를 선택합니다.

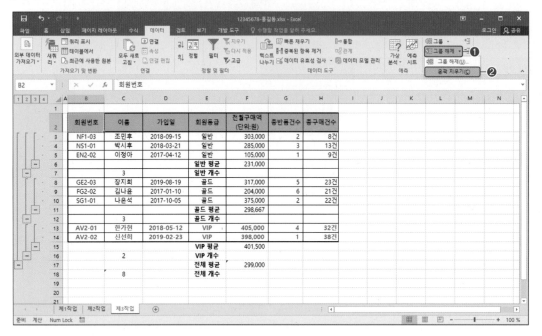

02 《조건》에 맞게 작성되었는지 확인한 후 Ctrl + S 키를 눌러 저장합니다.

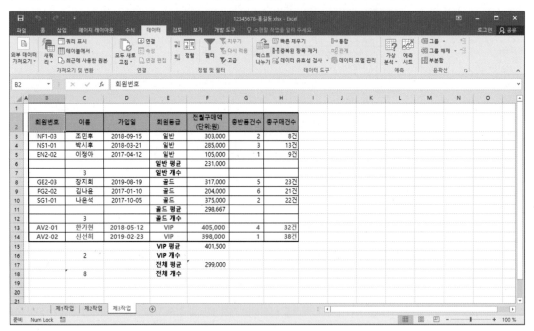

① '입력' 시트에 다음과 같은 데이터를 입력한 후, '새 워크 시트'에 《출력형태》와 같은 피벗 테이블을 작성해 봅니다(글꼴 : 굴림, 11pt).

입력

	A	B	C	D	E	F	G
1							
2		코드	상품명	구분	단가	1월 판매량	
3		2051001	쌀뜨물 주방세제 (리필용)	주방	6,000	1,500	
4		1930305	클린 & 라이트 (일반용)	세탁	12,000	800	
5		2032021	쌀뜨물 주방세제 (500ml)	주방	3,500	3,500	
6		1951043	클린 & 라이트 (드럼용)	세탁	15,000	750	
7		1812532	친환경 반짝반짝	청소	7,500	1,200	
8							

출력형태

	A	B	C	D	E	F
1						
2		개수 : 1월 판매량	구분 ▼			
3		상품명 ▼	청소	세탁	주방	
4		쌀뜨물 주방세제 (500ml)			1	
5		쌀뜨물 주방세제 (리필용)			1	
6		친환경 반짝반짝	1			
7		클린 & 라이트 (드럼용)		1		
8		클린 & 라이트 (일반용)		1		
9		총합계	1	2	2	
10						

길잡이

- '입력' 시트, '피벗 테이블' 시트 만들기 : 시트 이름을 더블 클릭한 후 입력
- 피벗 테이블 : [B2:F7] 영역 지정 → [삽입] 탭-[표] 그룹-[피벗 테이블 삽입(▣)] 클릭 → [피벗 테이블 만들기] 대화상자에서 '기존 워크시트', '피벗 테이블' 시트의 [B2] 셀 지정 → 열 레이블 '구분', 행 레이블 '상품명', 값 '1월 판매량' 필드 지정

	A	B	C	D	E	F
1						
2		합계 : 1월 판매량	열 레이블 ▼			
3		행 레이블 ▼	세탁	주방	청소	총합계
4		쌀뜨물 주방세제 (500ml)		3500		3500
5		쌀뜨물 주방세제 (리필용)		1500		1500
6		친환경 반짝반짝			1200	1200
7		클린 & 라이트 (드럼용)	750			750
8		클린 & 라이트 (일반용)	800			800
9		총합계	1550	5000	1200	7750
10						

▼ 필터 ‖ 열
　　　　　　　　　구분 ▼

≡ 행 Σ 값
상품명 ▼ 합계 : 1월 판... ▼

- **값 요약 기준 변경** : [B2] 셀 선택 → 마우스 오른쪽 단추 클릭 → [값 요약 기준]-[개수] 선택
- **열 레이블 이름 변경** : [C2] 셀 선택 → '구분' 입력
- **행 레이블 이름 변경** : [B3] 셀 선택 → '상품명' 입력
- **내림차순 정렬** : 열 레이블 '구분' 오른쪽의 ▼를 클릭 → [텍스트 내림차순 정렬] 선택
- **피벗 테이블 옵션 변경** : [피벗 테이블 도구]-[옵션] 탭-[피벗 테이블] 그룹-[옵션] 클릭 → [피벗 테이블 옵션] 대화상자-[요약 및 필터] 탭에서 '행 총합계 표시' 체크 해제
- **가운데 맞춤** : [B2:E9] 영역 지정 → [홈] 탭-[맞춤] 그룹-[가운데 맞춤] 클릭

② 다음과 같은 데이터를 입력한 후 조건에 따라 정렬해 봅니다(글꼴 : 굴림, 11pt).

입 력

	A	B	C	D	E	F	G	H
1								
2		신청일	이름	구분	인원	예약일	기간	
3		2022-05-03	김이다	회원	4	2022-08-01	3	
4		2022-05-31	오빛나	비회원	3	2022-08-15	2	
5		2022-06-05	이장군	VIP 회원	3	2022-07-31	3	
6		2022-06-15	정정해	비회원	2	2022-08-01	4	
7		2022-06-23	최고영	회원	1	2022-07-31	2	
8								

출력형태

	A	B	C	D	E	F	G	H
1								
2		신청일	이름	구분	인원	예약일	기간	
3		2022-06-05	이장군	VIP 회원	3	2022-07-31	3	
4		2022-06-23	최고영	회원	1	2022-07-31	2	
5		2022-05-03	김이다	회원	4	2022-08-01	3	
6		2022-06-15	정정해	비회원	2	2022-08-01	4	
7		2022-05-31	오빛나	비회원	3	2022-08-15	2	
8								

조 건

(1) 1차 정렬 : VIP 회원, 회원, 비회원 순으로 정렬하시오.
(2) 2차 정렬 : 예약일을 《출력형태》와 같이 정렬하시오.

길잡이

• '사용자 지정 목록으로 정렬 : [B2:G7] 영역 내의 임의의 위치 클릭 → [데이터] 탭–[정렬 및 필터] 그룹–[정렬] 클릭 → [정렬] 대화상자의 [정렬]에서 [열]을 '구분'으로 지정하고, [정렬]에서 '사용자 지정 목록' 선택 → [사용자 지정 목록] 대화상자의 [사용자 지정 목록]에서 '새 목록'을 선택하고 [목록 항목] 입력란에 각 항목별로 줄을 바꿔 입력한 후 [추가] 버튼, [확인] 버튼 순차로 클릭

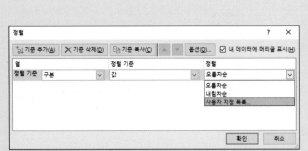

• 2차 정렬 기준 지정 : [정렬] 대화상자에서 [기준 추가] 버튼 클릭 → [다음 기준]의 [열]을 '예약일'로 지정한 후 [확인] 버튼 클릭

③ 앞의 문제 ②에서 작성한 파일을 불러온 후 《출력형태》와 같은 부분합을 작성해 봅니다.

예제파일 | 예제 03_03.xlsx

출력형태

1 2 3	A	B	C	D	E	F	G
1							
2		신청일	이름	구분	인원	예약일	기간
3		2022-06-05	이장군	VIP 회원	3	2022-07-31	3
4			1	**VIP 회원 개수**			
5		2022-06-23	최고영	회원	1	2022-07-31	2
6		2022-05-03	김이다	회원	4	2022-08-01	3
7			2	**회원 개수**			
8		2022-06-15	정정해	비회원	2	2022-08-01	4
9		2022-05-31	오빛나	비회원	3	2022-08-15	2
10			2	**비회원 개수**			
11			5	**전체 개수**			
12							

▽

1 2 3 4	A	B	C	D	E	F	G
1							
2		신청일	이름	구분	인원	예약일	기간
3		2022-06-05	이장군	VIP 회원	3	2022-07-31	3
4				**VIP 회원 요약**	3		
5			1	**VIP 회원 개수**			
6		2022-06-23	최고영	회원	1	2022-07-31	2
7		2022-05-03	김이다	회원	4	2022-08-01	3
8				**회원 요약**	5		
9			2	**회원 개수**			
10		2022-06-15	정정해	비회원	2	2022-08-01	4
11		2022-05-31	오빛나	비회원	3	2022-08-15	2
12				**비회원 요약**	5		
13			2	**비회원 개수**			
14				**총합계**	13		
15			5	**전체 개수**			
16							

길잡이

- **부분합 작성** : [데이터] 탭–[윤곽선] 그룹–[부분합] 클릭
- 부분합을 추가할 때는 [부분합] 대화상자의 '새로운 값으로 대치' 체크를 취소한 후 작성

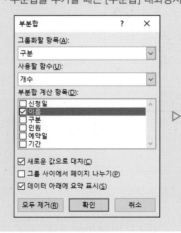
▷
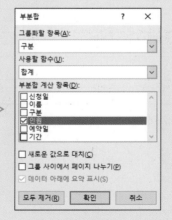

④ "제1작업" 시트를 이용하여 "제3작업" 시트에 조건에 따라 《출력형태》와 같이 작업해 봅니다.

 조 건

📁 예제파일 | 예제 03_04.xlsx

(1) 취득가(단위:원) 및 비품종류별 비품명의 개수와 잔존가(단위:원)의 평균을 구하시오.
(2) 취득가(단위:원)을 그룹화하고, 비품종류를 《출력형태》와 같이 정렬하시오.
(3) 레이블이 있는 셀 병합 및 가운데 맞춤 적용 및 빈 셀은 '***'로 표시하시오.
(4) 행의 총합계는 지우고, 나머지 사항은 《출력형태》에 맞게 작성하시오.

출력형태

취득가(단위:원)	개수 : 비품명	평균 : 잔존가(단위:원)	개수 : 비품명	평균 : 잔존가(단위:원)	개수 : 비품명	평균 : 잔존가(단위:원)
비품종류 ↓	컴퓨터		기타비품		가구류	
500001-1000000	1	97,800	1	57,400	3	65,527
1000001-1500000	1	157,500	***	***	***	***
3000001-3500000	1	540,000	1	226,800	***	***
총합계	3	265,100	2	142,100	3	65,527

🔍 길잡이

그룹화 : [피벗 테이블 도구]–[분석] 탭–[그룹] 그룹–[그룹 선택] → [그룹화] 대화상자에서 [시작]의 체크를 해제하고 [단위]에 '500000' 입력

⑤ "제1작업" 시트의 [B4:H12] 영역을 복사하여 "제3작업" 시트의 [B2] 셀부터 모두 붙여넣기를 하고 다음의 조건과 같이 작업해 봅니다.

조 건

📁 예제파일 | 예제 03_05.xlsx

(1) 부분합 – 《출력형태》처럼 정렬하고, 광고상품의 개수와 월광고비(단위:원)의 평균을 구하시오.
(2) 윤 곽 – 지우시오.
(3) 나머지 사항은 《출력형태》에 맞게 작성하시오.

출력형태

광고번호	분류	광고상품	광고종류	제작비(단위:원)	계약기간	월광고비(단위:원)
CE-209	화장품	수분크림	신문	1,087,000	7개월	1,157,000
CE-311	화장품	기초세트	신문	1,133,000	5개월	1,500,000
CZ-207	화장품	CC쿠션	온라인	2,420,000	6개월	1,080,000
	화장품 평균					1,245,667
	화장품 개수	3				
SW-110	의류	등산복	온라인	1,440,000	3개월	440,000
SF-107	의류	유아복	지하철	1,720,000	5개월	750,000
SG-511	의류	열캐주얼	온라인	975,000	4개월	675,000
	의류 평균					621,667
	의류 개수	3				
EA-808	교육	중국어회화	지하철	2,070,000	6개월	790,000
EE-908	교육	하나스터디	지하철	1,180,000	8개월	1,826,000
	교육 평균					1,308,000
	교육 개수	2				
	전체 평균					1,027,250
	전체 개수	8				

🔍 길잡이

• 부분합 순서 : '분류' 항목을 기준으로 내림차순 정렬 → '광고상품'의 '개수'로 부분합 계산 → '새로운 값으로 대치' 체크 해제 후 '월광고비(단위:원)'의 '평균'으로 부분합 계산

CHAPTER 06

제4작업

그래프

예제파일 | 제4작업.xlsx

 문제 유형

"제1작업" 시트를 이용하여 조건에 따라 《출력형태》와 같이 작업하시오. [100점]

조 건

(1) 차트 종류 ⇒ 〈묶은 세로 막대형〉으로 작업하시오.

(2) 데이터 범위 ⇒ "제1작업" 시트의 내용을 이용하여 작업하시오.

(3) 위치 ⇒ "새 시트"로 이동하고, "제4작업"으로 시트 이름을 바꾸시오.

(4) 차트 디자인 도구 ⇒ 레이아웃 3, 스타일 1을 선택하여 《출력형태》에 맞게 작업하시오.

(5) 영역 서식 ⇒ 차트 : 글꼴(굴림, 11pt), 채우기 효과(질감−파랑 박엽지)
　　　　　　　　그림 : 채우기(흰색, 배경1)

(6) 제목 서식 ⇒ 차트 제목 : 글꼴(굴림, 굵게, 20pt), 채우기(흰색, 배경1), 테두리

(7) 서식 ⇒ 총구매건수 계열의 차트 종류를 〈표식이 있는 꺾은선형〉으로 변경한 후 보조 축으로 지정하시오.
　　　　계열 : 《출력형태》를 참조하여 표식(마름모, 크기 10)과 레이블 값을 표시하시오.
　　　　눈금선 : 선 스타일−파선
　　　　축 : 《출력형태》를 참조하시오.

(8) 범례 ⇒ 범례명을 변경하고 《출력형태》를 참조하시오.

(9) 도형 ⇒ '모서리가 둥근 사각형 설명선'을 삽입한 후 《출력형태》와 같이 내용을 입력하시오.

(10) 나머지 사항은 《출력형태》에 맞게 작성하시오.

출력형태

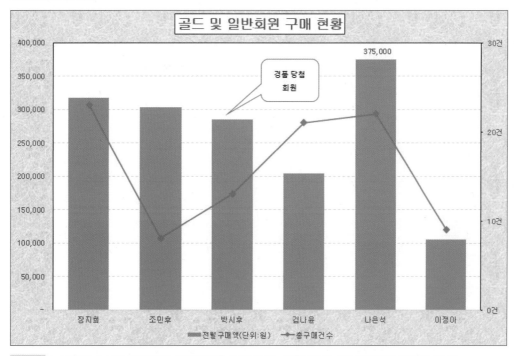

※ 주의 : 시트명 순서가 차례대로 "제1작업", "제2작업", "제3작업", "제4작업"이 되도록 할 것.

작업 과정

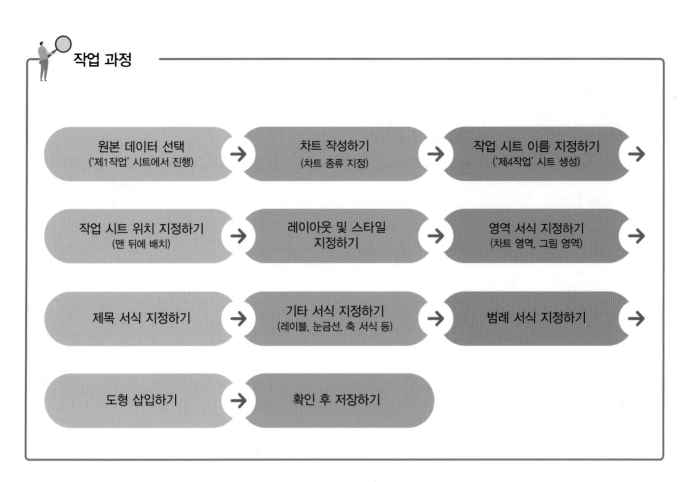

원본 데이터 선택
('제1작업' 시트에서 진행) → 차트 작성하기
(차트 종류 지정) → 작업 시트 이름 지정하기
('제4작업' 시트 생성) →

작업 시트 위치 지정하기
(맨 뒤에 배치) → 레이아웃 및 스타일
지정하기 → 영역 서식 지정하기
(차트 영역, 그림 영역) →

제목 서식 지정하기 → 기타 서식 지정하기
(레이블, 눈금선, 축 서식 등) → 범례 서식 지정하기 →

도형 삽입하기 → 확인 후 저장하기

사용 기능 및 모범 답안 미리보기

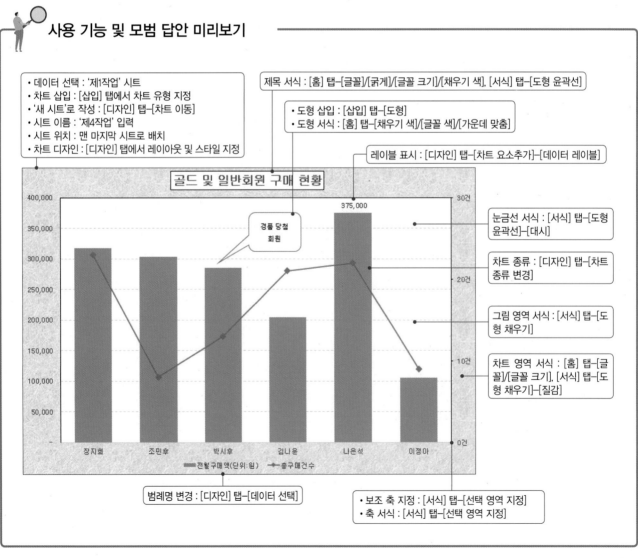

- 데이터 선택 : '제1작업' 시트
- 차트 삽입 : [삽입] 탭에서 차트 유형 지정
- '새 시트'로 작성 : [디자인] 탭-[차트 이동]
- 시트 이름 : '제4작업' 입력
- 시트 위치 : 맨 마지막 시트로 배치
- 차트 디자인 : [디자인] 탭에서 레이아웃 및 스타일 지정

제목 서식 : [홈] 탭-[글꼴]/[굵게]/[글꼴 크기]/[채우기 색], [서식] 탭-[도형 윤곽선]

- 도형 삽입 : [삽입] 탭-[도형]
- 도형 서식 : [홈] 탭-[채우기 색]/[글꼴 색]/[가운데 맞춤]

레이블 표시 : [디자인] 탭-[차트 요소추가]-[데이터 레이블]

눈금선 서식 : [서식] 탭-[도형 윤곽선]-[대시]

차트 종류 : [디자인] 탭-[차트 종류 변경]

그림 영역 서식 : [서식] 탭-[도형 채우기]

차트 영역 서식 : [홈] 탭-[글꼴]/[글꼴 크기], [서식] 탭-[도형 채우기]-[질감]

범례명 변경 : [디자인] 탭-[데이터 선택]

- 보조 축 지정 : [서식] 탭-[선택 영역 지정]
- 축 서식 : [서식] 탭-[선택 영역 지정]

차트 작성하기

01 《출력형태》를 보고 '제1작업' 시트에서 Ctrl 키를 사용하여 다음 그림과 같이 데이터를 선택한 후, [삽입] 탭-[차트] 그룹에서 [추천 차트]를 선택합니다.

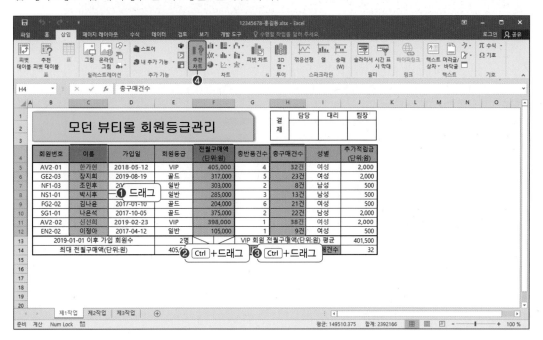

 TIP　범위 설정시 '한가현'과 '신선희'가 제외되어 있는 영역([C6:C10], [C12], [F6:F10], [F12], [H6:H10], [H12])만 선택한 후 차트를 작성해도 됩니다.

02 [차트 삽입] 대화상자가 나타나면 [모든 차트]를 클릭한 후, [세로 막대형]-[묶은 세로 막대형]을 선택하고 [확인] 버튼을 클릭합니다.

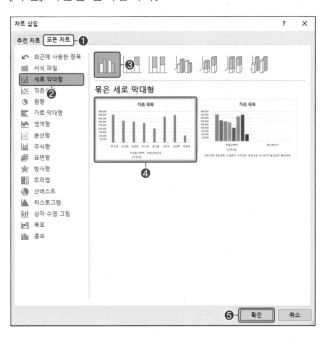

01 차트를 선택한 후 [차트 도구]–[디자인] 탭–[위치] 그룹–[차트 이동]을 클릭합니다.

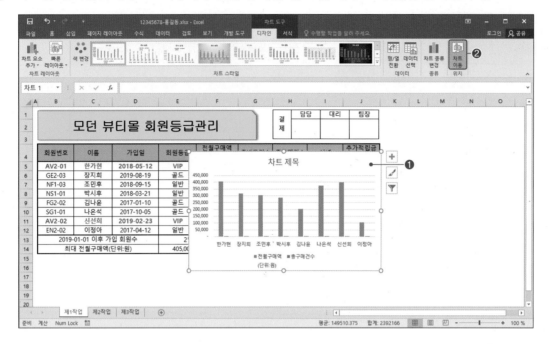

02 [차트 이동] 대화상자에서 '새 시트'를 선택한 후 '제4작업'이라 입력하고 [확인] 버튼을 클릭합니다.

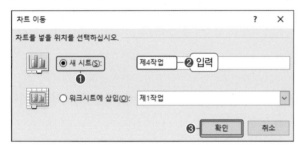

03 '제4작업' 시트가 제일 앞쪽에 추가됩니다. 드래그해서 '제3작업' 시트 옆으로 이동합니다.

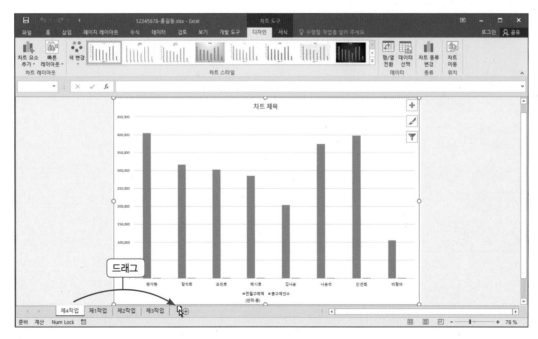

차트 범위 수정하기

01 차트를 선택한 후, [차트 도구]–[디자인] 탭–[데이터] 그룹–[데이터 선택]을 클릭합니다.

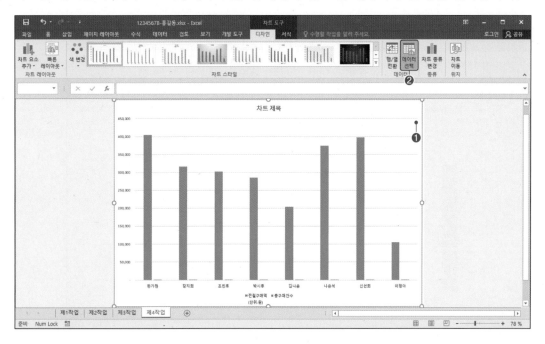

02 [데이터 원본 선택] 대화상자가 나타나면 차트에서 제외하고자하는 '한가현'과 '신선희'의 체크를 해제한 후 [확인] 버튼을 클릭합니다.

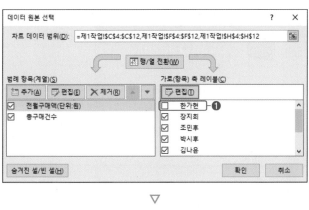

▽

레이아웃 지정하기

차트가 선택되어 있는 상태에서 [차트 도구]–[디자인] 탭–[차트 레이아웃] 그룹에서 [빠른 레이아웃]–[레이아웃 3]을 선택합니다.

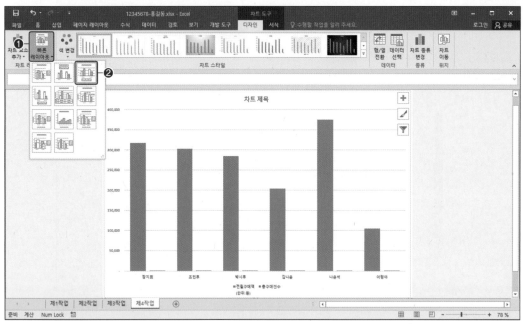

TIP 차트 스타일 지정하기

[차트 도구]–[디자인] 탭–[차트 스타일] 그룹에서 [자세히(▾)]를 클릭하면 스타일을 선택할 수 있습니다.

영역 서식 지정하기

01 차트 영역을 클릭한 후 [홈] 탭-[글꼴] 그룹에서 글꼴(굴림, 11pt)을 설정합니다.

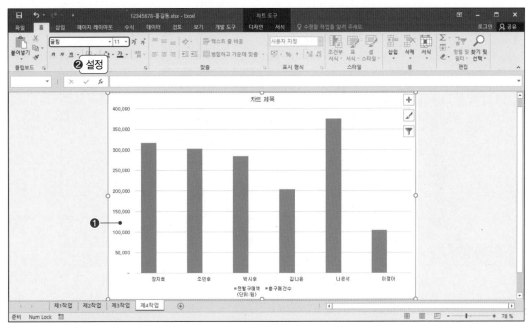

TIP 차트의 구성 요소

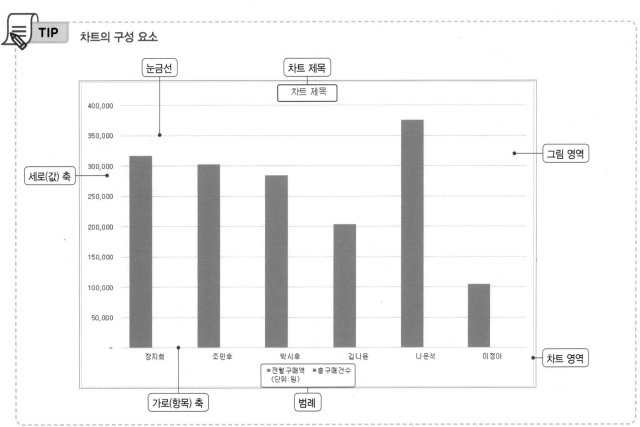

02 [차트 도구]-[서식] 탭-[도형 스타일] 그룹에서 [도형 채우기]-[질감]-[파랑 박엽지]를 선택합니다.

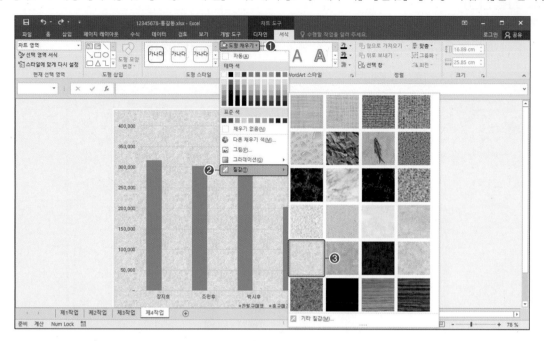

TIP 또 다른 방법 : [차트 영역 서식] 대화상자에서 설정하기

• **방법-1** : [차트 도구]-[서식] 탭-[현재 선택 영역] 그룹-[차트 영역] 선택 후 [선택 영역 서식] 클릭

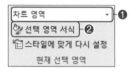

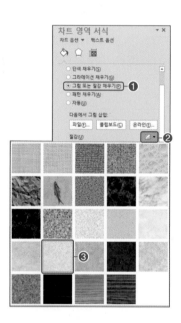

• **방법-2** : [차트 영역]에서 마우스 오른쪽 단추 클릭 → [차트 영역 서식] 바로 가기 메뉴 선택

03 그림 영역을 클릭한 후 [차트 도구]-[서식] 탭-[도형 스타일] 그룹에서 [도형 채우기]-[흰색]을 선택합니다.

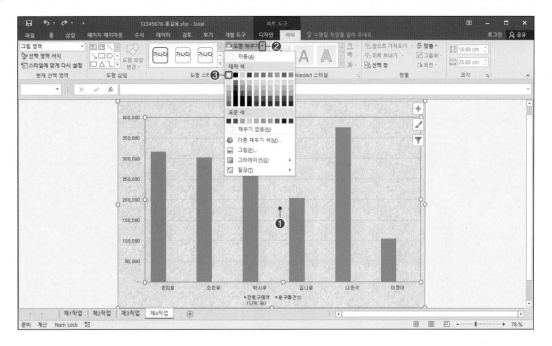

제목 서식 지정하기

01 차트 제목을 클릭한 후 '골드 및 일반회원 구매 현황'을 입력합니다. 차트 제목의 경계 부분을 클릭한 후 [홈] 탭-[글꼴] 그룹에서 글꼴(굴림, 굵게, 20pt)과 채우기 색(흰색)을 지정합니다.

02 [차트 도구]-[서식] 탭-[도형 스타일] 그룹에서 [도형 윤곽선]-[검정]을 선택합니다.

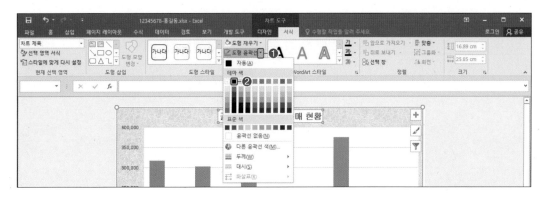

보조 축 추가 및 차트 변경하기

01 차트를 변경하기 위해 [차트 도구]–[디자인] 탭–[종류] 그룹–[차트 종류 변경]을 클릭합니다.

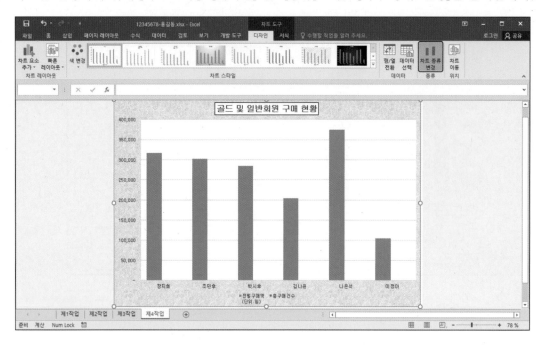

02 [차트 종류 변경] 대화상자가 나타나면 [모든 차트]–[콤보]를 클릭합니다. '총구매건수'의 [보조 축]을 클릭하여 체크한 후 [차트 종류]는 '표식이 있는 꺾은선형'을 선택합니다. [확인] 버튼을 클릭합니다.

기타 서식 지정하기

표식 서식 지정하기

01 '총구매건수' 계열의 꺾은선형의 표식을 클릭한 후, [차트 도구]–[서식] 탭–[현재 선택 영역] 그룹–[선택 영역 서식]을 클릭합니다. [채우기 및 선]–[표식]–[표식 옵션]–[기본 제공]을 선택한 후 크기를 10으로 설정합니다.

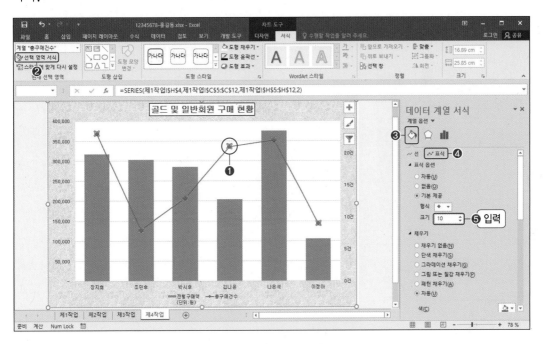

02 [형식]을 '마름모' 모양으로 설정한 후 [데이터 계열 서식] 창을 닫습니다.

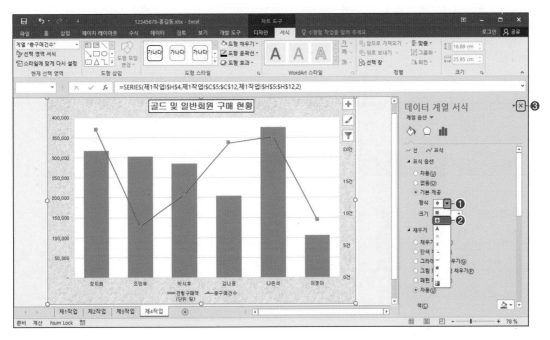

레이블 서식 지정하기

'전월구매액(단위:원)' 계열의 막대를 클릭한 후 '나은석' 항목을 클릭합니다. [차트 도구]–[디자인] 탭–[차트 레이아웃] 그룹–[차트 요소 추가]–[데이터 레이블]–[바깥쪽 끝에]를 선택합니다.

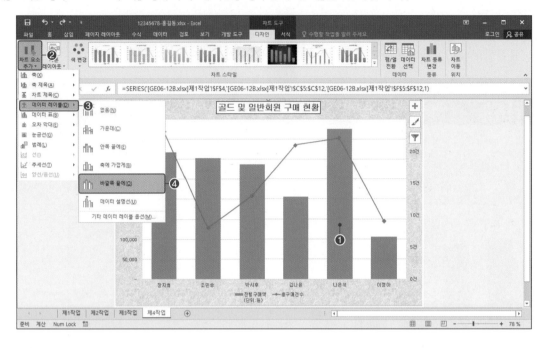

눈금선 서식 지정하기

눈금선을 선택합니다. [차트 도구]–[서식] 탭–[도형 스타일] 그룹에서 [도형 윤곽선]–[대시]–[파선(--------)]을 선택합니다.

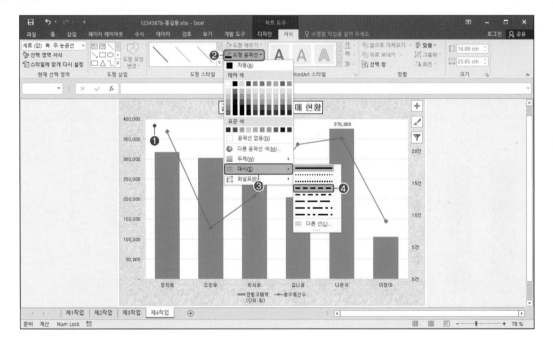

01 오른쪽의 보조 축을 선택한 후 [차트 도구]−[서식] 탭−[현재 선택 영역] 그룹−[선택 영역 서식]을 클릭합니다.

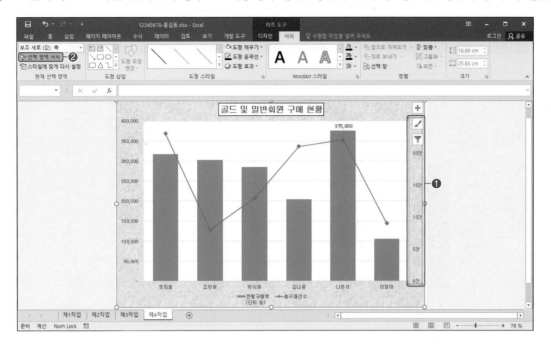

02 [축 서식] 창이 나타나면 ≪출력형태≫의 간격만큼 표시되도록 [단위]의 [주]를 10으로 수정합니다. [단위]의 [주]를 수정하면 [경계]의 [최대]도 자동으로 수정됩니다. [채우기 및 선]을 클릭한 후 [선]−[실선]을 선택합니다. 색은 [검정]을 선택합니다.

 TIP   [경계]의 [최소], [최대]가 ≪출력형태≫와 일치하지 않는다면 수정합니다.

범례 서식 지정하기

01 범례를 선택한 후 [차트 도구]-[디자인] 탭-[데이터] 그룹-[데이터 선택]을 클릭합니다.

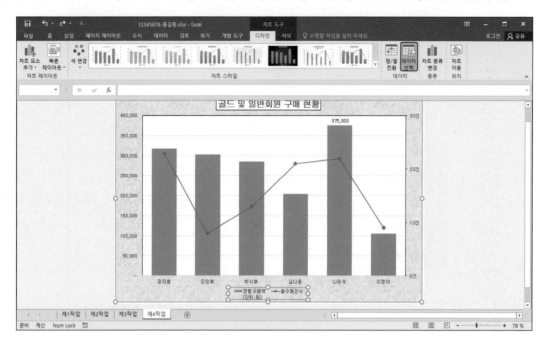

02 [데이터 원본 선택] 대화상자가 나타나면 변경할 범례 항목을 선택한 후 [편집] 버튼을 클릭합니다.

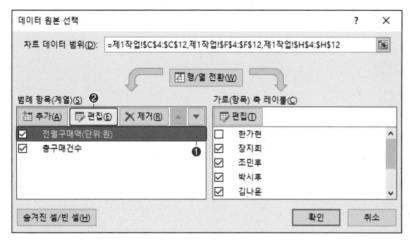

03 [계열 편집] 대화상자가 나타나면 [계열 이름]을 《출력형태》를 참조하여 입력한 후 [확인] 버튼을 클릭합니다.

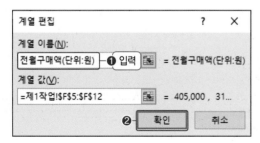

04 다시 [데이터 원본 선택] 대화상자가 나타나면 [확인] 버튼을 클릭합니다.

도형 삽입하기

01 [삽입] 탭-[일러스트레이션] 그룹에서 [도형]-[모서리가 둥근 사각형 설명선]을 선택합니다.

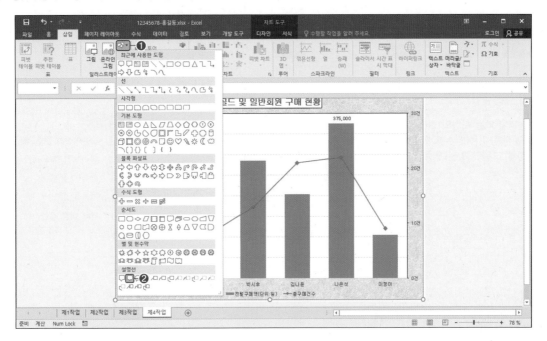

02 적당한 위치에 드래그하여 도형을 삽입한 후 '경품 당첨 회원'을 입력합니다.

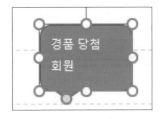

03 [홈] 탭에서 채우기 색(흰색), 글꼴색(검정), 맞춤(가운데 맞춤) 등을 설정합니다.

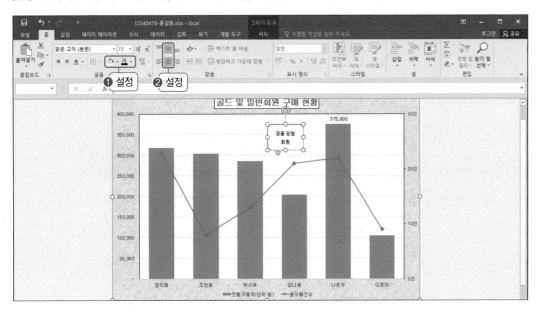

04 노랑색 모양 조절점을 드래그하여 《출력형태》에 맞게 모양을 변경합니다.

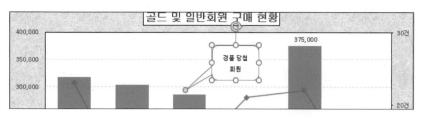

TIP 도형 모양 변경

도형의 모양을 변경할 때는 도형의 회전 조절점, 모양 조절점, 크기 조절점을 이용할 수도 있고 [그리기 도구]–[서식] 탭–[정렬] 그룹의 [회전] 명령을 이용합니다.

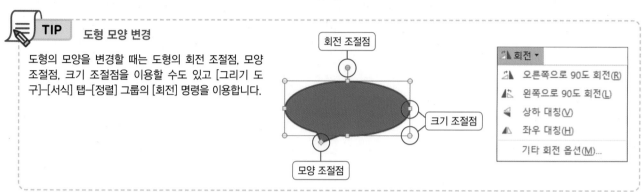

확인 후 저장하기

《출력형태》와 다른 부분이 있는지, 제시된 조건과 맞는지 확인합니다. 작업 시트의 이름과 순서를 확인한 후 Ctrl + S 키를 누릅니다.

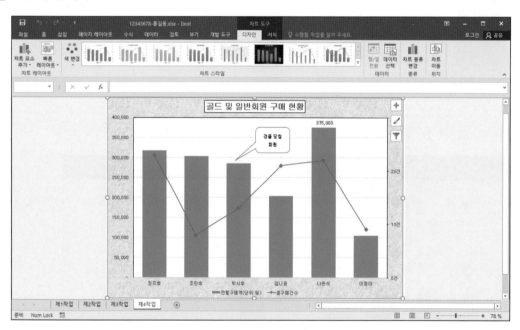

① 다음과 같이 [B2:D5] 영역에 데이터를 입력하고, 《출력형태》와 같이 작업해 봅니다(차트 영역 서식 : 글꼴(굴림, 11pt), 채우기 효과(질감–편지지)).

출력형태

	지역	평균 강수량	평균 기온
	A	132	26
	B	96	21
	C	101	18

지역별 강수량 및 기온 비교
→강수량 →기온

길잡이

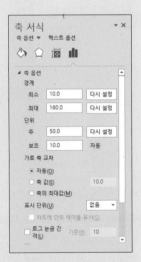

- **차트 삽입** : 데이터 영역 지정 → [삽입] 탭–[차트] 그룹–[꺾은선형]–[표식이 있는 꺾은선형] 선택
- **차트 영역 서식(글꼴)** : 차트 선택 → [홈] 탭–[글꼴] 그룹에서 글꼴, 글꼴 크기 지정
- **차트 영역 서식(채우기 효과)** : 차트 선택 → [차트 도구]–[서식] 탭–[도형 스타일] 그룹–[도형 채우기]–[질감]–[편지지] 선택
- **차트 제목** : [차트 도구]–[디자인] 탭–[차트 레이아웃] 그룹–[차트 요소 추가]–[차트 제목]–[차트 위] 선택 → 제목 입력
- **축 서식** : 축 선택 → [차트 도구]–[서식] 탭–[현재 선택 영역] 그룹–[선택 영역 서식] 클릭 → [축 서식] 대화상자에서 최소값, 최대값, 주 단위 변경

- **범례 위치 변경** : [차트 도구]–[디자인] 탭–[차트 레이아웃] 그룹–[차트 요소 추가]–[범례]–[위쪽에 범례 표시] 선택
- **범례명 변경** : 범례 선택 → [차트 도구]–[디자인] 탭–[데이터] 그룹–[데이터 선택] 클릭 → [데이터 원본 선택] 대화상자에서 범례 항목 선택 후 [편집] 단추 클릭 → [계열 편집] 대화상자에서 계열 이름 변경

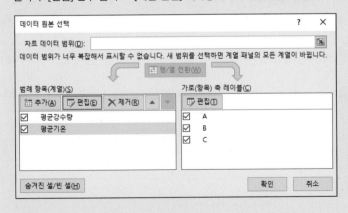

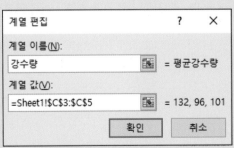

- **차트 위치** : 드래그하여 [F2:L13] 영역 내에 들어가도록 차트 위치 및 크기 조정

② 앞의 문제 ①에서 작성한 파일을 불러온 후, 조건에 따라 《출력형태》와 같이 작업해 봅니다.

📁 예제파일 | 예제 04_02.xlsx

조 건

(1) 위치 : "새 시트"로 이동하고, "비교차트"로 시트 이름을 바꾸시오.
(2) 차트 제목 서식 : 글꼴(굴림, 굵게, 20pt), 채우기(흰색), 테두리
(3) 기온 계열의 차트 종류를 〈묶은 세로 막대형〉으로 변경한 후 보조 축으로 지정하시오.
(4) 레이블 : B 지역의 강수량 계열값을 표시하고, 위치는 《출력형태》와 같이 표시하시오.
(5) 눈금선 : 선 스타일-파선

출력형태

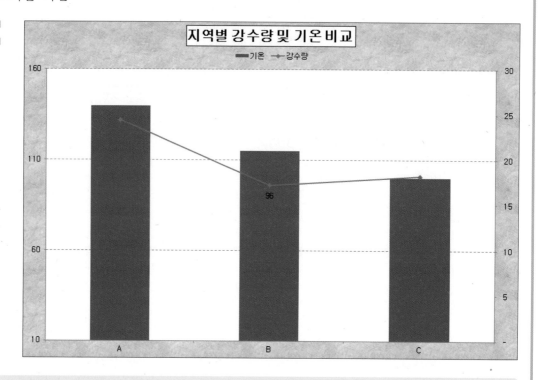

길잡이

- **차트 이동** : 차트 선택 → [차트 도구]-[디자인] 탭-[위치] 그룹-[차트 이동] 클릭 → [차트 이동] 대화상자에서 '새 시트'를 선택하고 '비교차트'를 입력한 후 [확인] 단추 클릭
- **제목 서식** : 차트 제목 선택 → [홈] 탭-[글꼴] 그룹에서 글꼴 크기 및 채우기 색 지정(글꼴과 굵게는 이미 지정되어 있음) → [차트 도구]-[서식] 탭-[도형 스타일] 그룹-[도형 윤곽선]-[검정, 텍스트1] 선택
- **차트 종류 및 보조 축** : [차트 도구]-[디자인] 탭-[종류] 그룹-[차트 종류 변경] 클릭 → [차트 종류 변경] 대화상자에서 [모든 차트]-[콤보]에서 '기온'을 '묶은 세로 막대형' 선택-'기온'의 '보조 축' 선택
- **레이블** : 꺾은선형 선택 → 'B' 지역의 꺾은선형 표시 선택 → [차트 도구]-[디자인] 탭-[차트 레이아웃] 그룹-[차트 요소 추가]-[데이터 레이블]-[아래쪽] 선택
- **눈금선** : 세로 (값) 축 주 눈금선 선택 → [차트 도구]-[서식] 탭-[도형 스타일] 그룹-[도형 윤곽선]-[대시]-[파선] 선택

③ "제1작업" 시트를 이용하여 조건에 따라 《출력형태》와 같이 작업해 봅니다.

조 건

■ 예제파일 | 예제 04_03.xlsx

(1) 차트 종류 ⇒ 〈묶은 세로 막대형〉으로 작업하시오.

(2) 데이터 범위 ⇒ "제1작업" 시트의 내용을 이용하여 작업하시오.

(3) 위치 ⇒ "새 시트"로 이동하고, "제4작업"으로 시트 이름을 바꾸시오.

(4) 차트 디자인 도구 ⇒ 레이아웃 3, 스타일 1을 선택하여 《출력형태》에 맞게 작업하시오.

(5) 영역 서식 ⇒ 차트 : 글꼴(굴림, 11pt), 채우기 효과(질감−분홍 박엽지)
　　　　　　　그림 : 채우기(흰색, 배경1)

(6) 제목 서식 ⇒ 차트 제목 : 글꼴(굴림, 굵게, 20pt), 채우기(흰색, 배경1), 테두리

(7) 서식 ⇒ 취득가(단위:원) 계열의 차트 종류를 〈표식이 있는 꺾은선형〉으로 변경한 후 보조 축으로 지정하시오.
　　　　계열 : 《출력형태》를 참조하여 표식(마름모, 크기 10)과 레이블 값을 표시하시오.
　　　　눈금선 : 선 스타일−파선
　　　　축 : 《출력형태》를 참조하시오.

(8) 범례 ⇒ 범례명을 변경하고 《출력형태》를 참조하시오.

(9) 도형 ⇒ '모서리가 둥근 사각형 설명선'을 삽입한 후 《출력형태》와 같이 내용을 입력하시오.

(10) 나머지 사항은 《출력형태》에 맞게 작성하시오.

출력형태

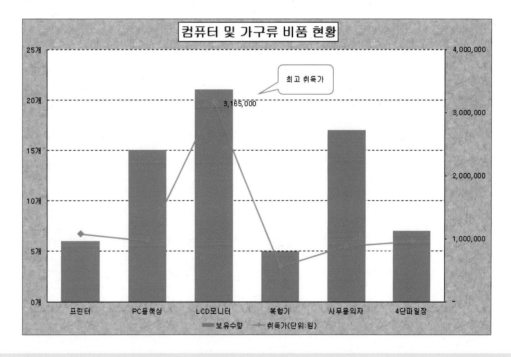

길잡이

• **데이터 범위 지정** : [C4:C12], [F4:G12] 영역을 지정한 후 '소형냉장고', '정수기' 제외

• **보조 세로 (값) 축 서식 지정** : [차트 도구]−[서식] 탭−[현재 선택 영역] 그룹−[선택 영역 서식] 클릭 → [축 서식] 대화상자에서 [단위]
　의 [주] 값에 '1000000' 입력

• **레이블** : 꺾은선형 선택 → 'LCD모니터'의 꺾은선형 표시 선택 → [차트 도구]−[디자인] 탭−[차트 레이아웃] 그룹−[차트 요소 추가]−
　[데이터 레이블]−[오른쪽] 선택

• **도형 삽입 및 도형 내 텍스트 서식 지정** : '25'와 '20' 눈금선 사이에 배치되도록 도형 크기 조정 → 《출력형태》를 참고하여 입력 및 가
　운데 맞춤 지정 → 채우기 색(흰색) 및 글꼴 색(검정) 지정 → 도형 내에 입력한 텍스트가 《출력형태》처럼 표시되지 않으면 도형의 안에
　텍스트가 모두 보이도록 글꼴 또는 크기 조정(텍스트의 글꼴 및 크기는 채점 대상이 아님)

4 **"제1작업" 시트를 이용하여 조건에 따라 《출력형태》와 같이 작업해 봅니다.**

📁 예제파일 ┃ 예제 04_04.xlsx

조 건

(1) 차트 종류 ⇒ 〈묶은 세로 막대형〉으로 작업하시오.

(2) 데이터 범위 ⇒ "제1작업" 시트의 내용을 이용하여 작업하시오.

(3) 위치 ⇒ "새 시트"로 이동하고, "제4작업"으로 시트 이름을 바꾸시오.

(4) 차트 디자인 도구 ⇒ 레이아웃 3, 스타일 1을 선택하여 《출력형태》에 맞게 작업하시오.

(5) 영역 서식 ⇒ 차트 : 글꼴(굴림, 11pt), 채우기 효과(질감-파랑 박엽지)
　　　　　　　그림 : 채우기(흰색, 배경1)

(6) 제목 서식 ⇒ 차트 제목 : 글꼴(굴림, 굵게, 20pt), 채우기(흰색, 배경1), 테두리

(7) 서식 ⇒ 월광고비(단위:원) 계열의 차트 종류를 〈표식이 있는 꺾은선형〉으로 변경한 후 보조 축으로 지정하시오.
　　　　계열 : 《출력형태》를 참조하여 표식(마름모, 크기 10)과 레이블 값을 표시하시오.
　　　　눈금선 : 선 스타일-파선
　　　　축 : 《출력형태》를 참조하시오.

(8) 범례 ⇒ 범례명을 변경하고 《출력형태》를 참조하시오.

(9) 도형 ⇒ '타원형 설명선'을 삽입한 후 《출력형태》와 같이 내용을 입력하시오.

(10) 나머지 사항은 《출력형태》에 맞게 작성하시오.

출력형태

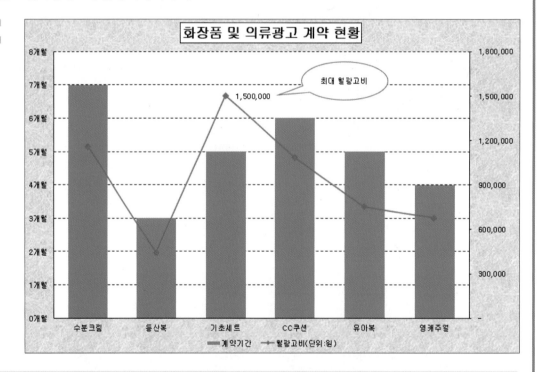

길잡이

- **데이터 범위 지정** : [D4:D12], [G4:H12] 영역을 지정한 후 '중국어회화', '하나스터디' 제외
- **보조 세로 (값) 축 서식 지정** : [차트 도구]-[서식] 탭-[현재 선택 영역] 그룹-[선택 영역 서식] 클릭 → [축 서식] 대화상자에서 [단위] 의 [주] 값에 '300000' 입력
- **레이블** : 꺾은선형 선택 → '기초세트'의 꺾은선형 표시 선택 → [차트 도구]-[디자인] 탭-[차트 레이아웃] 그룹-[차트 요소 추가]-[데이 터 레이블]-[오른쪽] 선택
- **도형 삽입 및 도형 내 텍스트 서식 지정** : '7개월' 눈금선에 걸쳐지도록 도형 위치 조정 → 《출력형태》를 참고하여 입력 및 가운데 맞춤 지정 → 채우기 색(흰색) 및 글꼴 색(검정) 지정

"제1작업" 시트를 이용하여 조건에 따라 ≪출력형태≫와 같이 작업하시오.

조 건

📁 **예제파일** | 예제 04_05.xlsx

(1) 차트 종류 ⇒ 〈묶은 세로 막대형〉으로 작업하시오.

(2) 데이터 범위 ⇒ "제1작업" 시트의 내용을 이용하여 작업하시오.

(3) 위치 ⇒ "새 시트"로 이동하고, "제4작업"으로 시트 이름을 바꾸시오.

(4) 차트 디자인 도구 ⇒ 레이아웃 3, 스타일 1을 선택하여 ≪출력형태≫에 맞게 작업하시오.

(5) 영역 서식 ⇒ 차트 : 글꼴(굴림, 11pt), 채우기 효과(질감-파랑 박엽지)
　　　　　　　　　 그림 : 채우기(흰색, 배경1)

(6) 제목 서식 ⇒ 차트 제목 : 글꼴(굴림, 굵게, 20pt), 채우기(흰색, 배경1), 테두리

(7) 서식 ⇒ 판매가격 계열의 차트 종류를 〈표식이 있는 꺾은선형〉으로 변경한 후 보조 축으로 지정하시오.
　　　　　계열 : ≪출력형태≫를 참조하여 표식(마름모, 크기 10)과 레이블 값을 표시하시오.
　　　　　눈금선 : 선 스타일-파선
　　　　　축 : ≪출력형태≫를 참조하시오.

(8) 범례 ⇒ 범례명을 변경하고 ≪출력형태≫를 참조하시오.

(9) 도형 ⇒ '모서리가 둥근 사각형 설명선'을 삽입한 후 ≪출력형태≫와 같이 내용을 입력하시오.

(10) 나머지 사항은 ≪출력형태≫에 맞게 작성하시오.

출력형태

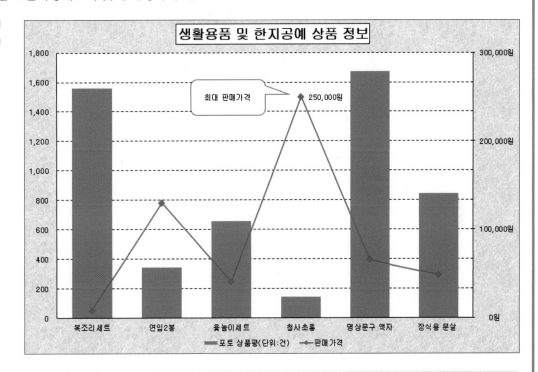

💡 **길잡이**

- **데이터 범위 지정** : [C4:C12], [G4:H12] 영역을 지정한 후 '분청도자기 국화꽃', '청자 사각금꽃' 제외
- **보조 세로 (값) 축 서식 지정** : [차트 도구]-[서식] 탭-[현재 선택 영역] 그룹-[선택 영역 서식] 클릭 → [축 서식] 대화상자에서 [단위]의 [주] 값에 '100000' 입력
- **레이블** : 꺾은선형 선택 → '청사초롱'의 꺾은선형 표시 선택 → [차트 도구]-[디자인] 탭-[차트 레이아웃] 그룹-[차트 요소 추가]-[데이터 레이블]-[오른쪽] 선택
- **도형 삽입 및 도형 내 텍스트 서식 지정** : '1600'과 '1400' 눈금선에 걸쳐지도록 도형 위치 조정 → ≪출력형태≫를 참고하여 입력 및 가운데 맞춤 지정 → 채우기 색(흰색) 및 글꼴 색(검정) 지정

02

실전 모의고사

제**01**회

실전 모의고사

MS오피스 2016

과목	코드	문제유형	시험시간	수험번호	성 명
한글 엑셀	1122	A	60분		

· 수험자 유의사항 ·

- 수험자는 문제지를 받는 즉시 문제지와 **수험표상의 시험과목(프로그램)이 동일한지 반드시 확인**하여야 합니다.
- 파일명은 본인의 "수험번호-성명"으로 입력하여 답안폴더(내 PC₩문서₩ITQ)에 하나의 파일로 저장해야 하며, 답안문서 파일명이 "수험번호-성명"과 일치하지 않거나, 답안파일을 전송하지 않아 미제출로 처리될 경우 실격 처리합니다 (예:12345678-홍길동.xlsx).
- 답안 작성을 마치면 파일을 저장하고, '답안 전송' 버튼을 선택하여 감독위원 PC로 답안을 전송하십시오. 수험생 정보와 저장한 파일명이 다를 경우 전송되지 않으므로 주의하시기 바랍니다.
- 답안 작성 중에도 **주기적으로 저장하고, '답안 전송'**하여야 문제 발생을 줄일 수 있습니다. 작업한 내용을 저장하지 않고 전송할 경우 이전에 저장된 내용이 전송되오니 이점 유의하시기 바랍니다.
- 답안문서는 지정된 경로 외의 다른 보조기억장치에 저장하는 경우, 지정된 시험 시간 외에 작성된 파일을 활용할 경우, 기타 통신수단(이메일, 메신저, 네트워크 등)을 이용하여 타인에게 전달 또는 외부 반출하는 경우는 부정 처리합니다.
- 시험 중 부주의 또는 고의로 시스템을 파손한 경우는 수험자가 변상해야 하며, 〈수험자 유의사항〉에 기재된 방법대로 이행하지 않아 생기는 불이익은 수험생 당사자의 책임임을 알려 드립니다.
- 문제의 조건은 MS오피스 2016 버전으로 설정되어 있으니 유의하시기 바랍니다.
- 시험을 완료한 수험자는 답안파일이 전송되었는지 확인한 후 감독위원의 지시에 따라 문제지를 제출하고 퇴실합니다.

· 답안 작성요령 ·

- 온라인 답안 작성 절차
  수험자 등록 ⇒ 시험 시작 ⇒ 답안파일 저장 ⇒ 답안 전송 ⇒ 시험 종료
- 문제는 총 4단계, 즉 제1작업부터 제4작업까지 구성되어 있으며 반드시 제1작업부터 순서대로 작성하고 조건대로 작업 하시오.
- 모든 작업 시트의 A열은 열 너비 '1'로, 나머지 열은 적당하게 조절하시오.
- 모든 작업 시트의 테두리는 《출력형태》와 같이 작업하시오.
- 해당 작업란에서는 각각 제시된 조건에 따라 《출력형태》와 같이 작업하시오.
- 답안 시트 이름은 "제1작업", "제2작업", "제3작업", "제4작업"이어야 하며 답안 시트 이외의 것은 감점 처리됩니다.
- 각 시트를 파일로 나누어 작업해서 저장할 경우 실격 처리됩니다.

다음은 '일반의약품 판매가격 현황'에 대한 자료이다. 자료를 입력하고 조건에 맞도록 작업하시오.

《 출력형태 》

코드	제품명	제조사	구분	규격 (ml/캅셀/g)	평균가격 (원)	최저가격	순위	제품이력
						결재	담당	대리	팀장
DH1897	위생천	광동제약	소화제	75	580	500	(1)	(2)
HY1955	챔프	동아제약	해열진통제	10	2,000	1,600	(1)	(2)
DA1956	판피린큐	동아제약	해열진통제	20	400	350	(1)	(2)
DG1985	애시논액	동아제약	소화제	10	4,800	4,150	(1)	(2)
GY1958	포타디연고	삼일제약	외용연고제	75	500	400	(1)	(2)
SE1987	부루펜시럽	삼일제약	해열진통제	90	4,300	3,900	(1)	(2)
HD1957	생록천	광동제약	소화제	75	500	420	(1)	(2)
DH1980	후시딘	동화약품	외용연고제	10	5,200	4,500	(1)	(2)
광동제약 제품 평균가격(원)의 평균			(3)			최저가격의 중간값		(5)
소화제 최저가격의 평균			(4)		제품명	위생천	최저가격	(6)

(상단 결재란: 담당 / 대리 / 팀장)

《 조건 》

• 모든 데이터의 서식에는 글꼴(굴림, 11pt), 정렬은 숫자 및 회계 서식은 오른쪽 정렬, 나머지 서식은 가운데 정렬로 작성하며 예외적인 것은 ≪출력형태≫를 참조하시오.

• 제목 ⇒ 오각형 도형과 바깥쪽 그림자 스타일(오프셋 오른쪽)을 이용하여 작성하고 "일반의약품 판매가격 현황"을 입력한 후 다음 서식을 적용하시오(글꼴-굴림, 24pt, 검정, 굵게, 채우기-노랑).

• 임의의 셀에 결재란을 작성하여 그림으로 복사 기능을 이용하여 붙이기 하시오(단, 원본 삭제).

• [B4:J4, G14, I14] 영역은 '주황'으로 채우기 하시오.

• 유효성 검사를 이용하여 [H14] 셀에 제품명([C5:C12] 영역)이 선택 표시되도록 하시오.

• 셀 서식 ⇒ [H5:H12] 영역에 셀 서식을 이용하여 숫자 뒤에 '원'을 표시하시오(예 : 1,600원).

• [H5:H12] 영역에 대해 '최저가격'으로 이름정의를 하시오.

▷ (1)~(6) 셀은 반드시 <u>주어진 함수를</u> 이용하여 값을 구하시오(결과값을 직접 입력하면 해당 셀은 0점 처리됨).

(1) 순위 ⇒ 평균가격(원)의 내림차순 순위를 1~3까지 구하고, 그 외에는 공백으로 표시하시오(IF, RANK.EQ 함수).

(2) 제품이력 ⇒ [2020-제품출시연도]로 계산한 결과값 뒤에 '년'을 붙이시오.
　　　　　　단, 제품출시연도는 코드의 마지막 네 글자를 이용하시오(RIGHT 함수, & 연산자)(예 : 11년).

(3) 광동제약 제품 평균가격(원)의 평균 ⇒ (SUMIF, COUNTIF 함수).

(4) 소화제 최저가격의 평균 ⇒ 조건은 입력데이터를 이용하시오(DAVERAGE 함수).

(5) 최저가격의 중간값 ⇒ 정의된 이름(최저가격)을 이용하여 구하시오(MEDIAN 함수).

(6) 최저가격 ⇒ [H14] 셀에서 선택한 제품명에 대한 최저가격을 표시하시오(VLOOKUP 함수).

(7) 조건부 서식을 이용하여 평균가격(원) 셀에 데이터 막대 스타일(빨강)을 최소값 및 최대값으로 적용하시오.

"제1작업" 시트의 [B4:H12] 영역을 복사하여 "제2작업" 시트의 [B2] 셀부터 모두 붙여넣기를 한 후 다음의 조건과 같이 작업하시오.

《 조건 》

(1) 고급 필터 − 구분이 '소화제'가 아니면서 평균가격(원)이 '1,000' 이상인 자료의 데이터만 추출하시오.
 − 조건 위치 : [B13] 셀부터 입력하시오.
 − 복사 위치 : [B18] 셀부터 나타나도록 하시오.

(2) 표 서식 − 고급 필터의 결과셀을 채우기 없음으로 설정한 후 '표 스타일 보통 6'의 서식을 적용하시오.

"제1작업" 시트를 이용하여 "제3작업" 시트에 조건에 따라 ≪출력형태≫와 같이 작업하시오.

《 조건 》

(1) 최저가격 및 구분별 제품명의 개수와 평균가격(원)의 최소값을 구하시오.
(2) 최저가격을 그룹화하고, 레이블이 있는 셀 병합 및 가운데 맞춤으로 설정하시오.
(3) 구분을 ≪출력형태≫와 같이 정렬하고 빈 셀은 '***'로 표시하시오.
(4) 행의 총합계를 지우고, 나머지 사항은 ≪출력형태≫에 맞게 작성하시오.

《 출력형태 》

최저가격	구분 ↴ 해열진통제 개수 : 제품명	최소값 : 평균가격(원)	외용연고제 개수 : 제품명	최소값 : 평균가격(원)	소화제 개수 : 제품명	최소값 : 평균가격(원)
1-1000	1	400	1	500	2	500
1001-2000	1	2,000	***	***	***	***
3001-4000	1	4,300	***	***	***	***
4001-5000	***	***	1	5,200	1	4,800
총합계	3	400	2	500	3	500

"제1작업" 시트를 이용하여 조건에 따라 ≪출력형태≫와 같이 작업하시오.

《 조건 》

(1) 차트 종류 ⇒ 〈묶은 세로 막대형〉으로 작업하시오.

(2) 데이터 범위 ⇒ "제1작업" 시트의 내용을 이용하여 작업하시오.

(3) 위치 ⇒ "새 시트"로 이동하고, "제4작업"으로 시트 이름을 바꾸시오.

(4) 차트 디자인 도구 ⇒ 레이아웃 3, 스타일 4를 선택하여 ≪출력형태≫에 맞게 작업하시오.

(5) 영역 서식 ⇒ 차트 : 글꼴(굴림, 11pt), 채우기 효과(질감−파랑 박엽지)
　　　　　　　　그림 : 채우기(흰색, 배경1)

(6) 제목 서식 ⇒ 차트 제목 : 글꼴(굴림, 굵게, 20pt), 채우기(흰색, 배경1), 테두리

(7) 서식 ⇒ 평균가격(원) 계열의 차트 종류를 〈표식이 있는 꺾은선형〉으로 변경한 후 보조 축으로 지정하시오.
　　　　 레이블 : 판피린큐의 최저가격 계열값을 표시하고, 위치는 ≪출력형태≫와 같이 표시하시오.
　　　　 눈금선 : 선 스타일−파선
　　　　 축 : ≪출력형태≫를 참조하시오.

(8) 범례 ⇒ 범례명을 변경하고 ≪출력형태≫를 참조하시오.

(9) 도형 ⇒ '위쪽 리본'을 삽입한 후 ≪출력형태≫와 같이 내용을 입력하시오.

(10) 나머지 사항은 ≪출력형태≫에 맞게 작성하시오.

《 출력형태 》

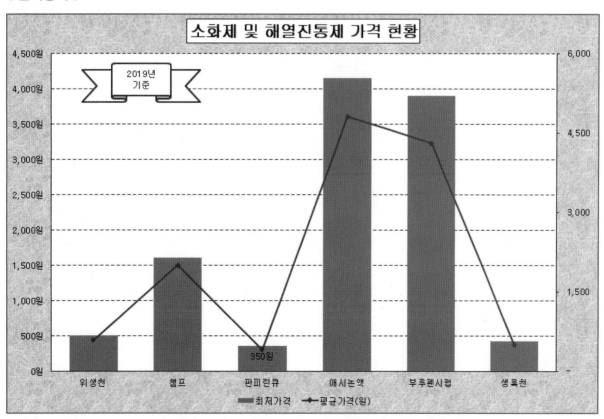

※ 주의 : 시트명 순서가 차례대로 "제1작업", "제2작업", "제3작업", "제4작업"이 되도록 할 것

실전 모의고사

MS오피스 2016

과목	코드	문제유형	시험시간	수험번호	성 명
한글 엑셀	1122	A	60분		

수험자 유의사항

- 수험자는 문제지를 받는 즉시 문제지와 **수험표상의 시험과목(프로그램)이 동일한지 반드시 확인**하여야 합니다.

- 파일명은 본인의 "수험번호-성명"으로 입력하여 답안폴더(내 PC₩문서₩ITQ)에 하나의 파일로 저장해야 하며, 답안문서 파일명이 "수험번호-성명"과 일치하지 않거나, 답안파일을 전송하지 않아 미제출로 처리될 경우 실격 처리합니다 (예:12345678-홍길동.xlsx).

- 답안 작성을 마치면 파일을 저장하고, '답안 전송' 버튼을 선택하여 감독위원 PC로 답안을 전송하십시오. 수험생 정보와 저장한 파일명이 다를 경우 전송되지 않으므로 주의하시기 바랍니다.

- 답안 작성 중에도 **주기적으로 저장하고, '답안 전송'**하여야 문제 발생을 줄일 수 있습니다. 작업한 내용을 저장하지 않고 전송할 경우 이전에 저장된 내용이 전송되오니 이점 유의하시기 바랍니다.

- 답안문서는 지정된 경로 외의 다른 보조기억장치에 저장하는 경우, 지정된 시험 시간 외에 작성된 파일을 활용할 경우, 기타 통신수단(이메일, 메신저, 네트워크 등)을 이용하여 타인에게 전달 또는 외부 반출하는 경우는 부정 처리합니다.

- 시험 중 부주의 또는 고의로 시스템을 파손한 경우는 수험자가 변상해야 하며, 〈수험자 유의사항〉에 기재된 방법대로 이행하지 않아 생기는 불이익은 수험생 당사자의 책임임을 알려 드립니다.

- 문제의 조건은 MS오피스 2016 버전으로 설정되어 있으니 유의하시기 바랍니다.

- 시험을 완료한 수험자는 답안파일이 전송되었는지 확인한 후 감독위원의 지시에 따라 문제지를 제출하고 퇴실합니다.

답안 작성요령

- 온라인 답안 작성 절차
  수험자 등록 ⇒ 시험 시작 ⇒ 답안파일 저장 ⇒ 답안 전송 ⇒ 시험 종료

- 문제는 총 4단계, 즉 제1작업부터 제4작업까지 구성되어 있으며 반드시 제1작업부터 순서대로 작성하고 조건대로 작업하시오.

- 모든 작업 시트의 A열은 열 너비 '1'로, 나머지 열은 적당하게 조절하시오.

- 모든 작업 시트의 테두리는 《출력형태》와 같이 작업하시오.

- 해당 작업란에서는 각각 제시된 조건에 따라 《출력형태》와 같이 작업하시오.

- 답안 시트 이름은 "제1작업", "제2작업", "제3작업", "제4작업"이어야 하며 답안 시트 이외의 것은 감점 처리됩니다.

- 각 시트를 파일로 나누어 작업해서 저장할 경우 실격 처리됩니다.

다음은 '인터넷 외국어 강좌 현황'에 대한 자료이다. 자료를 입력하고 조건에 맞도록 작업하시오.

《 출력형태 》

확인	사원	팀장	본부장

인터넷 외국어 강좌 현황

관리코드	강좌명	구분	수강료	수강기간	학습자수 (단위:명)	진행강사수 (단위:명)	수업일수	순위
HB-2272	왕초보	스페인어	79,000	4개월	215	3	(1)	(2)
AC-7543	발음클리닉	중국어	50,000	2개월	249	2	(1)	(2)
HR-2843	원어민처럼 말하기	스페인어	90,000	3개월	105	1	(1)	(2)
PB-2433	어법/어휘 마스터	영어	203,000	8개월	248	2	(1)	(2)
PW-3462	실전 비즈니스	영어	214,000	8개월	194	3	(1)	(2)
CB-3642	즐거운 스페인어	스페인어	189,000	5개월	384	3	(1)	(2)
PC-2361	맛있는 중국어	중국어	153,000	12개월	348	2	(1)	(2)
EB-4342	중국어 첫걸음	중국어	80,000	2개월	127	2	(1)	(2)
수강료가 10만원 이하인 강좌 비율			(3)	╳	최다 학습자수(단위:명)			(5)
중국어 학습자수(단위:명) 합계			(4)		강좌명	왕초보	수강료	(6)

《 조건 》

- 모든 데이터의 서식에는 글꼴(굴림, 11pt), 정렬은 숫자 및 회계 서식은 오른쪽 정렬, 나머지 서식은 가운데 정렬로 작성하며 예외적인 것은 ≪출력형태≫를 참조하시오.
- 제목 ⇒ 평행 사변형 도형과 바깥쪽 그림자 스타일(오프셋 오른쪽)을 이용하여 작성하고 "인터넷 외국어 강좌 현황"을 입력한 후 다음 서식을 적용하시오(글꼴−굴림, 24pt, 검정, 굵게, 채우기−노랑).
- 임의의 셀에 결재란을 작성하여 그림으로 복사 기능을 이용하여 붙이기 하시오(단, 원본 삭제).
- [B4:J4, G14, I14] 영역은 '주황'으로 채우기 하시오.
- 유효성 검사를 이용하여 [H14] 셀에 강좌명([C5:C12] 영역)이 선택 표시되도록 하시오.
- 셀 서식 ⇒ [E5:E12] 영역에 셀 서식을 이용하여 숫자 뒤에 '원'을 표시하시오(예 : 79,000원).
- [D5:D12] 영역에 대해 '구분'으로 이름정의를 하시오.

▷ (1)~(6) 셀은 반드시 주어진 함수를 이용하여 값을 구하시오(결과값을 직접 입력하면 해당 셀은 0점 처리됨).

(1) 수업일수 ⇒ 관리코드의 마지막 한 글자가 1이면 '주1회', 2이면 '주2회', 3이면 '주3회'로 구하시오
　　(CHOOSE, RIGHT 함수).

(2) 순위 ⇒ 학습자수(단위:명)의 내림차순 순위를 구한 결과값에 '위'를 붙이시오(RANK.EQ 함수, & 연산자)(예 : 1위).

(3) 수강료가 10만원 이하인 강좌 비율 ⇒ 전체 강좌에 대한 수강료가 100,000 이하인 강좌의 비율을 구하고, 백분율로
　　표시하시오(COUNTIF, COUNTA 함수)(예 : 12%).

(4) 중국어 학습자수(단위:명) 합계 ⇒ 정의된 이름(구분)을 이용하여 구하시오(SUMIF 함수).

(5) 최다 학습자수(단위:명) ⇒ (MAX 함수)

(6) 수강료 ⇒ [H14] 셀에서 선택한 강좌명에 대한 수강료를 구하시오(VLOOKUP 함수).

(7) 조건부 서식의 수식을 이용하여 학습자수(단위:명)가 '300' 이상인 행 전체에 다음의 서식을 적용하시오
　　(글꼴 : 파랑, 굵게).

"제1작업" 시트의 [B4:H12] 영역을 복사하여 "제2작업" 시트의 [B2] 셀부터 모두 붙여넣기를 한 후 다음의 조건과 같이 작업하시오.

《 조건 》

(1) 목표값 찾기 – [B11:G11] 셀을 병합하여 "학습자수(단위:명)의 전체 평균"을 입력한 후 [H11] 셀에 학습자수(단위:명)의 전체 평균을 구하시오(AVERAGE 함수, 테두리, 가운데 맞춤).
　　　　　　 – '학습자수(단위:명)의 전체 평균'이 '237'이 되려면 왕초보의 학습자수(단위:명)가 얼마가 되어야 하는지 목표값을 구하시오.

(2) 고급 필터 – 구분이 '영어'이거나, 수강료가 '50,000' 이하인 자료의 관리코드, 강좌명, 수강료, 학습자수(단위:명)의 데이터만 추출하시오.
　　　　　　 – 조건 위치 : [B14] 셀부터 입력하시오.
　　　　　　 – 복사 위치 : [B18] 셀부터 나타나도록 하시오.

"제1작업" 시트의 [B4:H12] 영역을 복사하여 "제3작업" 시트의 [B2] 셀부터 모두 붙여넣기를 한 후 다음의 조건과 같이 작업하시오.

《 조건 》

(1) 부분합 – 《출력형태》처럼 정렬하고, 강좌명의 개수와 학습자수(단위:명)의 평균을 구하시오.
(2) 윤　곽 – 지우시오.
(3) 나머지 사항은 《출력형태》에 맞게 작성하시오.

《 출력형태 》

A	B	C	D	E	F	G	H
1							
2	관리코드	강좌명	구분	수강료	수강기간	학습자수 (단위:명)	진행강사수 (단위:명)
3	AC-7543	발음클리닉	중국어	50,000원	2개월	249	2
4	PC-2361	맛있는 중국어	중국어	153,000원	12개월	348	2
5	EB-4342	중국어 첫걸음	중국어	80,000원	2개월	127	2
6			중국어 평균			241	
7		3	중국어 개수				
8	PB-2433	어법/어휘 마스터	영어	203,000원	8개월	248	2
9	PW-3462	실전 비즈니스	영어	214,000원	8개월	194	3
10			영어 평균			221	
11		2	영어 개수				
12	HB-2272	왕초보	스페인어	79,000원	4개월	215	3
13	HR-2843	원어민처럼 말하기	스페인어	90,000원	3개월	105	1
14	CB-3642	즐거운 스페인어	스페인어	189,000원	5개월	384	3
15			스페인어 평균			235	
16		3	스페인어 개수				
17			전체 평균			234	
18		8	전체 개수				
19							

"제1작업" 시트를 이용하여 조건에 따라 《출력형태》와 같이 작업하시오.

《 조건 》

(1) 차트 종류 ⇒ 〈묶은 세로 막대형〉으로 작업하시오.

(2) 데이터 범위 ⇒ "제1작업" 시트의 내용을 이용하여 작업하시오.

(3) 위치 ⇒ "새 시트"로 이동하고, "제4작업"으로 시트 이름을 바꾸시오.

(4) 차트 디자인 도구 ⇒ 레이아웃 3, 스타일 5를 선택하여 《출력형태》에 맞게 작업하시오.

(5) 영역 서식 ⇒ 차트 : 글꼴(굴림, 11pt), 채우기 효과(질감-분홍 박엽지)
　　　　　　　　　그림 : 채우기(흰색, 배경1)

(6) 제목 서식 ⇒ 차트 제목 : 글꼴(굴림, 굵게, 20pt), 채우기(흰색), 테두리

(7) 서식 ⇒ 수강료 계열의 차트 종류를 〈표식이 있는 꺾은선형〉으로 변경한 후 보조 축으로 지정하시오.
　　　　　레이블 : 즐거운 스페인어의 수강료 계열값을 표시하고, 위치는 《출력형태》와 같이 표시하시오.
　　　　　눈금선 : 선 스타일-파선
　　　　　축 : 《출력형태》를 참조하시오.

(8) 범례 ⇒ 범례명을 변경하고 《출력형태》를 참조하시오.

(9) 도형 ⇒ '모서리가 둥근 사각형 설명선'을 삽입한 후 《출력형태》와 같이 내용을 입력하시오.

(10) 나머지 사항은 《출력형태》에 맞게 작성하시오.

《 출력형태 》

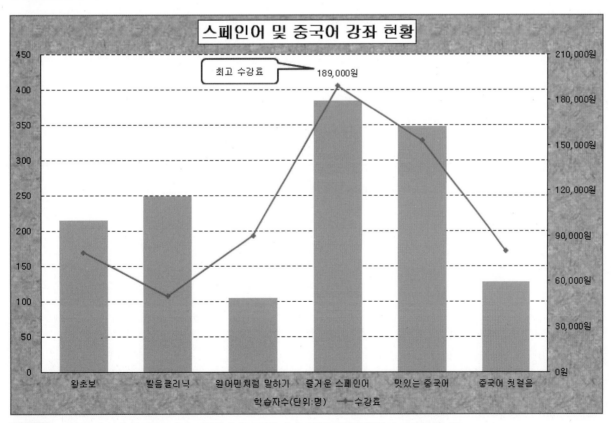

※ 주의 : 시트명 순서가 차례대로 "제1작업", "제2작업", "제3작업", "제4작업"이 되도록 할 것

실전 모의고사

MS오피스 2016

과목	코드	문제유형	시험시간	수험번호	성 명
한글 엑셀	1122	A	60분		

◦ 수험자 유의사항 ◦

- 수험자는 문제지를 받는 즉시 문제지와 **수험표상의 시험과목(프로그램)이 동일한지 반드시 확인**하여야 합니다.

- 파일명은 본인의 "수험번호-성명"으로 입력하여 답안폴더(내 PC₩문서₩ITQ)에 하나의 파일로 저장해야 하며, 답안문서 파일명이 "수험번호-성명"과 일치하지 않거나, 답안파일을 전송하지 않아 미제출로 처리될 경우 실격 처리합니다 (예:12345678-홍길동.xlsx).

- 답안 작성을 마치면 파일을 저장하고, '답안 전송' 버튼을 선택하여 감독위원 PC로 답안을 전송하십시오. 수험생 정보와 저장한 파일명이 다를 경우 전송되지 않으므로 주의하시기 바랍니다.

- 답안 작성 중에도 **주기적으로 저장하고, '답안 전송'**하여야 문제 발생을 줄일 수 있습니다. 작업한 내용을 저장하지 않고 전송할 경우 이전에 저장된 내용이 전송되오니 이점 유의하시기 바랍니다.

- 답안문서는 지정된 경로 외의 다른 보조기억장치에 저장하는 경우, 지정된 시험 시간 외에 작성된 파일을 활용할 경우, 기타 통신수단(이메일, 메신저, 네트워크 등)을 이용하여 타인에게 전달 또는 외부 반출하는 경우는 부정 처리합니다.

- 시험 중 부주의 또는 고의로 시스템을 파손한 경우는 수험자가 변상해야 하며, 〈수험자 유의사항〉에 기재된 방법대로 이행하지 않아 생기는 불이익은 수험생 당사자의 책임임을 알려 드립니다.

- 문제의 조건은 MS오피스 2016 버전으로 설정되어 있으니 유의하시기 바랍니다.

- 시험을 완료한 수험자는 답안파일이 전송되었는지 확인한 후 감독위원의 지시에 따라 문제지를 제출하고 퇴실합니다.

◦ 답안 작성요령 ◦

- 온라인 답안 작성 절차
  수험자 등록 ⇒ 시험 시작 ⇒ 답안파일 저장 ⇒ 답안 전송 ⇒ 시험 종료

- 문제는 총 4단계, 즉 제1작업부터 제4작업까지 구성되어 있으며 반드시 제1작업부터 순서대로 작성하고 조건대로 작업하시오.

- 모든 작업 시트의 A열은 열 너비 '1'로, 나머지 열은 적당하게 조절하시오.

- 모든 작업 시트의 테두리는 《출력형태》와 같이 작업하시오.

- 해당 작업란에서는 각각 제시된 조건에 따라 《출력형태》와 같이 작업하시오.

- 답안 시트 이름은 "제1작업", "제2작업", "제3작업", "제4작업"이어야 하며 답안 시트 이외의 것은 감점 처리됩니다.

- 각 시트를 파일로 나누어 작업해서 저장할 경우 실격 처리됩니다.

다음은 '올리버 직원 급여 관리 현황'에 대한 자료이다. 자료를 입력하고 조건에 맞도록 작업하시오.

《 출력형태 》

부서명	직원명	주민등록번호	나이	급호	월급여 (단위:원)	상여 (단위:원)	성별	직위
						결 재 담당	과장	부장
총무부	김민서	911010-2******	29	3201	2,845,200	789,600	(1)	(2)
전산실	정은혜	581102-2******	62	2122	4,560,000	1,874,080	(1)	(2)
기획부	석지호	881005-1******	32	3215	2,987,400	842,400	(1)	(2)
기획부	이성준	601225-1******	60	3112	3,150,000	1,135,840	(1)	(2)
전산실	이슬비	911005-2******	29	3214	2,650,000	836,800	(1)	(2)
총무부	정선우	740302-1******	46	3120	2,685,200	1,275,280	(1)	(2)
기획부	서동이	681212-2******	52	3125	3,150,000	1,340,000	(1)	(2)
총무부	배현식	590708-1******	61	2111	3,894,500	1,747,600	(1)	(2)
기획부의 인원수			(3)		총무부의 상여(단위:원) 합계			(5)
최대 월급여(단위:원)			(4)		직원명	김민서	나이	(6)

제목: 올리버 직원 급여 관리 현황

《 조건 》

- 모든 데이터의 서식에는 글꼴(굴림, 11pt), 정렬은 숫자 및 회계 서식은 오른쪽 정렬, 나머지 서식은 가운데 정렬로 작성하며 예외적인 것은 《출력형태》를 참조하시오.
- 제목 ⇒ 순서도 : 카드 도형과 바깥쪽 그림자 스타일(오프셋 위쪽)을 이용하여 작성하고 "올리버 직원 급여 관리 현황"을 입력한 후 다음 서식을 적용하시오(글꼴-굴림, 24pt, 검정, 굵게, 채우기-노랑).
- 임의의 셀에 결재란을 작성하여 그림으로 복사 기능을 이용하여 붙이기 하시오(단, 원본 삭제).
- [B4:J4, G14, I14] 영역은 '주황'으로 채우기 하시오.
- 유효성 검사를 이용하여 [H14] 셀에 직원명([C5:C12] 영역)이 선택 표시되도록 하시오.
- 셀 서식 ⇒ [E5:E12] 영역에 셀 서식을 이용하여 숫자 뒤에 '세'를 표시하시오(예 : 35세).
- [G5:G12] 영역에 대해 '월급여'로 이름정의를 하시오.

▶ (1)~(6) 셀은 반드시 <u>주어진 함수를 이용</u>하여 값을 구하시오(결과값을 직접 입력하면 해당 셀은 0점 처리됨).

(1) 성별 ⇒ 주민등록번호의 8번째 글자가 1이면 '남성', 2이면 '여성'으로 구하시오(CHOOSE, MID 함수).

(2) 직위 ⇒ 급호의 왼쪽 두 글자가 21이면 '과장', 31이면 '대리', 그 외에는 '사원'으로 구하시오(IF, LEFT 함수).

(3) 기획부의 인원수 ⇒ 결과값에 '명'을 붙이시오(COUNTIF 함수 & 연산자)(예 : 1명).

(4) 최대 월급여(단위:원) ⇒ 정의된 이름(월급여)을 이용하여 구하시오(MAX 함수).

(5) 총무부의 상여(단위:원) 합계 ⇒ (SUMIF 함수)

(6) 나이 ⇒ [H14] 셀에서 선택한 직원명에 대한 나이를 구하시오(VLOOKUP 함수).

(7) 조건부 서식을 이용하여 월급여(단위:원)셀에 데이터 막대 스타일(녹색)을 최소값 및 최대값으로 적용하시오.

제 2 작업　　필터 및 서식　　80점

"제1작업" 시트의 [B4:H12] 영역을 복사하여 "제2작업" 시트의 [B2] 셀부터 모두 붙여넣기를 한 후 다음의 조건과 같이 작업하시오.

《 조건 》

(1) 고급 필터 – 부서명이 '전산실'이거나, 상여(단위:원)가 '1,000,000' 이하인 자료의 데이터만 추출하시오.
　　　　　　　– 조건 위치 : [B13] 셀부터 입력하시오.
　　　　　　　– 복사 위치 : [B18] 셀부터 나타나도록 하시오.

(2) 표 서식 – 고급 필터의 결과셀을 채우기 없음으로 설정한 후 '표 스타일 보통 6'의 서식을 적용하시오.

제 3 작업　　피벗 테이블　　80점

"제1작업" 시트를 이용하여 "제3작업" 시트에 조건에 따라 ≪출력형태≫와 같이 작업하시오.

《 조건 》

(1) 나이 및 부서명별 직원명의 개수와 상여(단위:원)의 최대값을 구하시오.
(2) 나이를 그룹화하고, 레이블이 있는 셀 병합 및 가운데 맞춤으로 설정하시오.
(3) 부서명을 ≪출력형태≫와 같이 정렬하고 빈 셀은 '**'로 표시하시오.
(4) 행의 총합계를 지우고, 나머지 사항은 ≪출력형태≫에 맞게 작성하시오.

《 출력형태 》

나이	부서명 총무부 개수 : 직원명	최대값 : 상여(단위:원)	전산실 개수 : 직원명	최대값 : 상여(단위:원)	기획부 개수 : 직원명	최대값 : 상여(단위:원)
21-40	1	789,600	1	836,800	1	842,400
41-60	1	1,275,280	**	**	2	1,340,000
61-80	1	1,747,600	1	1,874,080	**	**
총합계	3	1,747,600	2	1,874,080	3	1,340,000

"제1작업" 시트를 이용하여 조건에 따라 ≪출력형태≫와 같이 작업하시오.

《 조건 》

(1) 차트 종류 ⇒ 〈묶은 세로 막대형〉으로 작업하시오.

(2) 데이터 범위 ⇒ "제1작업" 시트의 내용을 이용하여 작업하시오.

(3) 위치 ⇒ "새 시트"로 이동하고, "제4작업"으로 시트 이름을 바꾸시오.

(4) 차트 디자인 도구 ⇒ 레이아웃 3, 스타일 3을 선택하여 ≪출력형태≫에 맞게 작업하시오.

(5) 영역 서식 ⇒ 차트 : 글꼴(굴림, 11pt), 채우기 효과(질감-분홍 박엽지)
　　　　　　　　 그림 : 채우기(흰색, 배경1)

(6) 제목 서식 ⇒ 차트 제목 : 글꼴(굴림, 굵게, 20pt), 채우기(흰색, 배경1), 테두리

(7) 서식 ⇒ 나이계열의 차트 종류를 〈표식이 있는 꺾은선형〉으로 변경한 후 보조 축으로 지정하시오.
　　　　　 레이블 : 배현식의 월급여(단위:원) 계열값을 표시하고, 위치는 ≪출력형태≫와 같이 표시하시오.
　　　　　 눈금선 : 선 스타일-파선
　　　　　 축 : ≪출력형태≫를 참조하시오.

(8) 범례 ⇒ 범례명을 변경하고 ≪출력형태≫를 참조하시오.

(9) 도형 ⇒ '모서리가 둥근 사각형 설명선'을 삽입한 후 ≪출력형태≫와 같이 내용을 입력하시오.

(10) 나머지 사항은 ≪출력형태≫에 맞게 작성하시오.

《 출력형태 》

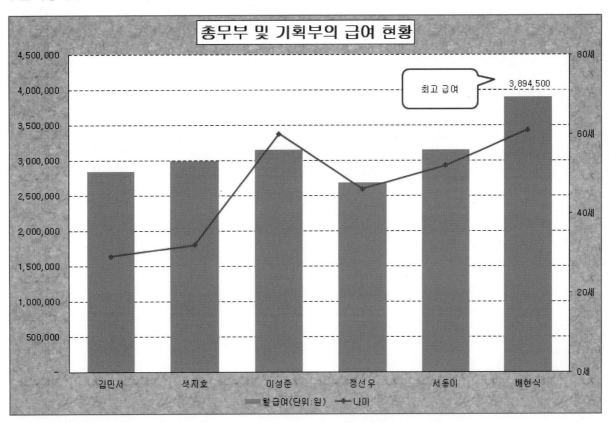

※ **주의** : 시트명 순서가 차례대로 "제1작업", "제2작업", "제3작업", "제4작업"이 되도록 할 것

실전 모의고사

MS오피스 2016

과목	코드	문제유형	시험시간	수험번호	성 명
한글 엑셀	1122	A	60분		

수험자 유의사항

- 수험자는 문제지를 받는 즉시 문제지와 **수험표상의 시험과목(프로그램)이 동일한지 반드시 확인**하여야 합니다.

- 파일명은 본인의 "수험번호–성명"으로 입력하여 답안폴더(내 PC₩문서₩ITQ)에 하나의 파일로 저장해야 하며, 답안문서 파일명이 "수험번호–성명"과 일치하지 않거나, 답안파일을 전송하지 않아 미제출로 처리될 경우 실격 처리합니다 (예:12345678–홍길동.xlsx).

- 답안 작성을 마치면 파일을 저장하고, '답안 전송' 버튼을 선택하여 감독위원 PC로 답안을 전송하십시오. 수험생 정보와 저장한 파일명이 다를 경우 전송되지 않으므로 주의하시기 바랍니다.

- 답안 작성 중에도 **주기적으로 저장하고, '답안 전송'**하여야 문제 발생을 줄일 수 있습니다. 작업한 내용을 저장하지 않고 전송할 경우 이전에 저장된 내용이 전송되오니 이점 유의하시기 바랍니다.

- 답안문서는 지정된 경로 외의 다른 보조기억장치에 저장하는 경우, 지정된 시험 시간 외에 작성된 파일을 활용할 경우, 기타 통신수단(이메일, 메신저, 네트워크 등)을 이용하여 타인에게 전달 또는 외부 반출하는 경우는 부정 처리합니다.

- 시험 중 부주의 또는 고의로 시스템을 파손한 경우는 수험자가 변상해야 하며, 〈수험자 유의사항〉에 기재된 방법대로 이행하지 않아 생기는 불이익은 수험생 당사자의 책임임을 알려 드립니다.

- 문제의 조건은 MS오피스 2016 버전으로 설정되어 있으니 유의하시기 바랍니다.

- 시험을 완료한 수험자는 답안파일이 전송되었는지 확인한 후 감독위원의 지시에 따라 문제지를 제출하고 퇴실합니다.

답안 작성요령

- 온라인 답안 작성 절차
  수험자 등록 ⇒ 시험 시작 ⇒ 답안파일 저장 ⇒ 답안 전송 ⇒ 시험 종료

- 문제는 총 4단계, 즉 제1작업부터 제4작업까지 구성되어 있으며 반드시 제1작업부터 순서대로 작성하고 조건대로 작업하시오.

- 모든 작업 시트의 A열은 열 너비 '1'로, 나머지 열은 적당하게 조절하시오.

- 모든 작업 시트의 테두리는 《출력형태》와 같이 작업하시오.

- 해당 작업란에서는 각각 제시된 조건에 따라 《출력형태》와 같이 작업하시오.

- 답안 시트 이름은 "제1작업", "제2작업", "제3작업", "제4작업"이어야 하며 답안 시트 이외의 것은 감점 처리됩니다.

- 각 시트를 파일로 나누어 작업해서 저장할 경우 실격 처리됩니다.

다음은 '인기 복합기 판매 현황'에 대한 자료이다. 자료를 입력하고 조건에 맞도록 작업하시오.

《 출력형태 》

관리코드	제품명	판매금액	인쇄속도 (단위:ppm)	판매수량 (단위:대)	제조사	기능	출시연월	평가
IK-1909-1	모티	149,000	14	157	레온	스캔/복사	(1)	(2)
LP-1801-2	크로우	150,000	16	184	이지전자	스캔/복사/팩스	(1)	(2)
LP-1907-3	지니	344,000	15	154	레온	스캔/복사/팩스	(1)	(2)
IK-1709-1	그린	421,000	19	201	티파니	스캔/복사	(1)	(2)
IK-1905-1	밴티지	175,000	6	98	이지전자	스캔/복사/팩스	(1)	(2)
LP-1811-3	다큐프린터	245,000	17	217	레온	스캔/복사/팩스	(1)	(2)
LP-1711-2	로사프린터	182,000	12	256	티파니	스캔/복사	(1)	(2)
LP-1908-3	캐리 레이저	389,000	18	94	이지전자	스캔/복사/팩스	(1)	(2)
레온 제품의 판매수량(단위:대) 합계			(3)		모티 제품의 분류			(5)
스캔/복사 기능 제품의 최고 판매금액			(4)		관리코드	IK-1909-1	판매금액	(6)

결재 / 담당 / 팀장 / 부장

《 조건 》

• 모든 데이터의 서식에는 글꼴(굴림, 11pt), 정렬은 숫자 및 회계 서식은 오른쪽 정렬, 나머지 서식은 가운데 정렬로 작성하며 예외적인 것은 ≪출력형태≫를 참조하시오.

• 제목 ⇒ 한쪽 모서리가 둥근 사각형 도형과 바깥쪽 그림자 스타일(오프셋 아래쪽)을 이용하여 작성하고 "인기 복합기 판매 현황"을 입력한 후 다음 서식을 적용하시오(글꼴-굴림, 24pt, 검정, 굵게, 채우기-노랑).

• 임의의 셀에 결재란을 작성하여 그림으로 복사 기능을 이용하여 붙이기 하시오(단, 원본 삭제).

• [B4:J4, G14, I14] 영역은 '주황'으로 채우기 하시오.

• 유효성 검사를 이용하여 [H14] 셀에 관리코드([B5:B12] 영역)가 선택 표시되도록 하시오.

• 셀 서식 ⇒ [D5:D12] 영역에 셀 서식을 이용하여 숫자 뒤에 '원'을 표시하시오(예: 149,000원).

• [G5:G12] 영역에 대해 '제조사'로 이름정의를 하시오.

⊙ (1)~(6) 셀은 반드시 주어진 함수를 이용하여 값을 구하시오(결과값을 직접 입력하면 해당 셀은 0점 처리됨).

(1) 출시연월 ⇒ 관리코드의 네 번째 글자부터 두 글자씩 연도와 월을 예와 같이 구하시오 (MID 함수, & 연산자)(예 : IK-1909-1 → 2019년 09월).

(2) 평가 ⇒ 인쇄속도(단위:ppm)가 전체 인쇄속도(단위:ppm)에서 세 번째로 큰 값 이상이면 '우수', 그 외에는 공백으로 표시하시오(IF, LARGE 함수).

(3) 레온 제품의 판매수량(단위:대) 합계 ⇒ 정의된 이름(제조사)을 이용하여 구하시오(SUMIF 함수).

(4) 스캔/복사 기능 제품의 최고 판매금액 ⇒ 조건은 입력데이터를 이용하시오(DMAX 함수).

(5) 모티 제품의 분류 ⇒ 관리코드의 마지막 한 글자가 1이면 '잉크젯', 2이면 '레이저', 3이면 '컬러레이저'로 표시하시오 (CHOOSE, RIGHT 함수).

(6) 판매금액 ⇒ [H14] 셀에서 선택한 관리코드에 대한 판매금액을 구하시오(VLOOKUP 함수).

(7) 조건부 서식을 이용하여 판매수량(단위:대) 셀에 데이터 막대 스타일(녹색)을 최소값 및 최대값으로 적용하시오.

"제1작업" 시트의 [B4:H12] 영역을 복사하여 "제2작업" 시트의 [B2] 셀부터 모두 붙여넣기를 한 후 다음의 조건과 같이 작업하시오.

《 조건 》

(1) 고급 필터 – 판매금액이 '150,000' 이하이거나, 제조사가 '레온'인 자료의 데이터만 추출하시오.
     – 조건 위치 : [B13] 셀부터 입력하시오.
     – 복사 위치 : [B18] 셀부터 나타나도록 하시오.

(2) 표 서식 – 고급 필터의 결과셀을 채우기 없음으로 설정한 후 '표 스타일 보통 6'의 서식을 적용하시오.

"제1작업" 시트를 이용하여 "제3작업" 시트에 조건에 따라 ≪출력형태≫와 같이 작업하시오.

《 조건 》

(1) 인쇄속도(단위:ppm) 및 제조사별 제품명의 개수와 판매수량(단위:대)의 최대값을 구하시오.
(2) 인쇄속도(단위:ppm)를 그룹화하고, 레이블이 있는 셀 병합 및 가운데 맞춤으로 설정하시오.
(3) 제조사를 ≪출력형태≫와 같이 정렬하고, 빈 셀은 '*'로 표시하시오.
(4) 행의 총합계를 지우고, 나머지 사항은 ≪출력형태≫에 맞게 작성하시오.

《 출력형태 》

인쇄속도(단위:ppm)	제조사 티파니 개수 : 제품명	최대값 : 판매수량(단위:대)	이지전자 개수 : 제품명	최대값 : 판매수량(단위:대)	레온 개수 : 제품명	최대값 : 판매수량(단위:대)
6-10	*	*	1	98	*	*
11-15	1	256	*	*	2	157
16-20	1	201	2	184	1	217
총합계	2	256	3	184	3	217

"제1작업" 시트를 이용하여 조건에 따라《출력형태》와 같이 작업하시오.

《 조건 》

(1) 차트 종류 ⇒〈묶은 세로 막대형〉으로 작업하시오.

(2) 데이터 범위 ⇒ "제1작업" 시트의 내용을 이용하여 작업하시오.

(3) 위치 ⇒ "새 시트"로 이동하고, "제4작업"으로 시트 이름을 바꾸시오.

(4) 차트 디자인 도구 ⇒ 레이아웃 3, 스타일 6을 선택하여《출력형태》에 맞게 작업하시오.

(5) 영역 서식 ⇒ 차트 : 글꼴(굴림, 11pt), 채우기 효과(질감-파랑 박엽지)
             그림 : 채우기(흰색, 배경1)

(6) 제목 서식 ⇒ 차트 제목 : 글꼴(굴림, 굵게, 20pt), 채우기(흰색, 배경1), 테두리

(7) 서식 ⇒ 판매금액 계열의 차트 종류를〈표식이 있는 꺾은선형〉으로 변경한 후 보조 축으로 지정하시오.
         레이블 : 다큐프린터의 판매수량(단위:대) 계열값을 표시하고, 위치는《출력형태》와 같이 표시하시오.
         눈금선 : 선 스타일-파선
         축 : 《출력형태》를 참조하시오.

(8) 범례 ⇒ 범례명을 변경하고《출력형태》를 참조하시오.

(9) 도형 ⇒ '모서리가 둥근 사각형 설명선'을 삽입한 후《출력형태》와 같이 내용을 입력하시오.

(10) 나머지 사항은《출력형태》에 맞게 작성하시오.

《 출력형태 》

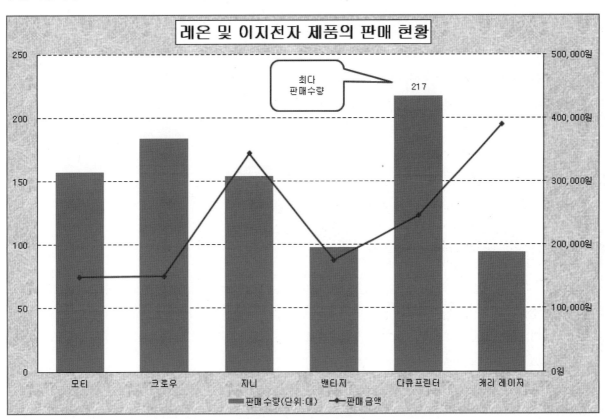

※ 주의: 시트명 순서가 차례대로 "제1작업", "제2작업", "제3작업", "제4작업"이 되도록 할 것

실전 모의고사

MS오피스 2016

과목	코드	문제유형	시험시간	수험번호	성 명
한글 엑셀	1122	A	60분		

· 수험자 유의사항 ·

- 수험자는 문제지를 받는 즉시 문제지와 **수험표상의 시험과목(프로그램)이 동일한지 반드시 확인**하여야 합니다.

- 파일명은 본인의 "수험번호–성명"으로 입력하여 답안폴더(내 PC\문서\ITQ)에 하나의 파일로 저장해야 하며, 답안문서 파일명이 "수험번호–성명"과 일치하지 않거나, 답안파일을 전송하지 않아 미제출로 처리될 경우 실격 처리합니다 (예:12345678–홍길동.xlsx).

- 답안 작성을 마치면 파일을 저장하고, '답안 전송' 버튼을 선택하여 감독위원 PC로 답안을 전송하십시오. 수험생 정보와 저장한 파일명이 다를 경우 전송되지 않으므로 주의하시기 바랍니다.

- 답안 작성 중에도 **주기적으로 저장하고, '답안 전송'**하여야 문제 발생을 줄일 수 있습니다. 작업한 내용을 저장하지 않고 전송할 경우 이전에 저장된 내용이 전송되오니 이점 유의하시기 바랍니다.

- 답안문서는 지정된 경로 외의 다른 보조기억장치에 저장하는 경우, 지정된 시험 시간 외에 작성된 파일을 활용할 경우, 기타 통신수단(이메일, 메신저, 네트워크 등)을 이용하여 타인에게 전달 또는 외부 반출하는 경우는 부정 처리합니다.

- 시험 중 부주의 또는 고의로 시스템을 파손한 경우는 수험자가 변상해야 하며, 〈수험자 유의사항〉에 기재된 방법대로 이행하지 않아 생기는 불이익은 수험생 당사자의 책임임을 알려 드립니다.

- 문제의 조건은 MS오피스 2016 버전으로 설정되어 있으니 유의하시기 바랍니다.

- 시험을 완료한 수험자는 답안파일이 전송되었는지 확인한 후 감독위원의 지시에 따라 문제지를 제출하고 퇴실합니다.

· 답안 작성요령 ·

- 온라인 답안 작성 절차
  수험자 등록 ⇒ 시험 시작 ⇒ 답안파일 저장 ⇒ 답안 전송 ⇒ 시험 종료

- 문제는 총 4단계, 즉 제1작업부터 제4작업까지 구성되어 있으며 반드시 제1작업부터 순서대로 작성하고 조건대로 작업하시오.

- 모든 작업 시트의 A열은 열 너비 '1'로, 나머지 열은 적당하게 조절하시오.

- 모든 작업 시트의 테두리는 《출력형태》와 같이 작업하시오.

- 해당 작업란에서는 각각 제시된 조건에 따라 《출력형태》와 같이 작업하시오.

- 답안 시트 이름은 "제1작업", "제2작업", "제3작업", "제4작업"이어야 하며 답안 시트 이외의 것은 감점 처리됩니다.

- 각 시트를 파일로 나누어 작업해서 저장할 경우 실격 처리됩니다.

다음은 '5월 프로모션 카드 순위'에 대한 자료이다. 자료를 입력하고 조건에 맞도록 작업하시오.

《 출력형태 》

결재	담당	선임	팀장

5월 프로모션 카드 순위

관리코드	카드명	프로모션	카드사	연회비 (국내전용)	포인트 적립률	가입자수	순위	관리점
DJ2-312	라이크 펀 퍼플	통신비할인	한국	120,000	2.1%	15,720	(1)	(2)
VX7-902	탄탄대로 2030	커피할인	대한	30,000	1.5%	72,678	(1)	(2)
EG4-071	올원 파이	넷플릭스	선한	8,000	3.0%	37,949	(1)	(2)
GN1-907	청춘대로 티톡	통신비할인	한국	10,000	2.0%	32,509	(1)	(2)
BJ3-762	마일리지 블랙	넷플릭스	한국	300,000	5.0%	4,062	(1)	(2)
VR1-619	힙스터 취향저격	커피할인	대한	15,000	3.0%	48,683	(1)	(2)
QH7-578	마일앤조이	통신비할인	선한	5,000	1.5%	36,289	(1)	(2)
DH2-612	에이스플러스	커피할인	대한	5,000	3.0%	28,944	(1)	(2)
통신비할인 카드 포인트 적립률 평균			(3)	✕		두 번째로 높은 연회비(국내전용)		(5)
한국 카드사의 가입자수 합계			(4)		관리코드	DJ2-312	연회비 (국내전용)	(6)

《 조건 》

- 모든 데이터의 서식에는 글꼴(굴림, 11pt), 정렬은 숫자 및 회계 서식은 오른쪽 정렬, 나머지 서식은 가운데 정렬로 작성하며 예외적인 것은 ≪출력형태≫를 참조하시오.
- 제목 ⇒ 도형(양쪽 모서리가 잘린 사각형)과 그림자(오프셋 오른쪽)를 이용하여 작성하고 "5월 프로모션 카드 순위"를 입력한 후 다음 서식을 적용하시오(글꼴–굴림, 24pt, 검정, 굵게, 채우기–노랑).
- 임의의 셀에 결재란을 작성하여 그림으로 복사 기능을 이용하여 붙이기 하시오(단, 원본 삭제).
- [B4:J4, G14, I14] 영역은 '주황'으로 채우기 하시오.
- 유효성 검사를 이용하여 [H14] 셀에 관리코드([B5:B12] 영역)가 선택 표시되도록 하시오.
- 셀 서식 ⇒ [H5:H12] 영역에 셀 서식을 이용하여 숫자 뒤에 '명'을 표시하시오(예 : 15,720명).
- [F5:F12] 영역에 대해 '연회비'로 이름정의를 하시오.

▶ (1)~(6) 셀은 반드시 <u>주어진 함수를 이용</u>하여 값을 구하시오(결과값을 직접 입력하면 해당 셀은 0점 처리됨).

(1) 순위 ⇒ 포인트 적립률의 내림차순 순위를 구한 결과에 '위'를 붙이시오(RANK.EQ 함수, & 연산자)(예 : 1위).

(2) 관리점 ⇒ 관리코드의 세 번째 글자가 1이면 '직영점', 2이면 '대리점', 그 외에는 '이벤트행사'로 구하시오 (IF, MID 함수).

(3) 통신비할인 카드 포인트 적립률 평균 ⇒ 셀서식을 이용하여 백분율과 소수 둘째 자리까지 표시하시오 (SUMIF, COUNTIF 함수)(예 : 0.02986 → 2.99%).

(4) 한국 카드사의 가입자수 합계 ⇒ 카드사가 한국인 카드의 가입자수 합계를 구하시오. 단, 조건은 입력데이터를 이용하시오(DSUM 함수).

(5) 두 번째로 높은 연회비(국내전용) ⇒ 정의된 이름(연회비)를 이용하여 구하시오(LARGE 함수).

(6) 연회비(국내전용) ⇒ [H14] 셀에서 선택한 관리코드에 대한 연회비(국내전용)를 구하시오(VLOOKUP 함수).

(7) 조건부 서식의 수식을 이용하여 포인트 적립률이 '3.0%' 이상인 행 전체에 다음의 서식을 적용하시오 (글꼴 : 파랑, 굵게).

"제1작업" 시트의 [B4:H12] 영역을 복사하여 "제2작업" 시트의 [B2] 셀부터 모두 붙여넣기를 한 후 다음의 조건과 같이 작업하시오.

《 조건 》

(1) 목표값 찾기 – [B11:G11] 셀을 병합하여 "한국 카드사의 가입자수 평균"을 입력한 후 [H11] 셀에 한국 카드사의 가입자수 평균을 구하시오. 단, 조건은 입력데이터를 이용하시오(DAVERAGE 함수, 테두리, 가운데 맞춤).

　　　 – '한국 카드사의 가입자수 평균'이 '17,500'이 되려면 라이크 펀 퍼플의 가입자수가 얼마가 되어야 하는지 목표값을 구하시오.

(2) 고급필터 – 관리코드가 'V'로 시작하거나 연회비(국내전용)가 '5,000' 이하인 자료의 카드명, 프로모션, 카드사, 포인트 적립률 데이터만 추출하시오.

　　　 – 조건 범위 : [B14] 셀부터 입력하시오.

　　　 – 복사 위치 : [B18] 셀부터 나타나도록 하시오.

"제1작업" 시트의 [B4:H12] 영역을 복사하여 "제3작업" 시트의 [B2] 셀부터 모두 붙여넣기를 한 후 다음의 조건과 같이 작업하시오.

《 조건 》

(1) 부분합 – ≪출력형태≫처럼 정렬하고, 카드사의 개수와 가입자수의 평균을 구하시오.

(2) 윤　곽 – 지우시오.

(3) 나머지 사항은 ≪출력형태≫에 맞게 작성하시오.

《 출력형태 》

	관리코드	카드명	프로모션	카드사	연회비 (국내전용)	포인트 적립률	가입자수
	DJ2-312	라이크 펀 퍼플	통신비할인	한국	120,000	2.1%	15,720명
	GN1-907	청춘대로 티톡	통신비할인	한국	10,000	2.0%	32,509명
	QH7-578	마일앤조이	통신비할인	선한	5,000	1.5%	36,289명
			통신비할인 평균				28,173명
			통신비할인 개수	3			
	VX7-902	탄탄대로 2030	커피할인	대한	30,000	1.5%	72,678명
	VR1-619	힙스터 취향저격	커피할인	대한	15,000	3.0%	48,683명
	DH2-612	에이스플러스	커피할인	대한	5,000	3.0%	28,944명
			커피할인 평균				50,102명
			커피할인 개수	3			
	EG4-071	올원 파이	넷플릭스	선한	8,000	3.0%	37,949명
	BJ3-762	마일리지 블랙	넷플릭스	한국	300,000	5.0%	4,062명
			넷플릭스 평균				21,006명
			넷플릭스 개수	2			
			전체 평균				34,604명
			전체 개수	8			

"제1작업" 시트를 이용하여 조건에 따라 ≪출력형태≫와 같이 작업하시오.

《 조건 》

(1) 차트 종류 ⇒ 〈묶은 세로 막대형〉으로 작업하시오.

(2) 데이터 범위 ⇒ "제1작업" 시트의 내용을 이용하여 작업하시오.

(3) 위치 ⇒ "새 시트"로 이동하고, "제4작업"으로 시트 이름을 바꾸시오.

(4) 차트 디자인 도구 ⇒ 레이아웃 3, 스타일 1을 선택하여 ≪출력형태≫에 맞게 작업하시오.

(5) 영역 서식 ⇒ 차트 : 글꼴(굴림, 11pt), 채우기 효과(질감–파랑 박엽지)
  그림 : 채우기(흰색, 배경1)

(6) 제목 서식 ⇒ 차트 제목 : 글꼴(굴림, 굵게, 20pt), 채우기(흰색, 배경1), 테두리

(7) 서식 ⇒ 연회비(국내전용) 계열의 차트 종류를 〈표식이 있는 꺾은선형〉으로 변경한 후 보조 축으로 지정하시오.
  계열 : ≪출력형태≫를 참조하여 표식(마름모, 크기 10)과 레이블 값을 표시하시오.
  눈금선 : 선 스타일–파선
  축 : ≪출력형태≫를 참조하시오.

(8) 범례 ⇒ 범례명을 변경하고 ≪출력형태≫를 참조하시오.

(9) 도형 ⇒ '모서리가 둥근 사각형 설명선'을 삽입한 후 ≪출력형태≫와 같이 내용을 입력하시오.

(10) 나머지 사항은 ≪출력형태≫에 맞게 작성하시오.

《 출력형태 》

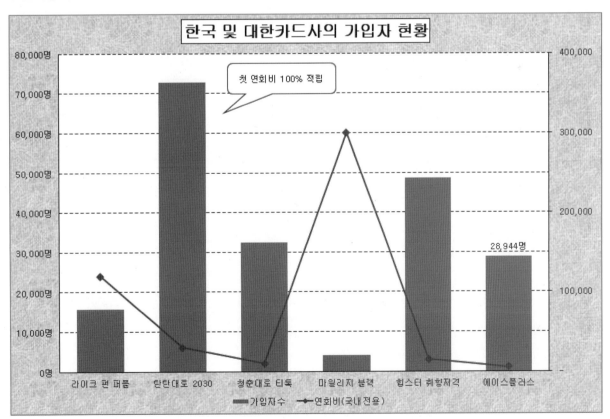

※ **주의:** 시트명 순서가 차례대로 "제1작업", "제2작업", "제3작업", "제4작업"이 되도록 할 것

제06회 **실전 모의고사**

MS오피스 2016

과목	코드	문제유형	시험시간	수험번호	성 명
한글 엑셀	1122	A	60분		

다음은 '7월 급여 지급 내역'에 대한 자료이다. 자료를 입력하고 조건에 맞도록 작업하시오.

《 출력형태 》

사원코드	부서	입사일	기본급 (단위:원)	직위	급호	수당 (단위:원)	근무연수	수령액(원)
G6524	미래전략	1999-06-08	3,650,000	팀장	30	1,612,000	(1)	(2)
M4257	경영기획	2013-12-03	2,250,000	대리	14	828,000	(1)	(2)
M1547	경영기획	2013-02-12	3,210,000	과장	20	1,450,000	(1)	(2)
G5487	마케팅	2004-09-10	2,750,000	팀장	18	1,400,000	(1)	(2)
S6587	미래전략	2016-03-04	1,652,000	사원	6	407,000	(1)	(2)
M9685	경영기획	2013-11-04	2,108,000	대리	16	1,045,000	(1)	(2)
S3618	미래전략	2014-10-04	2,000,000	대리	15	1,076,000	(1)	(2)
S7618	마케팅	2015-11-20	1,710,000	사원	7	400,000	(1)	(2)
미래전략 부서의 평균 수당(단위:원)			(3)			마케팅 부서의 수당(단위:원) 합계		(5)
10호 이하 사원의 수			(4)		사원코드	G6524	급호	(6)

제목 위 표에는 "7월 급여 지급 내역" 제목, 확인란(담당/팀장/센터장)이 포함됨.

《 조건 》

- 모든 데이터의 서식에는 글꼴(굴림, 11pt), 정렬은 숫자 및 회계 서식은 오른쪽 정렬, 나머지 서식은 가운데 정렬로 작성하며 예외적인 것은 ≪출력형태≫를 참조하시오.
- 제목 ⇒ 도형(한쪽 모서리가 잘린 사각형)과 그림자(오프셋 오른쪽)를 이용하여 작성하고 "7월 급여 지급 내역"을 입력한 후 다음 서식을 적용하시오(글꼴–굴림, 24pt, 검정, 굵게, 채우기–노랑).
- 임의의 셀에 결재란을 작성하여 그림으로 복사 기능을 이용하여 붙이기 하시오(단, 원본 삭제).
- [B4:J4, G14, I14] 영역은 '주황'으로 채우기 하시오.
- 유효성 검사를 이용하여 [H14] 셀에 사원코드([B5:B12] 영역)이 선택 표시되도록 하시오.
- 셀 서식 ⇒ [G5:G12] 영역에 셀 서식을 이용하여 숫자 뒤에 '호'를 표시하시오(예 : 30호).
- [G5:G12] 영역에 대해 '급호'로 이름정의를 하시오.

▶ (1)∼(6) 셀은 반드시 주어진 함수를 이용하여 값을 구하시오(결과값을 직접 입력하면 해당 셀은 0점 처리됨).

(1) 근무연수 ⇒ [시스템 날짜의 연도–입사일의 연도]로 구한 결과값에 '년'을 붙이시오 (YEAR, TODAY 함수, & 연산자)(예 : 10년).

(2) 수령액(원) ⇒ [기본급(단위:원)＋수당(단위:원)−(기본급(단위:원)＋수당(단위:원)×9%]로 구한 결과값을 반올림하여 백원 단위로 구하시오(ROUND 함수)(예 : 4,235,260 → 4,235,300).

(3) 미래전략 부서의 평균 수당(단위:원) ⇒ 가까운 정수로 내림하여 구하시오. 단, 조건은 입력 데이터를 이용하시오 (INT, DAVERAGE 함수)(예 : 12.3 → 12).

(4) 10호 이하 사원의 수 ⇒ 정의된 이름(급호)을 이용하여 구하시오(COUNTIF 함수).

(5) 마케팅 부서의 수당(단위:원) 합계 ⇒ (SUMIF 함수)

(6) 급호 ⇒ [H14] 셀에서 선택한 사원코드에 대한 급호를 표시하시오(VLOOKUP 함수).

(7) 조건부 서식의 수식을 이용하여 수당(단위:원)이 '1,000,000' 이하인 행 전체에 다음의 서식을 적용하시오 (글꼴 : 파랑, 굵게).

제 2 작업 필터 및 서식 80점

"제1작업" 시트의 [B4:H12] 영역을 복사하여 "제2작업" 시트의 [B2] 셀부터 모두 붙여넣기를 한 후 다음의 조건과 같이 작업하시오.

《 조건 》

(1) 고급 필터 – 부서가 '마케팅'이거나, 수당(단위:원)이 '500,000' 이하인 자료의 사원코드, 기본급(단위:원), 직위, 수당(단위:원) 데이터만 추출하시오.
- 조건 범위 : [B14] 셀부터 입력하시오.
- 복사 위치 : [B18] 셀부터 나타나도록 하시오.

(2) 표 서식 – 고급 필터의 결과 셀을 채우기 없음으로 설정한 후 '표 스타일 보통 7'의 서식을 적용하시오.
- 머리글 행, 줄무늬 행을 적용하시오.

제 3 작업 피벗 테이블 80점

"제1작업" 시트를 이용하여 "제3작업" 시트에 조건에 따라 ≪출력형태≫와 같이 작업하시오.

《 조건 》

(1) 기본급(단위:원) 및 부서별 사원코드의 개수와 수당(단위:원)의 평균을 구하시오.
(2) 기본급(단위:원)을 그룹화하고, 부서를 ≪출력형태≫와 같이 정렬하시오.
(3) 레이블이 있는 셀 병합 및 가운데 맞춤 적용 및 빈 셀은 '***'로 표시하시오.
(4) 행의 총합계는 지우고, 나머지 사항은 ≪출력형태≫에 맞게 작성하시오.

《 출력형태 》

기본급(단위:원)	부서 미래전략		마케팅		경영기획	
	개수 : 사원코드	평균 : 수당(단위:원)	개수 : 사원코드	평균 : 수당(단위:원)	개수 : 사원코드	평균 : 수당(단위:원)
1000001-2000000	2	741,500	1	400,000	***	***
2000001-3000000	***	***	1	1,400,000	2	936,500
3000001-4000000	1	1,612,000	***	***	1	1,450,000
총합계	3	1,031,667	2	900,000	3	1,107,667

"제1작업" 시트를 이용하여 조건에 따라 ≪출력형태≫와 같이 작업하시오.

《 조건 》

(1) 차트 종류 ⇒ 〈묶은 세로 막대형〉으로 작업하시오.

(2) 데이터 범위 ⇒ "제1작업" 시트의 내용을 이용하여 작업하시오.

(3) 위치 ⇒ "새 시트"로 이동하고, "제4작업"으로 시트 이름을 바꾸시오.

(4) 차트 디자인 도구 ⇒ 레이아웃 3, 스타일 1을 선택하여 ≪출력형태≫에 맞게 작업하시오.

(5) 영역 서식 ⇒ 차트 : 글꼴(굴림, 11pt), 채우기 효과(질감-분홍 박엽지)
　　　　　　　그림 : 채우기(흰색, 배경1)

(6) 제목 서식 ⇒ 차트 제목 : 글꼴(굴림, 굵게, 20pt), 채우기(흰색, 배경1), 테두리

(7) 서식 ⇒ 급호 계열의 차트 종류를 〈표식이 있는 꺾은선형〉으로 변경한 후 보조 축으로 지정하시오.
　　　　계열 : ≪출력형태≫를 참조하여 표식(세모, 크기 10)과 레이블 값을 표시하시오.
　　　　눈금선 : 선 스타일-파선
　　　　축 : ≪출력형태≫를 참조하시오.

(8) 범례 ⇒ 범례명을 변경하고 ≪출력형태≫를 참조하시오.

(9) 도형 ⇒ '모서리가 둥근 사각형 설명선'을 삽입한 후 ≪출력형태≫와 같이 내용을 입력하시오.

(10) 나머지 사항은 ≪출력형태≫에 맞게 작성하시오.

《 출력형태 》

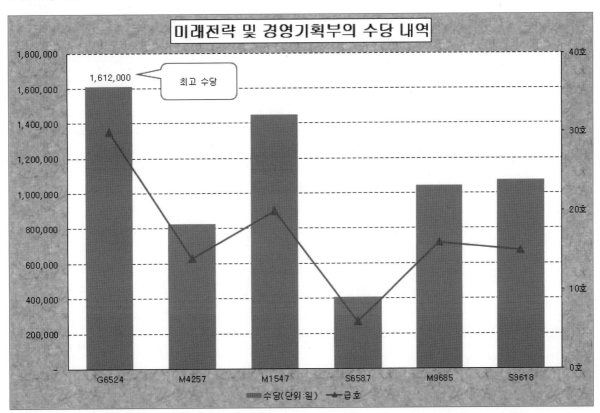

※ 주의: 시트명 순서가 차례대로 "제1작업", "제2작업", "제3작업", "제4작업"이 되도록 할 것

과목	코드	문제유형	시험시간	수험번호	성 명
한글 엑셀	1122	A	60분		

수험자 유의사항

- 수험자는 문제지를 받는 즉시 문제지와 **수험표상의 시험과목(프로그램)이 동일한지 반드시 확인**하여야 합니다.
- 파일명은 본인의 "수험번호−성명"으로 입력하여 답안폴더(내 PC₩문서₩ITQ)에 하나의 파일로 저장해야 하며, 답안문서 파일명이 "수험번호−성명"과 일치하지 않거나, 답안파일을 전송하지 않아 미제출로 처리될 경우 실격 처리합니다 (예:12345678−홍길동.xlsx).
- 답안 작성을 마치면 파일을 저장하고, '답안 전송' 버튼을 선택하여 감독위원 PC로 답안을 전송하십시오. 수험생 정보와 저장한 파일명이 다를 경우 전송되지 않으므로 주의하시기 바랍니다.
- 답안 작성 중에도 **주기적으로 저장하고, '답안 전송'**하여야 문제 발생을 줄일 수 있습니다. 작업한 내용을 저장하지 않고 전송할 경우 이전에 저장된 내용이 전송되오니 이점 유의하시기 바랍니다.
- 답안문서는 지정된 경로 외의 다른 보조기억장치에 저장하는 경우, 지정된 시험 시간 외에 작성된 파일을 활용할 경우, 기타 통신수단(이메일, 메신저, 네트워크 등)을 이용하여 타인에게 전달 또는 외부 반출하는 경우는 부정 처리합니다.
- 시험 중 부주의 또는 고의로 시스템을 파손한 경우는 수험자가 변상해야 하며, 〈수험자 유의사항〉에 기재된 방법대로 이행하지 않아 생기는 불이익은 수험생 당사자의 책임임을 알려 드립니다.
- 문제의 조건은 MS오피스 2016 버전으로 설정되어 있으니 유의하시기 바랍니다.
- 시험을 완료한 수험자는 답안파일이 전송되었는지 확인한 후 감독위원의 지시에 따라 문제지를 제출하고 퇴실합니다.

답안 작성요령

- 온라인 답안 작성 절차
  수험자 등록 ⇒ 시험 시작 ⇒ 답안파일 저장 ⇒ 답안 전송 ⇒ 시험 종료
- 문제는 총 4단계, 즉 제1작업부터 제4작업까지 구성되어 있으며 반드시 제1작업부터 순서대로 작성하고 조건대로 작업하시오.
- 모든 작업 시트의 A열은 열 너비 '1'로, 나머지 열은 적당하게 조절하시오.
- 모든 작업 시트의 테두리는 《출력형태》와 같이 작업하시오.
- 해당 작업란에서는 각각 제시된 조건에 따라 《출력형태》와 같이 작업하시오.
- 답안 시트 이름은 "제1작업", "제2작업", "제3작업", "제4작업"이어야 하며 답안 시트 이외의 것은 감점 처리됩니다.
- 각 시트를 파일로 나누어 작업해서 저장할 경우 실격 처리됩니다.

다음은 '평생교육원 수강생 현황'에 대한 자료이다. 자료를 입력하고 조건에 맞도록 작업하시오.

《 출력형태 》

강좌ID	강좌명	분류	강사명	수강료 (단위:원)	수강기간 (개월)	접수인원	강의장소	순위
						담당	팀장	센터장
	평생교육원 수강생 현황					확인		
E3017	유아발달	아동학	정현숙	110,000	1	27	(1)	(2)
D3379	광고학	경영학	김지은	130,000	2	21	(1)	(2)
A1232	국제경영	경영학	민시후	178,000	3	29	(1)	(2)
B2398	가족복지론	사회복지학	박소희	155,000	2	17	(1)	(2)
S1293	경영학개론	경영학	전세준	87,000	1	32	(1)	(2)
J3826	마케팅원론	경영학	전수민	210,000	3	25	(1)	(2)
A3297	가족생활교육	사회복지학	김가온	150,000	1	14	(1)	(2)
H6284	아동수학지도	아동학	김흰샘	50,000	1	37	(1)	(2)
아동학 강좌의 접수인원 평균			(3)			총 수강료(단위:원)		(5)
최대 접수인원			(4)			강좌ID	E3017	접수인원	(6)

《 조건 》

- 모든 데이터의 서식에는 글꼴(굴림, 11pt), 정렬은 숫자 및 회계 서식은 오른쪽 정렬, 나머지 서식은 가운데 정렬로 작성하며 예외적인 것은 ≪출력형태≫를 참조하시오.
- 제목 ⇒ 도형(한쪽 모서리가 잘린 사각형)과 그림자(오프셋 대각선 왼쪽 위)를 이용하여 작성하고 "평생교육원 수강생 현황"을 입력한 후 다음 서식을 적용하시오(글꼴-굴림, 24pt, 검정, 굵게, 채우기-노랑).
- 임의의 셀에 결재란을 작성하여 그림으로 복사 기능을 이용하여 붙이기 하시오(단, 원본 삭제).
- [B4:J4, G14, I14] 영역은 '주황'으로 채우기 하시오.
- 유효성 검사를 이용하여 [H14] 셀에 강좌ID([B5:B12] 영역)가 선택 표시되도록 하시오.
- 셀 서식 ⇒ [H5:H12] 영역에 셀 서식을 이용하여 숫자 뒤에 '명'을 표시하시오(예 : 27명).
- [F5:F12] 영역에 대해 '수강료'로 이름정의를 하시오.

▶ (1)~(6) 셀은 반드시 <u>주어진 함수를 이용하여</u> 값을 구하시오(결과값을 직접 입력하면 해당 셀은 0점 처리됨).

(1) 강의장소 ⇒ 강좌ID의 두 번째 한 글자를 추출하여 '호관'을 붙이시오(MID 함수, & 연산자)(예 : E3017 → 3호관).

(2) 순위 ⇒ 접수인원의 내림차순 순위를 1~3까지만 구하고 그 외에는 공백으로 구하시오(IF, RANK.EQ 함수).

(3) 아동학 강좌의 접수인원 평균 ⇒ (SUMIF, COUNTIF 함수)

(4) 최대 접수인원 ⇒ (MAX 함수)

(5) 총 수강료(단위:원) ⇒ 정의된 이름(수강료)을 이용하여 [전체 수강료(단위:원)×전체 접수인원]의 합을 구하시오 (SUMPRODUCT 함수).

(6) 접수인원 ⇒ [H14] 셀에서 선택한 강좌ID에 대한 접수인원을 표시하시오(VLOOKUP 함수).

(7) 조건부 서식의 수식을 이용하여 접수인원이 '20' 이하인 행 전체에 다음의 서식을 적용하시오(글꼴 : 파랑, 굵게).

"제1작업" 시트의 [B4:H12] 영역을 복사하여 "제2작업" 시트의 [B2] 셀부터 모두 붙여넣기를 한 후 다음의 조건과 같이 작업하시오.

《 조건 》

(1) 목표값 찾기 - [B11:G11] 셀을 병합하여 "아동학 강좌의 접수인원 평균"을 입력한 후 [H11] 셀에 아동학 강좌의 접수인원 평균을 구하시오. 단, 조건은 입력데이터를 이용하시오
    (DAVERAGE 함수, 테두리, 가운데 맞춤).
    - '아동학 강좌의 접수인원 평균'이 '35'가 되려면 유아발달의 접수인원이 얼마가 되어야하는지 목표값을 구하시오.

(2) 고급 필터 - 강좌ID가 'A'로 시작하거나, 수강료(단위:원)가 '200,000' 이상인 자료의 강좌ID, 강좌명, 수강료(단위:원), 접수인원 데이터만 추출하시오.
    - 조건 범위 : [B14] 셀부터 입력하시오.
    - 복사 위치 : [B18] 셀부터 나타나도록 하시오.

"제1작업" 시트의 [B4:H12] 영역을 복사하여 "제3작업" 시트의 [B2] 셀부터 모두 붙여넣기를 한 후 다음의 조건과 같이 작업하시오.

《 조건 》

(1) 부분합 - ≪출력형태≫처럼 정렬하고, 강좌명의 개수와 접수인원의 평균을 구하시오.
(2) 윤곽 - 지우시오.
(3) 나머지 사항은 ≪출력형태≫에 맞게 작성하시오.

《 출력형태 》

	B	C	D	E	F	G	H
2	강좌ID	강좌명	분류	강사명	수강료 (단위:원)	수강기간 (개월)	접수인원
3	E3017	유아발달	아동학	정현숙	110,000	1	27명
4	H6284	아동수학지도	아동학	김흰샘	50,000	1	37명
5			아동학 평균				32명
6		2	아동학 개수				
7	B2398	가족복지론	사회복지학	박소희	155,000	2	17명
8	A3297	가족생활교육	사회복지학	김가온	150,000	1	14명
9			사회복지학 평균				16명
10		2	사회복지학 개수				
11	D3379	광고학	경영학	김지은	130,000	2	21명
12	A1232	국제경영	경영학	민시후	178,000	3	29명
13	S1293	경영학개론	경영학	전세준	87,000	1	32명
14	J3826	마케팅원론	경영학	전수민	210,000	3	25명
15			경영학 평균				27명
16		4	경영학 개수				
17			전체 평균				25명
18		8	전체 개수				

"제1작업" 시트를 이용하여 조건에 따라 《출력형태》와 같이 작업하시오.

《 조건 》

(1) 차트 종류 ⇒ 〈묶은 세로 막대형〉으로 작업하시오.

(2) 데이터 범위 ⇒ "제1작업" 시트의 내용을 이용하여 작업하시오.

(3) 위치 ⇒ "새 시트"로 이동하고, "제4작업"으로 시트 이름을 바꾸시오.

(4) 차트 디자인 도구 ⇒ 레이아웃 3, 스타일 1을 선택하여 《출력형태》에 맞게 작업하시오.

(5) 영역 서식 ⇒ 차트 : 글꼴(굴림, 11pt), 채우기 효과(질감–파랑 박엽지)
　　　　　　　그림 : 채우기(흰색, 배경1)

(6) 제목 서식 ⇒ 차트 제목 : 글꼴(굴림, 굵게, 20pt), 채우기(흰색, 배경1), 테두리

(7) 서식 ⇒ 수강료(단위:원) 계열의 차트 종류를 〈표식이 있는 꺾은선형〉으로 변경한 후 보조 축으로 지정하시오.
　　　　계열 : 《출력형태》를 참조하여 표식(삼각형, 크기 10)과 레이블 값을 표시하시오.
　　　　눈금선 : 선 스타일–파선
　　　　축 : 《출력형태》를 참조하시오.

(8) 범례 ⇒ 범례명을 변경하고 《출력형태》를 참조하시오.

(9) 도형 ⇒ '모서리가 둥근 사각형 설명선'을 삽입한 후 《출력형태》와 같이 내용을 입력하시오.

(10) 나머지 사항은 《출력형태》에 맞게 작성하시오.

《 출력형태 》

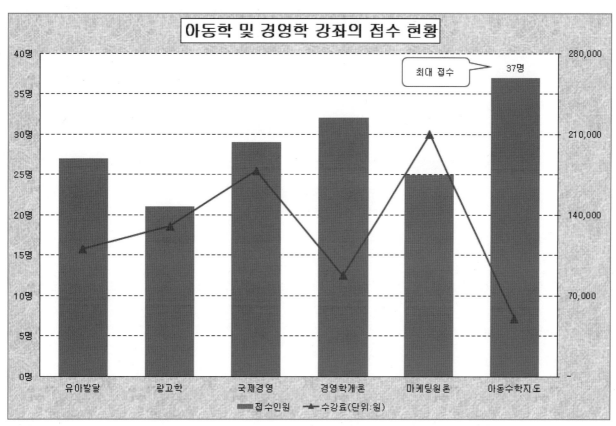

※ 주의: 시트명 순서가 차례대로 "제1작업", "제2작업", "제3작업", "제4작업"이 되도록 할 것

실전 모의고사

MS오피스 2016

과목	코드	문제유형	시험시간	수험번호	성 명
한글 엑셀	1122	A	60분		

· 수험자 유의사항 ·

- 수험자는 문제지를 받는 즉시 문제지와 **수험표상의 시험과목(프로그램)이 동일한지 반드시 확인**하여야 합니다.
- 파일명은 본인의 "수험번호−성명"으로 입력하여 답안폴더(내 PC₩문서₩ITQ)에 하나의 파일로 저장해야 하며, 답안문서 파일명이 "수험번호−성명"과 일치하지 않거나, 답안파일을 전송하지 않아 미제출로 처리될 경우 실격 처리합니다 (예:12345678−홍길동.xlsx).
- 답안 작성을 마치면 파일을 저장하고, '답안 전송' 버튼을 선택하여 감독위원 PC로 답안을 전송하십시오. 수험생 정보와 저장한 파일명이 다를 경우 전송되지 않으므로 주의하시기 바랍니다.
- 답안 작성 중에도 **주기적으로 저장하고, '답안 전송'**하여야 문제 발생을 줄일 수 있습니다. 작업한 내용을 저장하지 않고 전송할 경우 이전에 저장된 내용이 전송되오니 이점 유의하시기 바랍니다.
- 답안문서는 지정된 경로 외의 다른 보조기억장치에 저장하는 경우, 지정된 시험 시간 외에 작성된 파일을 활용할 경우, 기타 통신수단(이메일, 메신저, 네트워크 등)을 이용하여 타인에게 전달 또는 외부 반출하는 경우는 부정 처리합니다.
- 시험 중 부주의 또는 고의로 시스템을 파손한 경우는 수험자가 변상해야 하며, 〈수험자 유의사항〉에 기재된 방법대로 이행하지 않아 생기는 불이익은 수험생 당사자의 책임임을 알려 드립니다.
- 문제의 조건은 MS오피스 2016 버전으로 설정되어 있으니 유의하시기 바랍니다.
- 시험을 완료한 수험자는 답안파일이 전송되었는지 확인한 후 감독위원의 지시에 따라 문제지를 제출하고 퇴실합니다.

· 답안 작성요령 ·

- 온라인 답안 작성 절차
  수험자 등록 ⇒ 시험 시작 ⇒ 답안파일 저장 ⇒ 답안 전송 ⇒ 시험 종료
- 문제는 총 4단계, 즉 제1작업부터 제4작업까지 구성되어 있으며 반드시 제1작업부터 순서대로 작성하고 조건대로 작업하시오.
- 모든 작업 시트의 A열은 열 너비 '1'로, 나머지 열은 적당하게 조절하시오.
- 모든 작업 시트의 테두리는 《출력형태》와 같이 작업하시오.
- 해당 작업란에서는 각각 제시된 조건에 따라 《출력형태》와 같이 작업하시오.
- 답안 시트 이름은 "제1작업", "제2작업", "제3작업", "제4작업"이어야 하며 답안 시트 이외의 것은 감점 처리됩니다.
- 각 시트를 파일로 나누어 작업해서 저장할 경우 실격 처리됩니다.

다음은 '영업팀 부서원 관리'에 대한 자료이다. 자료를 입력하고 조건에 맞도록 작업하시오.

《 출력형태 》

사번	이름	직급	부서	연봉(단위:원)	매출액	담당업체수	입사년도	담당지역
						확인	담당	팀장	부장
D1931	주민혁	사원	영업3팀	28,400,000	58,480	8	(1)	(2)
B1425	남우진	대리	영업2팀	35,000,000	73,000	12	(1)	(2)
G1916	공지훈	사원	영업1팀	28,000,000	57,120	7	(1)	(2)
S0711	장선우	부장	영업1팀	62,700,000	126,530	23	(1)	(2)
B1028	김미정	과장	영업2팀	45,000,000	94,480	16	(1)	(2)
S1832	오아린	사원	영업3팀	30,000,000	62,880	9	(1)	(2)
G1227	박재영	과장	영업2팀	50,000,000	104,860	18	(1)	(2)
D1415	최지선	대리	영업1팀	36,000,000	74,250	15	(1)	(2)
영업3팀 인원수			(3)		최대 담당업체수			(5)
영업3팀 연봉(단위:원) 평균			(4)		이름	주민혁	담당업체수	(6)

《 조건 》

- 모든 데이터의 서식에는 글꼴(굴림, 11pt), 정렬은 숫자 및 회계 서식은 오른쪽 정렬, 나머지 서식은 가운데 정렬로 작성하며 예외적인 것은 ≪출력형태≫를 참조하시오.
- 제목 ⇒ 도형(오각형)과 그림자(오프셋 대각선 오른쪽 아래)를 이용하여 작성하고, "영업팀 부서원 관리"를 입력한 후 다음 서식을 적용하시오(글꼴–굴림, 24pt, 검정, 굵게, 채우기–노랑).
- 임의의 셀에 결재란을 작성하여 그림으로 복사 기능을 이용하여 붙이기 하시오(단, 원본 삭제).
- [B4:J4, G14, I14] 영역은 '주황'으로 채우기 하시오.
- 유효성 검사를 이용하여 [H14] 셀에 이름([C5:C12] 영역)이 선택 표시되도록 하시오.
- 셀 서식 ⇒ [G5:G12] 영역에 셀 서식을 이용하여 숫자 뒤에 '천원'을 표시하시오(예 : 58,480천원).
- [E5:E12] 영역에 대해 '부서'로 이름정의를 하시오.

▶ (1)~(6) 셀은 반드시 주어진 함수를 이용하여 값을 구하시오(결과값을 직접 입력하면 해당 셀은 0점 처리됨).

(1) 입사년도 ⇒ 사번의 두 번째, 세 번째 값에 2,000을 더하여 표시하시오(MID 함수)(예 : D1709 → 2017).

(2) 담당지역 ⇒ 사번의 첫 번째 값이 B이면 '부산', D이면 '대구', G이면 '광주', 그 외에는 '서울'로 표시하시오 (IF, LEFT 함수).

(3) 영업3팀 인원수 ⇒ 결과값에 '명'을 붙이시오. 단, 조건은 입력데이터를 이용하시오 (DCOUNTA 함수, & 연산자)(예 : 1명).

(4) 영업3팀 연봉(단위:원) 평균 ⇒ 정의된 이름(부서)을 이용하여 구하시오(SUMIF, COUNTIF 함수).

(5) 최대 담당업체수 ⇒ (MAX 함수)

(6) 담당업체수 ⇒ [H14] 셀에서 선택한 이름에 대한 담당업체수를 구하시오(VLOOKUP 함수).

(7) 조건부 서식의 수식을 이용하여 매출액이 '60,000' 이하인 행 전체에 다음의 서식을 적용하시오(글꼴 : 파랑, 굵게).

제 2 작업　필터 및 서식　80점

"제1작업" 시트의 [B4:H12] 영역을 복사하여 "제2작업" 시트의 [B2] 셀부터 모두 붙여넣기를 한 후 다음의 조건과 같이 작업하시오.

《 조건 》

(1) 고급 필터 – 부서가 '영업2팀'이거나, 매출액이 '90,000' 이상인 자료의 사번, 이름, 연봉(단위:원), 매출액, 담당업체수 데이터만 추출하시오.
– 조건 범위 : [B14] 셀부터 입력하시오.
– 복사 위치 : [B18] 셀부터 나타나도록 하시오.

(2) 표 서식 – 고급 필터의 결과셀을 채우기 없음으로 설정한 후 '표 스타일 보통 4'의 서식을 적용하시오.
– 머리글 행, 줄무늬 행을 적용하시오.

제 3 작업　피벗 테이블　80점

"제1작업" 시트를 이용하여 "제3작업" 시트에 조건에 따라 ≪출력형태≫와 같이 작업하시오.

《 조건 》

(1) 담당업체수 및 부서별 사번의 개수와 연봉(단위:원)의 평균을 구하시오.
(2) 담당업체수를 그룹화하고, 부서를 ≪출력형태≫와 같이 정렬하시오.
(3) 레이블이 있는 셀 병합 및 가운데 맞춤 적용 및 빈 셀은 '**'로 표시하시오.
(4) 행의 총합계는 지우고, 나머지 사항은 ≪출력형태≫에 맞게 작성하시오.

《 출력형태 》

	A	B	C	D	E	F	G	H
1								
2			부서					
3			영업3팀		영업2팀		영업1팀	
4		담당업체수	개수 : 사번	평균 : 연봉(단위:원)	개수 : 사번	평균 : 연봉(단위:원)	개수 : 사번	평균 : 연봉(단위:원)
5		7-13	2	29,200,000	1	35,000,000	1	28,000,000
6		14-20	**	**	2	47,500,000	1	36,000,000
7		21-27	**	**	**	**	1	62,700,000
8		총합계	2	29,200,000	3	43,333,333	3	42,233,333
9								

"제1작업" 시트를 이용하여 조건에 따라 《출력형태》와 같이 작업하시오.

《 조건 》

(1) 차트 종류 ⇒ 〈묶은 세로 막대형〉으로 작업하시오.

(2) 데이터 범위 ⇒ "제1작업" 시트의 내용을 이용하여 작업하시오.

(3) 위치 ⇒ "새 시트"로 이동하고, "제4작업"으로 시트 이름을 바꾸시오.

(4) 차트 디자인 도구 ⇒ 레이아웃 3, 스타일 1을 선택하여 《출력형태》에 맞게 작업하시오.

(5) 영역 서식 ⇒ 차트 : 글꼴(굴림, 11pt), 채우기 효과(질감-분홍 박엽지)
                그림 : 채우기(흰색, 배경1)

(6) 제목 서식 ⇒ 차트 제목 : 글꼴(굴림, 굵게, 20pt), 채우기(흰색, 배경1), 테두리

(7) 서식 ⇒ 연봉(단위:원) 계열의 차트 종류를 〈표식이 있는 꺾은선형〉으로 변경한 후 보조 축으로 지정하시오.
           계열 : 《출력형태》를 참조하여 표식(네모, 크기 10)과 레이블 값을 표시하시오.
           눈금선 : 선 스타일-파선
           축 : 《출력형태》를 참조하시오.

(8) 범례 ⇒ 범례명을 변경하고 《출력형태》를 참조하시오.

(9) 도형 ⇒ '모서리가 둥근 사각형 설명선'을 삽입한 후 《출력형태》와 같이 내용을 입력하시오.

(10) 나머지 사항은 《출력형태》에 맞게 작성하시오.

《 출력형태 》

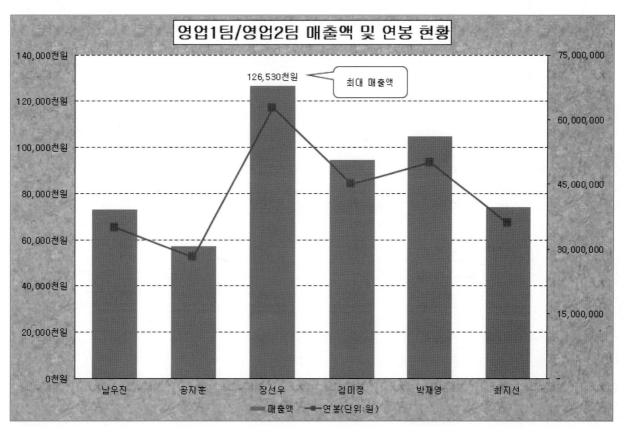

※ 주의: 시트명 순서가 차례대로 "제1작업", "제2작업", "제3작업", "제4작업"이 되도록 할 것

실전 모의고사

제 **09** 회

MS오피스 2016

과목	코드	문제유형	시험시간	수험번호	성 명
한글 엑셀	1122	A	60분		

수험자 유의사항

- 수험자는 문제지를 받는 즉시 문제지와 **수험표상의 시험과목(프로그램)이 동일한지 반드시 확인**하여야 합니다.
- 파일명은 본인의 "수험번호–성명"으로 입력하여 답안폴더(내 PC₩문서₩ITQ)에 하나의 파일로 저장해야 하며, 답안문서 파일명이 "수험번호–성명"과 일치하지 않거나, 답안파일을 전송하지 않아 미제출로 처리될 경우 실격 처리합니다 (예:12345678–홍길동.xlsx).
- 답안 작성을 마치면 파일을 저장하고, '답안 전송' 버튼을 선택하여 감독위원 PC로 답안을 전송하십시오. 수험생 정보와 저장한 파일명이 다를 경우 전송되지 않으므로 주의하시기 바랍니다.
- 답안 작성 중에도 **주기적으로 저장하고, '답안 전송'**하여야 문제 발생을 줄일 수 있습니다. 작업한 내용을 저장하지 않고 전송할 경우 이전에 저장된 내용이 전송되오니 이점 유의하시기 바랍니다.
- 답안문서는 지정된 경로 외의 다른 보조기억장치에 저장하는 경우, 지정된 시험 시간 외에 작성된 파일을 활용할 경우, 기타 통신수단(이메일, 메신저, 네트워크 등)을 이용하여 타인에게 전달 또는 외부 반출하는 경우는 부정 처리합니다.
- 시험 중 부주의 또는 고의로 시스템을 파손한 경우는 수험자가 변상해야 하며, 〈수험자 유의사항〉에 기재된 방법대로 이행하지 않아 생기는 불이익은 수험생 당사자의 책임임을 알려 드립니다.
- 문제의 조건은 MS오피스 2016 버전으로 설정되어 있으니 유의하시기 바랍니다.
- 시험을 완료한 수험자는 답안파일이 전송되었는지 확인한 후 감독위원의 지시에 따라 문제지를 제출하고 퇴실합니다.

답안 작성요령

- 온라인 답안 작성 절차
  수험자 등록 ⇒ 시험 시작 ⇒ 답안파일 저장 ⇒ 답안 전송 ⇒ 시험 종료
- 문제는 총 4단계, 즉 제1작업부터 제4작업까지 구성되어 있으며 반드시 제1작업부터 순서대로 작성하고 조건대로 작업하시오.
- 모든 작업 시트의 A열은 열 너비 '1'로, 나머지 열은 적당하게 조절하시오.
- 모든 작업 시트의 테두리는 《출력형태》와 같이 작업하시오.
- 해당 작업란에서는 각각 제시된 조건에 따라 《출력형태》와 같이 작업하시오.
- 답안 시트 이름은 "제1작업", "제2작업", "제3작업", "제4작업"이어야 하며 답안 시트 이외의 것은 감점 처리됩니다.
- 각 시트를 파일로 나누어 작업해서 저장할 경우 실격 처리됩니다.

다음은 '세종 쇼핑몰 매운 라면 판매 현황'에 대한 자료이다. 자료를 입력하고 조건에 맞도록 작업하시오.

《 출력형태 》

제품코드	제품명	분류	제조사	전월 판매량	당월 판매량	스코빌지수	판매순위	증감률(%)
							결재 담당 팀장 부장		
OW-15B	핵 라면	봉지	신진사	28,167	29,338	5,013	(1)	(2)
YB-15T	짱매운 라면	봉지	삼진마트	57,267	44,727	4,044	(1)	(2)
RB-15I	비빔 매운면	용기	세준사	10,698	8,990	2,769	(1)	(2)
YH-13U	앵그리 매운면	봉지	세준사	5,267	5,918	8,557	(1)	(2)
EQ-13R	국민 매콤라면	봉지	삼진마트	37,285	45,470	3,960	(1)	(2)
JM-15V	콩나물 김치면	봉지	삼진마트	18,652	13,920	5,930	(1)	(2)
DR-14T	해물 짬뽕면	용기	신진사	12,364	22,480	4,000	(1)	(2)
ON-15C	불맛 쫄면	용기	세준사	10,046	10,920	3,037	(1)	(2)
최고 스코빌지수			(3)		봉지 제품 당월판매량 평균				(5)
당월판매량이 40,000개 이상인 제품수			(4)			제품명	핵 라면	제조사	(6)

《 조건 》

- 모든 데이터의 서식에는 글꼴(굴림, 11pt), 정렬은 숫자 및 회계 서식은 오른쪽 정렬, 나머지 서식은 가운데 정렬로 작성하며 예외적인 것은 ≪출력형태≫를 참조하시오.
- 제목 ⇒ 십자형 도형과 바깥쪽 그림자 스타일(오프셋 오른쪽)을 이용하여 작성하고 "세종 쇼핑몰 매운 라면 판매 현황"을 입력한 후 다음 서식을 적용하시오(글꼴-굴림, 24pt, 검정, 굵게, 채우기-노랑).
- 임의의 셀에 결재란을 작성하여 그림으로 복사 기능을 이용하여 붙이기 하시오(단, 원본 삭제).
- [B4:J4, G14, I14] 영역은 '주황'으로 채우기 하시오.
- 유효성 검사를 이용하여 [H14] 셀에 제품명([C5:C12] 영역)이 선택 표시되도록 하시오.
- 셀 서식 ⇒ [H5:H12] 영역에 셀 서식을 이용하여 숫자 뒤에 'SHU'를 표시하시오(예 : 5,013SHU).
- [H5:H12] 영역에 대해 '스코빌지수'로 이름정의를 하시오.

▶ (1)~(6) 셀은 반드시 주어진 함수를 이용하여 값을 구하시오(결과값을 직접 입력하면 해당 셀은 0점 처리됨).

(1) 판매순위 ⇒ 당월판매량의 내림차순 순위를 1~3까지 구하고, 그 외에는 공백으로 구하시오(IF, RANK.EQ 함수).

(2) 증감률(%) ⇒ [(당월판매량÷전월판매량)×100]으로 계산하되, 소수점 아래는 버리고 정수로 구하시오(INT 함수)(예 : 126.54 → 126).

(3) 최고 스코빌지수 ⇒ 정의된 이름(스코빌지수)을 이용하여 구하시오(MAX 함수).

(4) 당월판매량이 40,000개 이상인 제품수 ⇒ 결과값 뒤에 '개'를 붙이시오(COUNTIF 함수, & 연산자)(예 : 2개).

(5) 봉지 제품 당월판매량 평균 ⇒ 반올림하여 정수로 구하시오. 단, 조건은 입력데이터를 이용하시오(ROUND, DAVERAGE 함수)(예 : 30,528.64 → 30,529).

(6) 제조사 ⇒ [H14] 셀에서 선택한 제품명에 대한 제조사를 구하시오(VLOOKUP 함수).

(7) 조건부 서식을 이용하여 당월판매량 셀에 데이터 막대 스타일(녹색)을 최소값 및 최대값으로 적용하시오.

"제1작업" 시트의 [B4:H12] 영역을 복사하여 "제2작업" 시트의 [B2] 셀부터 모두 붙여넣기를 한 후 다음의 조건과 같이 작업하시오.

《 조건 》

(1) 고급 필터 – 제조사가 '신진사'이거나, 당월판매량이 '10,000'이하인 자료의 데이터만 추출하시오.
    – 조건 위치 : [B13] 셀부터 입력하시오.
    – 복사 위치 : [B18] 셀부터 나타나도록 하시오.

(2) 표 서식 – 고급 필터의 결과셀을 채우기 없음으로 설정한 후 '표 스타일 보통 6'의 서식을 적용하시오.

제 3 작업   피벗 테이블   80점

"제1작업" 시트를 이용하여 "제3작업" 시트에 조건에 따라 《출력형태》와 같이 작업하시오.

《 조건 》

(1) 스코빌지수 및 제조사별 제품명의 개수와 당월판매량의 최대값을 구하시오.
(2) 스코빌지수를 그룹화하고, 레이블이 있는 셀 병합 및 가운데 맞춤으로 설정하시오.
(3) 제조사를 《출력형태》와 같이 정렬하고, 빈 셀은 '***'로 표시하시오.
(4) 행의 총합계를 지우고, 나머지 사항은 《출력형태》에 맞게 작성하시오.

《 출력형태 》

A	B	C	D	E	F	G	H
1							
2		제조사 ↓					
3		신진사		세준사		삼진마트	
4	스코빌지수 ▼	개수 : 제품명	최대값 : 당월판매량	개수 : 제품명	최대값 : 당월판매량	개수 : 제품명	최대값 : 당월판매량
5	1-3000	***	***	1	8,990	***	***
6	3001-6000	2	29,338	1	10,920	3	45,470
7	6001-9000	***	***	1	5,918	***	***
8	총합계	2	29,338	3	10,920	3	45,470
9							

"제1작업" 시트를 이용하여 조건에 따라 《출력형태》와 같이 작업하시오.

《 조건 》

(1) 차트 종류 ⇒ 〈묶은 세로 막대형〉으로 작업하시오.

(2) 데이터 범위 ⇒ "제1작업" 시트의 내용을 이용하여 작업하시오.

(3) 위치 ⇒ "새 시트"로 이동하고, "제4작업"으로 시트 이름을 바꾸시오.

(4) 차트 디자인 도구 ⇒ 레이아웃 3, 스타일 6을 선택하여 《출력형태》에 맞게 작업하시오.

(5) 영역 서식 ⇒ 차트 : 글꼴(굴림, 11pt), 채우기 효과(질감-파랑 박엽지)
　　　　　　　그림 : 채우기(흰색, 배경1)

(6) 제목 서식 ⇒ 차트 제목 : 글꼴(굴림, 굵게, 20pt), 채우기(흰색), 테두리

(7) 서식 ⇒ 당월판매량 계열의 차트 종류를 〈표식이 있는 꺾은선형〉으로 변경한 후 보조 축으로 지정하시오.
　　　　　레이블 : 앵그리 매운면의 스코빌지수 계열값을 표시하고, 위치는 《출력형태》와 같이 표시하시오.
　　　　　눈금선 : 선 스타일-파선
　　　　　축 : 《출력형태》를 참조하시오.

(8) 범례 ⇒ 범례명을 변경하고 《출력형태》를 참조하시오.

(9) 도형 ⇒ '모서리가 둥근 사각형 설명선'을 삽입하고 《출력형태》와 같이 내용을 입력하시오.

(10) 나머지 사항은 《출력형태》에 맞게 작성하시오.

《 출력형태 》

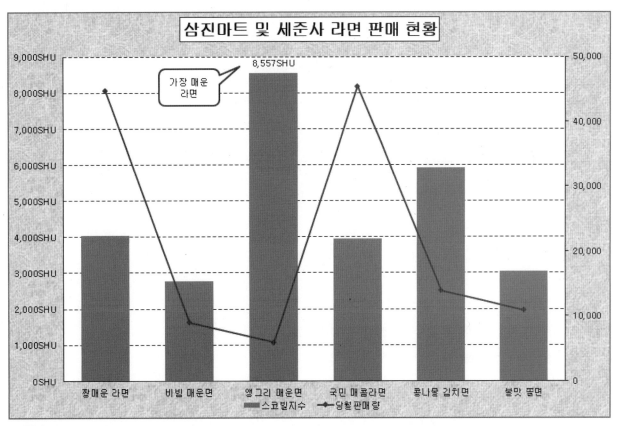

※ 주의: 시트명 순서가 차례대로 "제1작업", "제2작업", "제3작업", "제4작업"이 되도록 할 것

과목	코드	문제유형	시험시간	수험번호	성 명
한글 엑셀	1122	A	60분		

다음은 '중고 자동차 수출 현황'에 대한 자료이다. 자료를 입력하고 조건에 맞도록 작업하시오.

《 출력형태 》

	제품코드	제조사	출고연도	배기량 (단위:CC)	구분	수출가격	수출수량 (단위:대)	수출순위	수출 총금액
						중고 자동차 수출 현황		확인 / 담당 대리 팀장	
	A0632	현대자동차	2006	1,591	소형 승용	3,430,000	248	(1)	(2)
	R1025	쌍용자동차	2010	2,157	RV	5,470,000	135	(1)	(2)
	S0965	현대자동차	2009	2,000	RV	4,900,000	146	(1)	(2)
	S1156	기아자동차	2011	1,591	소형 승용	9,000,000	92	(1)	(2)
	S1049	삼성자동차	2010	1,598	소형 승용	6,780,000	137	(1)	(2)
	P1137	기아자동차	2011	1,591	소형 승용	4,790,000	89	(1)	(2)
	T0631	현대자동차	2006	2,700	승합	5,500,000	54	(1)	(2)
	A0854	현대자동차	2008	1,368	소형 승용	2,250,000	127	(1)	(2)
	최대 수출수량(단위:대)		(3)			소형 승용 수출수량(단위:대) 합계			(5)
	수출가격이 평균 이상인 자동차 수		(4)			제품코드	A0632	수출가격	(6)

《 조건 》

- 모든 데이터의 서식에는 글꼴(굴림, 11pt), 정렬은 숫자 및 회계 서식은 오른쪽 정렬, 나머지 서식은 가운데 정렬로 작성하며 예외적인 것은 ≪출력형태≫를 참조하시오.
- 제목 ⇒ 도형(육각형)과 그림자(오프셋 오른쪽)를 이용하여 작성하고 "중고 자동차 수출 현황"을 입력한 후 다음 서식을 적용하시오(글꼴−굴림, 24pt, 검정, 굵게, 채우기−노랑).
- 임의의 셀에 결재란을 작성하여 그림으로 복사 기능을 이용하여 붙이기 하시오(단, 원본 삭제).
- [B4:J4, G14, I14] 영역은 '주황'으로 채우기 하시오.
- 유효성 검사를 이용하여 [H14] 셀에 제품코드([B5:B12] 영역)가 선택 표시되도록 하시오.
- 셀 서식 ⇒ [G5:G12] 영역에 셀 서식을 이용하여 숫자 뒤에 '원'을 표시하시오(예 : 3,430,000원).
- [G5:G12] 영역에 대해 '가격'으로 이름정의를 하시오.

⋯⋯

▶ (1)~(6) 셀은 반드시 주어진 함수를 이용하여 값을 구하시오(결과값을 직접 입력하면 해당 셀은 0점 처리됨).

(1) 수출순위 ⇒ 수출수량(단위:대)의 내림차순 순위를 1~3까지 구하고, 그 외에는 공백으로 표시하시오
　　(IF, RANK.EQ).

(2) 수출 총금액 ⇒ [수출가격×수출수량(단위:대)]로 계산하고, 반올림하여 백만 단위로 구하시오
　　(ROUND 함수)(예 : 672,300,000 → 672,000,000).

(3) 최대 수출수량(단위:대) ⇒ (MAX 함수)

(4) 수출가격이 평균 이상인 자동차 수 ⇒ 정의된 이름(가격)을 이용하여 구한 결과값 뒤에 '대'를 붙이시오
　　(COUNTIF, AVERAGE 함수, & 연산자)(예 : 2대).

(5) 소형 승용 수출수량(단위:대) 합계 ⇒ 조건은 입력데이터를 이용하시오(DSUM 함수).

(6) 수출가격 → [H14] 셀에서 선택한 제품코드에 대한 수출가격을 구하시오(VLOOKUP 함수).

(7) 조건부 서식의 수식을 이용하여 수출가격이 '6,000,000' 이상인 행 전체에 다음의 서식을 적용하시오
　　(글꼴 : 파랑, 굵게).

"제1작업" 시트의 [B4:H12] 영역을 복사하여 "제2작업" 시트의 [B2] 셀부터 모두 붙여넣기를 한 후 다음의 조건과 같이 작업하시오.

《 조건 》

(1) 고급 필터 – 제조사가 '현대자동차'이면서, 수출수량(단위:대)이 '100' 이상인 자료의 제품코드, 제조사, 수출가격, 수출수량(단위:대) 데이터만 추출하시오.
- 조건 위치 : [B13] 셀부터 입력하시오.
- 복사 위치 : [B18] 셀부터 나타나도록 하시오.

(2) 표 서식 – 고급 필터의 결과 셀을 채우기 없음으로 설정한 후 '표 스타일 보통 7'의 서식을 적용하시오.
- 머리글 행, 줄무늬 행을 적용하시오.

"제1작업" 시트를 이용하여 "제3작업" 시트에 조건에 따라 《출력형태》와 같이 작업하시오.

《 조건 》

(1) 수출가격 및 구분별 제품코드의 개수와 수출수량(단위:대)의 평균을 구하시오.
(2) 수출가격을 그룹화하고, 구분을 ≪출력형태≫와 같이 정렬하시오.
(3) 레이블이 있는 셀 병합 및 가운데 맞춤 적용 및 빈 셀은 '***'로 표시하시오.
(4) 행의 총합계는 지우고, 나머지 사항은 ≪출력형태≫에 맞게 작성하시오.

《 출력형태 》

A	B	C	D	E	F	G	H
1							
2		구분 ↓					
3		승합			소형 승용		RV
4	수출가격 ▼	개수 : 제품코드	평균 : 수출수량(단위:대)	개수 : 제품코드	평균 : 수출수량(단위:대)	개수 : 제품코드	평균 : 수출수량(단위:대)
5	1-3000000	***	***	1	127	***	***
6	3000001-6000000	1	54	2	169	2	141
7	6000001-9000000	***	***	2	115	***	***
8	총합계	1	54	5	139	2	141
9							

"제1작업" 시트를 이용하여 조건에 따라《출력형태》와 같이 작업하시오.

《 조건 》

(1) 차트 종류 ⇒〈묶은 세로 막대형〉으로 작업하시오.

(2) 데이터 범위 ⇒ "제1작업" 시트의 내용을 이용하여 작업하시오.

(3) 위치 ⇒ "새 시트"로 이동하고, "제4작업"으로 시트 이름을 바꾸시오.

(4) 차트 디자인 도구 ⇒ 레이아웃 3, 스타일 1을 선택하여《출력형태》에 맞게 작업하시오.

(5) 영역 서식 ⇒ 차트 : 글꼴(굴림, 11pt), 채우기 효과(질감-분홍 박엽지)
　　　　　　　 그림 : 채우기(흰색, 배경1)

(6) 제목 서식 ⇒ 차트 제목 : 글꼴(굴림, 굵게, 20pt), 채우기(흰색, 배경1), 테두리

(7) 서식 ⇒ 수출가격 계열의 차트 종류를〈표식이 있는 꺾은선형〉으로 변경한 후 보조 축으로 지정하시오.
　　　　 계열 :《출력형태》를 참조하여 표식(마름모, 크기 10)과 레이블 값을 표시하시오.
　　　　 눈금선 : 선 스타일-파선
　　　　 축 :《출력형태》를 참조하시오.

(8) 범례 ⇒ 범례명을 변경하고《출력형태》를 참조하시오.

(9) 도형 ⇒ '모서리가 둥근 사각형 설명선'을 삽입한 후《출력형태》와 같이 내용을 입력하시오.

(10) 나머지 사항은《출력형태》에 맞게 작성하시오.

《 출력형태 》

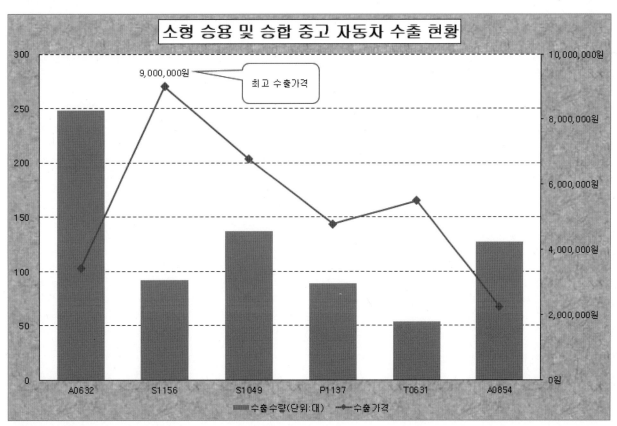

※ 주의: 시트명 순서가 차례대로 "제1작업", "제2작업", "제3작업", "제4작업"이 되도록 할 것

제 **11** 회

실전 모의고사

MS오피스 2016

과목	코드	문제유형	시험시간	수험번호	성 명
한글 엑셀	1122	A	60분		

수험자 유의사항

- 수험자는 문제지를 받는 즉시 문제지와 **수험표상의 시험과목(프로그램)이 동일한지 반드시 확인**하여야 합니다.

- 파일명은 본인의 "수험번호-성명"으로 입력하여 답안폴더(내 PC₩문서₩ITQ)에 하나의 파일로 저장해야 하며, 답안문서 파일명이 "수험번호-성명"과 일치하지 않거나, 답안파일을 전송하지 않아 미제출로 처리될 경우 실격 처리합니다 (예:12345678-홍길동.xlsx).

- 답안 작성을 마치면 파일을 저장하고, '답안 전송' 버튼을 선택하여 감독위원 PC로 답안을 전송하십시오. 수험생 정보와 저장한 파일명이 다를 경우 전송되지 않으므로 주의하시기 바랍니다.

- 답안 작성 중에도 **주기적으로 저장하고, '답안 전송'**하여야 문제 발생을 줄일 수 있습니다. 작업한 내용을 저장하지 않고 전송할 경우 이전에 저장된 내용이 전송되오니 이점 유의하시기 바랍니다.

- 답안문서는 지정된 경로 외의 다른 보조기억장치에 저장하는 경우, 지정된 시험 시간 외에 작성된 파일을 활용할 경우, 기타 통신수단(이메일, 메신저, 네트워크 등)을 이용하여 타인에게 전달 또는 외부 반출하는 경우는 부정 처리합니다.

- 시험 중 부주의 또는 고의로 시스템을 파손한 경우는 수험자가 변상해야 하며, 〈수험자 유의사항〉에 기재된 방법대로 이행하지 않아 생기는 불이익은 수험생 당사자의 책임임을 알려 드립니다.

- 문제의 조건은 MS오피스 2016 버전으로 설정되어 있으니 유의하시기 바랍니다.

- 시험을 완료한 수험자는 답안파일이 전송되었는지 확인한 후 감독위원의 지시에 따라 문제지를 제출하고 퇴실합니다.

답안 작성요령

- 온라인 답안 작성 절차
  수험자 등록 ⇒ 시험 시작 ⇒ 답안파일 저장 ⇒ 답안 전송 ⇒ 시험 종료

- 문제는 총 4단계, 즉 제1작업부터 제4작업까지 구성되어 있으며 반드시 제1작업부터 순서대로 작성하고 조건대로 작업하시오.

- 모든 작업 시트의 A열은 열 너비 '1'로, 나머지 열은 적당하게 조절하시오.

- 모든 작업 시트의 테두리는 《출력형태》와 같이 작업하시오.

- 해당 작업란에서는 각각 제시된 조건에 따라 《출력형태》와 같이 작업하시오.

- 답안 시트 이름은 "제1작업", "제2작업", "제3작업", "제4작업"이어야 하며 답안 시트 이외의 것은 감점 처리됩니다.

- 각 시트를 파일로 나누어 작업해서 저장할 경우 실격 처리됩니다.

다음은 '한가위 상품 판매 현황'에 대한 자료이다. 자료를 입력하고 조건에 맞도록 작업하시오.

《 출력형태 》

상품코드	상품명	생산자	생산지	판매단가	전월 판매량 (단위:개)	10월 판매량 (단위:개)	분류	판매순위
						확인	사원 / 대리 / 과장	
B211	곶감 명품 세트	이선빈	나주	95,000	74	81	(1)	(2)
C252	담양한과 세트	박재희	담양	40,000	248	237	(1)	(2)
P261	유기농 배	박민아	나주	75,000	157	140	(1)	(2)
G133	명산지 멸치	장웅빈	통영	35,000	217	250	(1)	(2)
G243	조미김 세트	김현수	통영	18,000	231	380	(1)	(2)
P432	죽순빵	차수영	담양	16,000	103	85	(1)	(2)
P241	맑은향기 배	송기영	나주	38,500	162	130	(1)	(2)
P352	통영꿀빵	윤채린	통영	26,000	297	374	(1)	(2)
나주 생산지 상품의 10월 판매량(단위:개) 평균			(3)			최소 판매단가		(5)
세트 상품의 수			(4)			상품명 / 곶감 명품 세트	생산지	(6)

《 조건 》

- 모든 데이터의 서식에는 글꼴(굴림, 11pt), 정렬은 숫자 및 회계 서식은 오른쪽 정렬, 나머지 서식은 가운데 정렬로 작성하며 예외적인 것은 ≪출력형태≫를 참조하시오.
- 제목 ⇒ 도형(평행 사변형)과 그림자(오프셋 오른쪽)를 이용하여 작성하고 "한가위 상품 판매 현황"을 입력한 후 다음 서식을 적용하시오(글꼴-굴림, 24pt, 검정, 굵게, 채우기-노랑).
- 임의의 셀에 결재란을 작성하여 그림으로 복사 기능을 이용하여 붙이기 하시오(단, 원본 삭제).
- [B4:J4, G14, I14] 영역은 '주황'으로 채우기 하시오.
- 유효성 검사를 이용하여 [H14] 셀에 상품명([C5:C12] 영역)이 선택 표시되도록 하시오.
- 셀 서식 ⇒ [F5:F12] 영역에 셀 서식을 이용하여 숫자 뒤에 '원'을 표시하시오(예 : 95,000원).
- [F5:F12] 영역에 대해 '판매단가'로 이름정의를 하시오.

▶ (1)~(6) 셀은 반드시 <u>주어진 함수를 이용</u>하여 값을 구하시오(결과값을 직접 입력하면 해당 셀은 0점 처리됨).

(1) 분류 ⇒ 상품코드의 마지막 글자가 1이면 '과일류', 2이면 '과자류', 3이면 '수산물'로 표시하시오 (CHOOSE, RIGHT 함수).

(2) 판매순위 ⇒ 10월 판매량(단위:개)의 내림차순 순위를 1~3까지 구하고, 그 외에는 공백으로 표시하시오 (IF, RANK.EQ 함수).

(3) 나주 생산지 상품의 10월 판매량(단위:개) 평균 ⇒ 조건은 입력데이터를 이용하시오(DAVERAGE 함수).

(4) 세트 상품의 수 ⇒ 상품명이 '세트'로 끝나는 상품의 수를 구한 결과값에 '개'를 붙이시오 (COUNTIF 함수, & 연산자)(예 : 1개).

(5) 최소 판매단가 ⇒ 정의된 이름(판매단가)을 이용하여 구하시오(MIN 함수).

(6) 생산지 ⇒ [H14] 셀에서 선택한 상품명에 대한 생산지를 구하시오(VLOOKUP 함수).

(7) 조건부 서식의 수식을 이용하여 판매단가가 '75,000' 이상인 행 전체에 다음의 서식을 적용하시오(글꼴 : 파랑, 굵게).

제 2 작업　　필터 및 서식　　　　　　　　　　　80점

"제1작업" 시트의 [B4:H12] 영역을 복사하여 "제2작업" 시트의 [B2] 셀부터 모두 붙여넣기를 한 후 다음의 조건과 같이 작업하시오.

《 조건 》

(1) 고급 필터 – 상품코드가 'B'로 시작하거나, 10월 판매량(단위:개)이 '300' 이상인 자료의 상품코드, 상품명, 판매단가, 10월 판매량(단위:개) 데이터만 추출하시오.
　　　　　　 – 조건 범위 : [B14] 셀부터 입력하시오.
　　　　　　 – 복사 위치 : [B18] 셀부터 나타나도록 하시오.

(2) 표 서식 – 고급 필터의 결과셀을 채우기 없음으로 설정한 후 '표 스타일 보통 6'의 서식을 적용하시오.
　　　　　　 – 머리글 행, 줄무늬 행을 적용하시오.

제 3 작업　　피벗 테이블　　　　　　　　　　　80점

"제1작업" 시트를 이용하여 "제3작업" 시트에 조건에 따라 《출력형태》와 같이 작업하시오.

《 조건 》

(1) 판매단가 및 생산지별 상품명의 개수와 10월 판매량(단위:개)의 평균을 구하시오.
(2) 판매단가를 그룹화하고, 생산지를 《출력형태》와 같이 정렬하시오.
(3) 레이블이 있는 셀 병합 및 가운데 맞춤 적용 및 빈 셀은 '**'로 표시하시오.
(4) 행의 총합계는 지우고, 나머지 사항은 《출력형태》에 맞게 작성하시오.

《 출력형태 》

	A	B	C	D	E	F	G	H
1								
2			생산지 ⬇					
3			통영		담양		나주	
4		판매단가 ⬇	개수 : 상품명	평균 : 10월 판매량(단위:개)	개수 : 상품명	평균 : 10월 판매량(단위:개)	개수 : 상품명	평균 : 10월 판매량(단위:개)
5		15001-45000	3	335	2	161	1	130
6		45001-75000	**	**	**	**	1	140
7		75001-105000	**	**	**	**	1	81
8		총합계	3	335	2	161	3	117
9								

"제1작업" 시트를 이용하여 조건에 따라 《출력형태》와 같이 작업하시오.

《 조건 》

(1) 차트 종류 ⇒ 〈묶은 세로 막대형〉으로 작업하시오.

(2) 데이터 범위 ⇒ "제1작업" 시트의 내용을 이용하여 작업하시오.

(3) 위치 ⇒ "새 시트"로 이동하고, "제4작업"으로 시트 이름을 바꾸시오.

(4) 차트 디자인 도구 ⇒ 레이아웃 3, 스타일 1을 선택하여 《출력형태》에 맞게 작업하시오.

(5) 영역 서식 ⇒ 차트 : 글꼴(굴림, 11pt), 채우기 효과(질감-파랑 박엽지)
  그림 : 채우기(흰색, 배경1)

(6) 제목 서식 ⇒ 차트 제목 : 글꼴(굴림, 굵게, 20pt), 채우기(흰색, 배경1), 테두리

(7) 서식 ⇒ 판매단가 계열의 차트 종류를 〈표식이 있는 꺾은선형〉으로 변경한 후 보조 축으로 지정하시오.
  계열 : 《출력형태》를 참조하여 표식(마름모, 크기 10)과 레이블 값을 표시하시오.
  눈금선 : 선 스타일-파선
  축 : 《출력형태》를 참조하시오.

(8) 범례 ⇒ 범례명을 변경하고 《출력형태》를 참조하시오.

(9) 도형 ⇒ '모서리가 둥근 사각형 설명선'을 삽입한 후 《출력형태》와 같이 내용을 입력하시오.

(10) 나머지 사항은 《출력형태》에 맞게 작성하시오.

《 출력형태 》

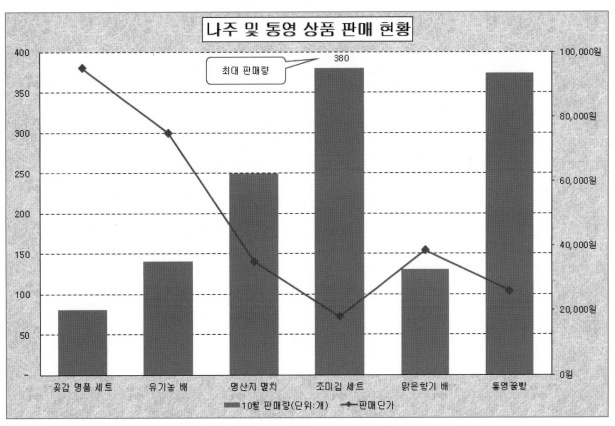

※ 주의: 시트명 순서가 차례대로 "제1작업", "제2작업", "제3작업", "제4작업"이 되도록 할 것

실전 모의고사

MS오피스 2016

과목	코드	문제유형	시험시간	수험번호	성 명
한글 엑셀	1122	A	60분		

수험자 유의사항

- 수험자는 문제지를 받는 즉시 문제지와 **수험표상의 시험과목(프로그램)이 동일한지 반드시 확인**하여야 합니다.
- 파일명은 본인의 "수험번호–성명"으로 입력하여 답안폴더(내 PC₩문서₩ITQ)에 하나의 파일로 저장해야 하며, 답안문서 파일명이 "수험번호–성명"과 일치하지 않거나, 답안파일을 전송하지 않아 미제출로 처리될 경우 실격 처리합니다 (예:12345678–홍길동.xlsx).
- 답안 작성을 마치면 파일을 저장하고, '답안 전송' 버튼을 선택하여 감독위원 PC로 답안을 전송하십시오. 수험생 정보와 저장한 파일명이 다를 경우 전송되지 않으므로 주의하시기 바랍니다.
- 답안 작성 중에도 **주기적으로 저장하고, '답안 전송'**하여야 문제 발생을 줄일 수 있습니다. 작업한 내용을 저장하지 않고 전송할 경우 이전에 저장된 내용이 전송되오니 이점 유의하시기 바랍니다.
- 답안문서는 지정된 경로 외의 다른 보조기억장치에 저장하는 경우, 지정된 시험 시간 외에 작성된 파일을 활용할 경우, 기타 통신수단(이메일, 메신저, 네트워크 등)을 이용하여 타인에게 전달 또는 외부 반출하는 경우는 부정 처리합니다.
- 시험 중 부주의 또는 고의로 시스템을 파손한 경우는 수험자가 변상해야 하며, 〈수험자 유의사항〉에 기재된 방법대로 이행하지 않아 생기는 불이익은 수험생 당사자의 책임임을 알려 드립니다.
- 문제의 조건은 MS오피스 2016 버전으로 설정되어 있으니 유의하시기 바랍니다.
- 시험을 완료한 수험자는 답안파일이 전송되었는지 확인한 후 감독위원의 지시에 따라 문제지를 제출하고 퇴실합니다.

답안 작성요령

- 온라인 답안 작성 절차
  수험자 등록 ⇒ 시험 시작 ⇒ 답안파일 저장 ⇒ 답안 전송 ⇒ 시험 종료
- 문제는 총 4단계, 즉 제1작업부터 제4작업까지 구성되어 있으며 반드시 제1작업부터 순서대로 작성하고 조건대로 작업하시오.
- 모든 작업 시트의 A열은 열 너비 '1'로, 나머지 열은 적당하게 조절하시오.
- 모든 작업 시트의 테두리는 《출력형태》와 같이 작업하시오.
- 해당 작업란에서는 각각 제시된 조건에 따라 《출력형태》와 같이 작업하시오.
- 답안 시트 이름은 "제1작업", "제2작업", "제3작업", "제4작업"이어야 하며 답안 시트 이외의 것은 감점 처리됩니다.
- 각 시트를 파일로 나누어 작업해서 저장할 경우 실격 처리됩니다.

다음은 '푸른농산 1분기 김치류 판매 현황'에 대한 자료이다. 자료를 입력하고 조건에 맞도록 작업하시오.

《 출력형태 》

상품번호	분류	상품명	포장단위 (kg)	상품가격 (원)	주문수량	제조사	배송비	고춧가루 원산지
					결재	대리	과장	부장
CA01-1	배추김치	포기김치	10	69,500	53	해담	(1)	(2)
RA01-2	무김치	깍두기	3	21,900	37	해담	(1)	(2)
CA02-1	배추김치	맛김치	5	35,800	40	명인	(1)	(2)
MU01-3	물김치	나박김치	3	19,000	32	해담	(1)	(2)
RA02-1	무김치	석박지	2	16,500	27	명인	(1)	(2)
RA03-1	무김치	총각김치	5	50,300	35	명인	(1)	(2)
CA03-2	배추김치	보쌈김치	7	56,300	25	해담	(1)	(2)
MU02-1	물김치	열무김치	5	31,500	33	해담	(1)	(2)
배추김치 주문수량 합계			(3)			가장 큰 포장단위(kg)		(5)
총 매출			(4)		상품명	포기김치	판매금액	(6)

제목 : 푸른농산 1분기 김치류 판매 현황

《 조건 》

- 모든 데이터의 서식에는 글꼴(굴림, 11pt), 정렬은 숫자 및 회계 서식은 오른쪽 정렬, 나머지 서식은 가운데 정렬로 작성하며 예외적인 것은 ≪출력형태≫를 참조하시오.
- 제목 ⇒ 도형(십자형)과 그림자(오프셋 오른쪽)를 이용하여 작성하고 "푸른농산 1분기 김치류 판매 현황"을 입력한 후 다음 서식을 적용하시오(글꼴-굴림, 24pt, 검정, 굵게, 채우기-노랑).
- 임의의 셀에 결재란을 작성하여 그림으로 복사 기능을 이용하여 붙이기 하시오(단, 원본 삭제).
- [B4:J4, G14, I14] 영역은 '주황'으로 채우기 하시오.
- 유효성 검사를 이용하여 [H14] 셀에 상품명([D5:D12] 영역)이 선택 표시되도록 하시오.
- 셀 서식 ⇒ [G5:G12] 영역에 셀 서식을 이용하여 숫자 뒤에 '개'를 표시하시오(예 : 53개).
- [E5:E12] 영역에 대해 '포장단위'로 이름정의를 하시오.

▶ (1)~(6) 셀은 반드시 <u>주어진 함수를 이용하여</u> 값을 구하시오(결과값을 직접 입력하면 해당 셀은 0점 처리됨).

(1) 배송비 ⇒ 분류가 물김치가 아니면서 주문수량이 30 이상이면 '무료', 아니면 '3,000'으로 구하시오(IF, AND 함수).

(2) 고춧가루 원산지 ⇒ 상품번호의 마지막 글자가 1이면 '국내', 2이면 '중국', 3이면 '베트남'으로 구하시오 (CHOOSE, RIGHT 함수).

(3) 배추김치 주문수량 합계 ⇒ 결과값에 '개'를 붙이시오. 단, 조건은 입력데이터를 이용하시오 (DSUM 함수, & 연산자)(예 : 1개).

(4) 총 매출 ⇒ [상품가격(원) × 주문수량]의 전체 합을 구하시오(SUMPRODUCT 함수).

(5) 가장 큰 포장단위(kg) ⇒ 정의된 이름(포장단위)을 이용하여 구하시오(MAX 함수).

(6) 판매금액 ⇒ [H14] 셀에서 선택한 상품명에 대한 [상품가격(원) × 주문수량]으로 구하시오(VLOOKUP 함수).

(7) 조건부 서식의 수식을 이용하여 상품가격(원)이 '50,000' 이상인 행 전체에 다음의 서식을 적용하시오 (글꼴 : 파랑, 굵게).

제 2 작업 — 필터 및 서식 · 80점

"제1작업" 시트의 [B4:H12] 영역을 복사하여 "제2작업" 시트의 [B2] 셀부터 모두 붙여넣기를 한 후 다음의 조건과 같이 작업하시오.

《 조건 》

(1) 고급 필터 – 상품가격(원)이 '35,000' 이하이면서 제조사가 '해담'인 자료의 데이터만 추출하시오.
　　　　 – 조건 범위 : [B14] 셀부터 입력하시오.
　　　　 – 복사 위치 : [B18] 셀부터 나타나도록 하시오.

(2) 표 서식 – 고급 필터의 결과셀을 채우기 없음으로 설정한 후 '표 스타일 보통 6'의 서식을 적용하시오.
　　　　 – 머리글 행, 줄무늬 행을 적용하시오.

제 3 작업 — 피벗 테이블 · 80점

"제1작업" 시트를 이용하여 "제3작업" 시트에 조건에 따라 《출력형태》와 같이 작업하시오.

《 조건 》

(1) 포장단위(kg) 및 분류별 상품명의 개수와 상품가격(원)의 평균을 구하시오.
(2) 포장단위(kg)를 그룹화하고, 분류를 《출력형태》와 같이 정렬하시오.
(3) 레이블이 있는 셀 병합 및 가운데 맞춤 적용 및 빈 셀은 '***'로 표시하시오.
(4) 행의 총합계는 지우고, 나머지 사항은 《출력형태》에 맞게 작성하시오.

《 출력형태 》

| 포장단위(kg) | 배추김치 | | 물김치 | | 무김치 | |
	개수 : 상품명	평균 : 상품가격(원)	개수 : 상품명	평균 : 상품가격(원)	개수 : 상품명	평균 : 상품가격(원)
2-4	***	***	1	19,000	2	19,200
5-7	2	46,050	1	31,500	1	50,300
8-10	1	69,500	***	***	***	***
총합계	3	53,867	2	25,250	3	29,567

"제1작업" 시트를 이용하여 조건에 따라《출력형태》와 같이 작업하시오.

《 조건 》

⑴ 차트 종류 ⇒ 〈묶은 세로 막대형〉으로 작업하시오.

⑵ 데이터 범위 ⇒ "제1작업" 시트의 내용을 이용하여 작업하시오.

⑶ 위치 ⇒ "새 시트"로 이동하고, "제4작업"으로 시트 이름을 바꾸시오.

⑷ 차트 디자인 도구 ⇒ 레이아웃 3, 스타일 1을 선택하여 《출력형태》에 맞게 작업하시오.

⑸ 영역 서식 ⇒ 차트 : 글꼴(굴림, 11pt), 채우기 효과(질감−파랑 박엽지)
　　　　　　　　그림 : 채우기(흰색, 배경1)

⑹ 제목 서식 ⇒ 차트 제목 : 글꼴(굴림, 굵게, 20pt), 채우기(흰색, 배경1), 테두리

⑺ 서식 ⇒ 주문수량 계열의 차트 종류를 〈표식이 있는 꺾은선형〉으로 변경한 후 보조 축으로 지정하시오.
　　　　　계열 : 《출력형태》를 참조하여 표식(마름모, 크기 10)과 레이블 값을 표시하시오.
　　　　　눈금선 : 선 스타일−파선
　　　　　축 : 《출력형태》를 참조하시오.

⑻ 범례 ⇒ 범례명을 변경하고 《출력형태》를 참조하시오.

⑼ 도형 ⇒ '모서리가 둥근 사각형 설명선'을 삽입한 후 《출력형태》와 같이 내용을 입력하시오.

⑽ 나머지 사항은 《출력형태》에 맞게 작성하시오.

《 출력형태 》

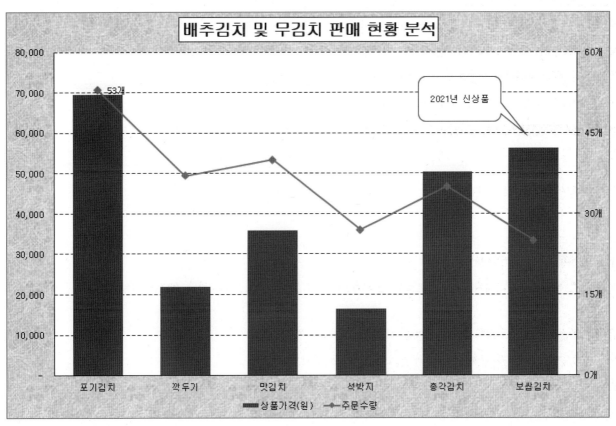

※ 주의: 시트명 순서가 차례대로 "제1작업", "제2작업", "제3작업", "제4작업"이 되도록 할 것

과목	코드	문제유형	시험시간	수험번호	성 명
한글 엑셀	1122	A	60분		

수험자 유의사항

- 수험자는 문제지를 받는 즉시 문제지와 **수험표상의 시험과목(프로그램)이 동일한지 반드시 확인**하여야 합니다.
- 파일명은 본인의 "수험번호-성명"으로 입력하여 답안폴더(내 PC₩문서₩ITQ)에 하나의 파일로 저장해야 하며, 답안문서 파일명이 "수험번호-성명"과 일치하지 않거나, 답안파일을 전송하지 않아 미제출로 처리될 경우 실격 처리합니다 (예:12345678-홍길동.xlsx).
- 답안 작성을 마치면 파일을 저장하고, '답안 전송' 버튼을 선택하여 감독위원 PC로 답안을 전송하십시오. 수험생 정보와 저장한 파일명이 다를 경우 전송되지 않으므로 주의하시기 바랍니다.
- 답안 작성 중에도 **주기적으로 저장하고, '답안 전송'**하여야 문제 발생을 줄일 수 있습니다. 작업한 내용을 저장하지 않고 전송할 경우 이전에 저장된 내용이 전송되오니 이점 유의하시기 바랍니다.
- 답안문서는 지정된 경로 외의 다른 보조기억장치에 저장하는 경우, 지정된 시험 시간 외에 작성된 파일을 활용할 경우, 기타 통신수단(이메일, 메신저, 네트워크 등)을 이용하여 타인에게 전달 또는 외부 반출하는 경우는 부정 처리합니다.
- 시험 중 부주의 또는 고의로 시스템을 파손한 경우는 수험자가 변상해야 하며, 〈수험자 유의사항〉에 기재된 방법대로 이행하지 않아 생기는 불이익은 수험생 당사자의 책임임을 알려 드립니다.
- 문제의 조건은 MS오피스 2016 버전으로 설정되어 있으니 유의하시기 바랍니다.
- 시험을 완료한 수험자는 답안파일이 전송되었는지 확인한 후 감독위원의 지시에 따라 문제지를 제출하고 퇴실합니다.

답안 작성요령

- 온라인 답안 작성 절차
  수험자 등록 ⇒ 시험 시작 ⇒ 답안파일 저장 ⇒ 답안 전송 ⇒ 시험 종료
- 문제는 총 4단계, 즉 제1작업부터 제4작업까지 구성되어 있으며 반드시 제1작업부터 순서대로 작성하고 조건대로 작업하시오.
- 모든 작업 시트의 A열은 열 너비 '1'로, 나머지 열은 적당하게 조절하시오.
- 모든 작업 시트의 테두리는 《출력형태》와 같이 작업하시오.
- 해당 작업란에서는 각각 제시된 조건에 따라 《출력형태》와 같이 작업하시오.
- 답안 시트 이름은 "제1작업", "제2작업", "제3작업", "제4작업"이어야 하며 답안 시트 이외의 것은 감점 처리됩니다.
- 각 시트를 파일로 나누어 작업해서 저장할 경우 실격 처리됩니다.

다음은 '전국 주요 어린이집 현황'에 대한 자료이다. 자료를 입력하고 조건에 맞도록 작업하시오.

《 출력형태 》

A	B	C	D	E	F	G	H	I	J
						결재	담당	팀장	부장

전국 주요 어린이집 현황

관리코드	어린이집명	지역	분류	등록률(%)	정원 (단위:명)	현원	순위	평가 등급
SA1003	경희궁초록	서울	국공립	98	123	121	(1)	(2)
BB9002	EQ랜드	부산	가정	72	25	20	(1)	(2)
DN6007	구립마더베어	대구	국공립	97	138	134	(1)	(2)
GA3014	꼬마숲	강원	민간	96	145	139	(1)	(2)
GB6015	라온	강원	국공립	83	118	98	(1)	(2)
BA6036	밝은	부산	민간	96	139	134	(1)	(2)
DD4023	샛별어린이집	대구	가정	74	23	17	(1)	(2)
SN8163	어린이집	서울	가정	63	32	20	(1)	(2)
가정 어린이집의 현원 평균			(3)			가장 많은 현원		(5)
국공립 어린이집의 현원 합계			(4)		관리코드	SA1003	지역	(6)

《 조건 》

- 모든 데이터의 서식에는 글꼴(굴림, 11pt), 정렬은 숫자 및 회계 서식은 오른쪽 정렬, 나머지 서식은 가운데 정렬로 작성하며 예외적인 것은 ≪출력형태≫를 참조하시오.
- 제목 ⇒ 도형(양쪽 모서리가 잘린 사각형)과 그림자(오프셋 대각선 왼쪽 아래)를 이용하여 작성하고 "전국 주요 어린이집 현황"을 입력한 후 다음 서식을 적용하시오(글꼴–굴림, 24pt, 검정, 굵게, 채우기–노랑).
- 임의의 셀에 결재란을 작성하여 그림으로 복사 기능을 이용하여 붙이기 하시오(단, 원본 삭제).
- [B4:J4, G14, I14] 영역은 '주황'으로 채우기 하시오.
- 유효성 검사를 이용하여 [H14] 셀에 관리코드([B5:B12] 영역)가 선택 표시되도록 하시오.
- 셀 서식 ⇒ [H5:H12] 영역에 셀 서식을 이용하여 숫자 뒤에 '명'을 표시하시오(예 : 121명).
- [E5:E12] 영역에 대해 '분류'로 이름정의를 하시오.

▶ (1)~(6) 셀은 반드시 주어진 함수를 이용하여 값을 구하시오(결과값을 직접 입력하면 해당 셀은 0점 처리됨).

(1) 순위 ⇒ 현원의 내림차순 순위를 구한 결과값에 '위'를 붙이시오(RANK.EQ 함수, & 연산자)(예 : 1위).

(2) 평가 등급 ⇒ 관리코드의 두 번째 글자가 A이면, 'A등급', B이면 'B등급', 그 외에는 공백으로 구하시오(IF, MID 함수).

(3) 가정 어린이집의 현원 평균 ⇒ 정의된 이름(분류)을 이용하여 분류가 가정인 어린이집의 현원 평균을 구하시오 (SUMIF, COUNTIF 함수).

(4) 국공립 어린이집의 현원 합계 ⇒ 분류가 국공립인 어린이집의 현원 합계를 구하시오. 단, 조건은 입력데이터를 이용하시오(DSUM 함수).

(5) 가장 많은 현원 ⇒ (MAX 함수)

(6) 지역 ⇒ [H14] 셀에서 선택한 관리코드에 대한 지역을 구하시오(VLOOKUP 함수).

(7) 조건부 서식의 수식을 이용하여 현원이 '130' 이상인 행 전체에 다음의 서식을 적용하시오(글꼴 : 파랑, 굵게).

"제1작업" 시트의 [B4:H12] 영역을 복사하여 "제2작업" 시트의 [B2] 셀부터 모두 붙여넣기를 한 후 다음의 조건과 같이 작업하시오.

《 조건 》

(1) 목표값 찾기 – [B11:G11] 셀을 병합하여 "국공립 어린이집의 현원 평균"을 입력한 후 [H11] 셀에 국공립 어린이집의 현원 평균을 구하시오. 단, 조건은 입력데이터를 이용하시오(DAVERAGE 함수, 테두리, 가운데 맞춤).
     – 국공립 어린이집의 현원 평균이 '113'이 되려면 경희궁초록의 현원이 얼마가 되어야 하는지 목표값을 구하시오.

(2) 고급 필터 – 지역이 '부산'이거나 정원(단위:명)이 '140' 이상인 자료의 데이터만 추출하시오.
     – 조건 범위 : [B14] 셀부터 입력하시오.
     – 복사 위치 : [B18] 셀부터 나타나도록 하시오.

"제1작업" 시트를 이용하여 "제3작업" 시트에 조건에 따라 《출력형태》와 같이 작업하시오.

《 조건 》

(1) 부분합 – 《출력형태》처럼 정렬하고, 어린이집명의 개수와 현원의 최대값을 구하시오.
(2) 윤곽 – 지우시오.
(3) 나머지 사항은 《출력형태》에 맞게 작성하시오.

《 출력형태 》

A	B	C	D	E	F	G	H
1							
2	관리코드	어린이집명	지역	분류	등록률(%)	정원(단위:명)	현원
3	GA3014	꼬마숲	강원	민간	96	145	139명
4	BA6036	밝은	부산	민간	96	139	134명
5				민간 최대값			139명
6		2		민간 개수			
7	SA1003	경희궁초록	서울	국공립	98	123	121명
8	DN6007	구립마더베어	대구	국공립	97	138	134명
9	GB6015	라온	강원	국공립	83	118	98명
10				국공립 최대값			134명
11		3		국공립 개수			
12	BB9002	EQ랜드	부산	가정	72	25	20명
13	DD4023	샛별어린이집	대구	가정	74	23	17명
14	SN8163	어린이집	서울	가정	63	32	20명
15				가정 최대			20명
16		3		가정 개수			
17				전체 최대값			139명
18		8		전체 개수			
19							

"제1작업" 시트를 이용하여 조건에 따라《출력형태》와 같이 작업하시오.

《 조건 》

⑴ 차트 종류 ⇒ 〈묶은 세로 막대형〉으로 작업하시오.

⑵ 데이터 범위 ⇒ "제1작업" 시트의 내용을 이용하여 작업하시오.

⑶ 위치 ⇒ "새 시트"로 이동하고, "제4작업"으로 시트 이름을 바꾸시오.

⑷ 차트 디자인 도구 ⇒ 레이아웃 3, 스타일 1을 선택하여 《출력형태》에 맞게 작업하시오.

⑸ 영역 서식 ⇒ 차트 : 글꼴(굴림, 11pt), 채우기 효과(질감–분홍 박엽지)
　　　　　　　　그림 : 채우기(흰색, 배경1)

⑹ 제목 서식 ⇒ 차트 제목 : 글꼴(굴림, 굵게, 20pt), 채우기(흰색, 배경1), 테두리

⑺ 서식 ⇒ 정원(단위:명) 계열의 차트 종류를 〈표식이 있는 꺾은선형〉으로 변경하시오.
　　　　　계열 : 《출력형태》를 참조하여 표식(세모, 크기 10)과 레이블 값을 표시하시오.
　　　　　눈금선 : 선 스타일–파선
　　　　　축 : 《출력형태》를 참조하시오.

⑻ 범례 ⇒ 범례명을 변경하고 《출력형태》를 참조하시오.

⑼ 도형 ⇒ '모서리가 둥근 사각형 설명선'을 삽입한 후 《출력형태》와 같이 내용을 입력하시오.

⑽ 나머지 사항은 《출력형태》에 맞게 작성하시오.

《 출력형태 》

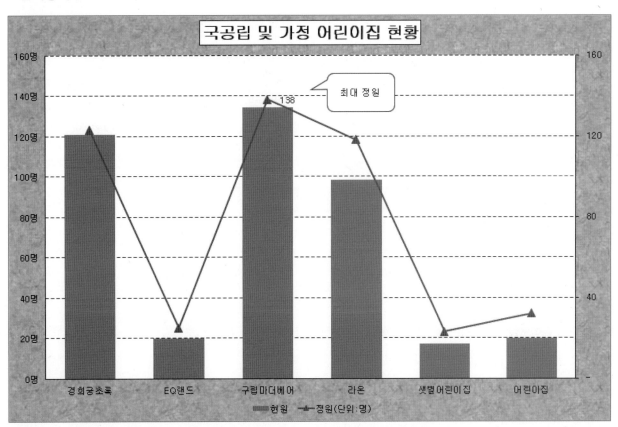

※ 주의: 시트명 순서가 차례대로 "제1작업", "제2작업", "제3작업", "제4작업"이 되도록 할 것

실전 모의고사

MS오피스 2016

과목	코드	문제유형	시험시간	수험번호	성 명
한글 엑셀	1122	A	60분		

수험자 유의사항

- 수험자는 문제지를 받는 즉시 문제지와 **수험표상의 시험과목(프로그램)이 동일한지 반드시 확인**하여야 합니다.

- 파일명은 본인의 "수험번호-성명"으로 입력하여 답안폴더(내 PC\문서\ITQ)에 하나의 파일로 저장해야 하며, 답안문서 파일명이 "수험번호-성명"과 일치하지 않거나, 답안파일을 전송하지 않아 미제출로 처리될 경우 실격 처리합니다 (예:12345678-홍길동.xlsx).

- 답안 작성을 마치면 파일을 저장하고, '답안 전송' 버튼을 선택하여 감독위원 PC로 답안을 전송하십시오. 수험생 정보와 저장한 파일명이 다를 경우 전송되지 않으므로 주의하시기 바랍니다.

- 답안 작성 중에도 **주기적으로 저장하고, '답안 전송'**하여야 문제 발생을 줄일 수 있습니다. 작업한 내용을 저장하지 않고 전송할 경우 이전에 저장된 내용이 전송되오니 이점 유의하시기 바랍니다.

- 답안문서는 지정된 경로 외의 다른 보조기억장치에 저장하는 경우, 지정된 시험 시간 외에 작성된 파일을 활용할 경우, 기타 통신수단(이메일, 메신저, 네트워크 등)을 이용하여 타인에게 전달 또는 외부 반출하는 경우는 부정 처리합니다.

- 시험 중 부주의 또는 고의로 시스템을 파손한 경우는 수험자가 변상해야 하며, 〈수험자 유의사항〉에 기재된 방법대로 이행하지 않아 생기는 불이익은 수험생 당사자의 책임임을 알려 드립니다.

- 문제의 조건은 MS오피스 2016 버전으로 설정되어 있으니 유의하시기 바랍니다.

- 시험을 완료한 수험자는 답안파일이 전송되었는지 확인한 후 감독위원의 지시에 따라 문제지를 제출하고 퇴실합니다.

답안 작성요령

- 온라인 답안 작성 절차
  수험자 등록 ⇒ 시험 시작 ⇒ 답안파일 저장 ⇒ 답안 전송 ⇒ 시험 종료

- 문제는 총 4단계, 즉 제1작업부터 제4작업까지 구성되어 있으며 반드시 제1작업부터 순서대로 작성하고 조건대로 작업하시오.

- 모든 작업 시트의 A열은 열 너비 '1'로, 나머지 열은 적당하게 조절하시오.

- 모든 작업 시트의 테두리는 《출력형태》와 같이 작업하시오.

- 해당 작업란에서는 각각 제시된 조건에 따라 《출력형태》와 같이 작업하시오.

- 답안 시트 이름은 "제1작업", "제2작업", "제3작업", "제4작업"이어야 하며 답안 시트 이외의 것은 감점 처리됩니다.

- 각 시트를 파일로 나누어 작업해서 저장할 경우 실격 처리됩니다.

다음은 '로봇 청소기 판매 현황'에 대한 자료이다. 자료를 입력하고 조건에 맞도록 작업하시오.

《 출력형태 》

상품코드	상품명	제조회사	방식	판매가격 (단위:원)	판매수량	상품리뷰 (단위:개)	리뷰 평점	순위
						확인	담당	팀장	이사
RH-123	코드제로 R9	한국전자	흡입전용	1,005,000	1,345	288	(1)	(2)
RH-254	로보킹 R76	미래전자	흡입+걸레	640,000	1,565	366	(1)	(2)
RG-176	시크릿봇	한국전자	걸레전용	236,500	897	125	(1)	(2)
RH-124	스마트 클린	해외전자	흡입전용	430,000	2,450	559	(1)	(2)
RH-125	파워봇 VR10M	미래전자	흡입전용	296,000	1,200	283	(1)	(2)
RG-256	브라바 380T	해외전자	걸레전용	241,000	2,654	580	(1)	(2)
RH-265	스마트탱고	한국전자	흡입+걸레	720,000	789	112	(1)	(2)
RH-129	치후360 S5	해외전자	흡입전용	272,000	810	120	(1)	(2)
흡입전용 청소기의 판매수량 합계		(3)				최저 판매가격(단위:원)		(5)
흡입+걸레 청소기의 상품 수		(4)				상품명	코드제로 R9	판매수량	(6)

《 조건 》

- 모든 데이터의 서식에는 글꼴(굴림, 11pt), 정렬은 숫자 및 회계 서식은 오른쪽 정렬, 나머지 서식은 가운데 정렬로 작성하며 예외적인 것은 《출력형태》를 참조하시오.
- 제목 ⇒ 도형(오각형)과 그림자(오프셋 대각선 오른쪽 위)를 이용하여 작성하고 "로봇 청소기 판매 현황"을 입력한 후 다음 서식을 적용하시오(글꼴-굴림, 24pt, 검정, 굵게, 채우기-노랑).
- 임의의 셀에 결재란을 작성하여 그림으로 복사 기능을 이용하여 붙이기 하시오(단, 원본 삭제).
- [B4:J4, G14, I14] 영역은 '주황'으로 채우기 하시오.
- 유효성 검사를 이용하여 [H14] 셀에 상품명([C5:C12] 영역)이 선택 표시되도록 하시오.
- 셀 서식 ⇒ [G5:G12] 영역에 셀 서식을 이용하여 숫자 뒤에 '대'를 표시하시오(예 : 1,345대).
- [F5:F12] 영역에 대해 '가격'으로 이름정의를 하시오.

▶ (1)~(6) 셀은 반드시 <u>주어진 함수를 이용</u>하여 값을 구하시오(결과값을 직접 입력하면 해당 셀은 0점 처리됨).

(1) 리뷰 평점 ⇒ 상품리뷰(단위:개) 백의 단위 수치만큼 '★'을 표시하시오(CHOOSE, INT 함수)(예 : 271 → ★★).
(2) 순위 ⇒ 판매수량의 내림차순 순위를 1~4까지 구한 결과값에 '위'를 붙이고, 그 외에는 공백으로 표시하시오 (IF, RANK.EQ 함수, & 연산자)(예 : 1위).
(3) 흡입전용 청소기의 판매수량 합계 ⇒ 단, 조건은 입력데이터를 이용하시오(DSUM 함수).
(4) 흡입+걸레 청소기의 상품 수 ⇒ (COUNTIF 함수)
(5) 최저 판매가격(단위:원) ⇒ 정의된 이름(가격)을 이용하여 구하시오(SMALL 함수).
(6) 판매수량 ⇒ [H14] 셀에서 선택한 상품명에 대한 판매수량을 구하시오(VLOOKUP 함수).
(7) 조건부 서식의 수식을 이용하여 판매수량이 '1,500' 이상인 행 전체에 다음의 서식을 적용하시오(글꼴 : 파랑, 굵게).

"제1작업" 시트의 [B4:H12] 영역을 복사하여 "제2작업" 시트의 [B2] 셀부터 모두 붙여넣기를 한 후 다음의 조건과 같이 작업하시오.

《 조건 》

⑴ 목표값 찾기 – [B11:G11] 셀을 병합하여 "흡입전용의 판매가격(단위:원) 평균"을 입력한 후 [H11] 셀에 흡입전용의 판매가격(단위:원) 평균을 구하시오. 단, 조건은 입력데이터를 이용하시오
　　　　　　　　　(DAVERAGE 함수, 테두리, 가운데 맞춤).
　　　　　　– '흡입전용의 판매가격(단위:원) 평균이 '500,000'이 되려면 코드제로 R9의 판매가격(단위:원)이 얼마가 되어야 하는지 목표값을 구하시오.

⑵ 고급 필터 – 방식이 '걸레전용'이 아니면서 상품리뷰(단위:개)가 '200' 이상인 자료의 상품명, 제조회사, 방식, 판매수량 데이터만 추출하시오.
　　　　　　– 조건 범위 : [B14] 셀부터 입력하시오.
　　　　　　– 복사 위치 : [B18] 셀부터 나타나도록 하시오.

"제1작업" 시트를 이용하여 "제3작업" 시트에 조건에 따라 《출력형태》와 같이 작업하시오.

《 조건 》

⑴ 부분합 – 《출력형태》처럼 정렬하고, 상품명의 개수와 판매수량의 평균을 구하시오.
⑵ 윤곽 – 지우시오.
⑶ 나머지 사항은 《출력형태》에 맞게 작성하시오.

《 출력형태 》

	A	B	C	D	E	F	G	H
1								
2		상품코드	상품명	제조회사	방식	판매가격(단위:원)	판매수량	상품리뷰(단위:개)
3		RH-124	스마트 클린	해외전자	흡입전용	430,000	2,450대	559
4		RG-256	브라바 380T	해외전자	걸레전용	241,000	2,654대	580
5		RH-129	치후360 S5	해외전자	흡입전용	272,000	810대	120
6				해외전자 평균			1,971대	
7			3	해외전자 개수				
8		RH-123	코드제로 R9	한국전자	흡입전용	1,005,000	1,345대	288
9		RG-176	시크릿봇	한국전자	걸레전용	236,500	897대	125
10		RH-265	스마트탱고	한국전자	흡입+걸레	720,000	789대	112
11				한국전자 평균			1,010대	
12			3	한국전자 개수				
13		RH-254	로보킹 R76	미래전자	흡입+걸레	640,000	1,565대	366
14		RH-125	파워봇 VR10M	미래전자	흡입전용	296,000	1,200대	283
15				미래전자 평균			1,383대	
16			2	미래전자 개수				
17				전체 평균			1,464대	
18			8	전체 개수				
19								

"제1작업" 시트를 이용하여 조건에 따라 《출력형태》와 같이 작업하시오.

《 조건 》

⑴ 차트 종류 ⇒ 〈묶은 세로 막대형〉으로 작업하시오.

⑵ 데이터 범위 ⇒ "제1작업" 시트의 내용을 이용하여 작업하시오.

⑶ 위치 ⇒ "새 시트"로 이동하고, "제4작업"으로 시트 이름을 바꾸시오.

⑷ 차트 디자인 도구 ⇒ 레이아웃 3, 스타일 1을 선택하여 《출력형태》에 맞게 작업하시오.

⑸ 영역 서식 ⇒ 차트 : 글꼴(굴림, 11pt), 채우기 효과(질감–파랑 박엽지)
　　　　　　　　 그림 : 채우기(흰색, 배경1)

⑹ 제목 서식 ⇒ 차트 제목 : 글꼴(굴림, 굵게, 20pt), 채우기(흰색, 배경1), 테두리

⑺ 서식 ⇒ 판매가격(단위:원) 계열의 차트 종류를 〈표식이 있는 꺾은선형〉으로 변경한 후 보조 축으로 지정하시오.
　　　　 계열 : 《출력형태》를 참조하여 표식(마름모, 크기 10)과 레이블 값을 표시하시오.
　　　　 눈금선 : 선 스타일–파선
　　　　 축 : 《출력형태》를 참조하시오.

⑻ 범례 ⇒ 범례명을 변경하고 《출력형태》를 참조하시오.

⑼ 도형 ⇒ '타원형 설명선'을 삽입한 후 《출력형태》와 같이 내용을 입력하시오.

⑽ 나머지 사항은 《출력형태》에 맞게 작성하시오.

《 출력형태 》

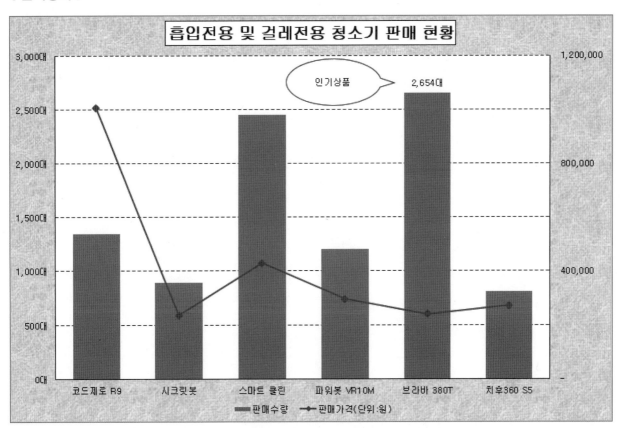

※ 주의: 시트명 순서가 차례대로 "제1작업", "제2작업", "제3작업", "제4작업"이 되도록 할 것

03

최신 기출문제

정보기술자격(ITQ) 기출문제

MS오피스 2016

과목	코드	문제유형	시험시간	수험번호	성 명
한글 엑셀	1122	A	60분		

· 수험자 유의사항 ·

- 수험자는 문제지를 받는 즉시 문제지와 **수험표상의 시험과목(프로그램)이 동일한지 반드시 확인**하여야 합니다.

- 파일명은 본인의 "수험번호–성명"으로 입력하여 답안폴더(내 PC\문서\ITQ)에 하나의 파일로 저장해야 하며, 답안문서 파일명이 "수험번호–성명"과 일치하지 않거나, 답안파일을 전송하지 않아 미제출로 처리될 경우 실격 처리합니다 (예:12345678–홍길동.xlsx).

- 답안 작성을 마치면 파일을 저장하고, '답안 전송' 버튼을 선택하여 감독위원 PC로 답안을 전송하십시오. 수험생 정보와 저장한 파일명이 다를 경우 전송되지 않으므로 주의하시기 바랍니다.

- 답안 작성 중에도 **주기적으로 저장하고, '답안 전송'**하여야 문제 발생을 줄일 수 있습니다. 작업한 내용을 저장하지 않고 전송할 경우 이전에 저장된 내용이 전송되오니 이점 유의하시기 바랍니다.

- 답안문서는 지정된 경로 외의 다른 보조기억장치에 저장하는 경우, 지정된 시험 시간 외에 작성된 파일을 활용할 경우, 기타 통신수단(이메일, 메신저, 네트워크 등)을 이용하여 타인에게 전달 또는 외부 반출하는 경우는 부정 처리합니다.

- 시험 중 부주의 또는 고의로 시스템을 파손한 경우는 수험자가 변상해야 하며, 〈수험자 유의사항〉에 기재된 방법대로 이행하지 않아 생기는 불이익은 수험생 당사자의 책임임을 알려 드립니다.

- 문제의 조건은 MS오피스 2016 버전으로 설정되어 있으니 유의하시기 바랍니다.

- 시험을 완료한 수험자는 답안파일이 전송되었는지 확인한 후 감독위원의 지시에 따라 문제지를 제출하고 퇴실합니다.

· 답안 작성요령 ·

- 온라인 답안 작성 절차
  수험자 등록 ⇒ 시험 시작 ⇒ 답안파일 저장 ⇒ 답안 전송 ⇒ 시험 종료

- 문제는 총 4단계, 즉 제1작업부터 제4작업까지 구성되어 있으며 반드시 제1작업부터 순서대로 작성하고 조건대로 작업하시오.

- 모든 작업 시트의 A열은 열 너비 '1'로, 나머지 열은 적당하게 조절하시오.

- 모든 작업 시트의 테두리는 《출력형태》와 같이 작업하시오.

- 해당 작업란에서는 각각 제시된 조건에 따라 《출력형태》와 같이 작업하시오.

- 답안 시트 이름은 "제1작업", "제2작업", "제3작업", "제4작업"이어야 하며 답안 시트 이외의 것은 감점 처리됩니다.

- 각 시트를 파일로 나누어 작업해서 저장할 경우 실격 처리됩니다.

다음은 '온라인 요리 수강 현황'에 대한 자료이다. 자료를 입력하고 조건에 맞도록 작업하시오.

《 출력형태 》

코드	과목	분류	담당자	좋아요 (누적수)	수강인원 (단위:명)	수강료	결제방법	순위
				온라인 요리 수강 현황			확인 / 담당 / 팀장 / 부장	
B170	디자인케이크	제과제빵	이송이	340	27	155,000	(1)	(2)
B164	건강쿠키	제과제빵	서지호	272	31	120,000	(1)	(2)
K279	혼밥요리	한식	문강희	462	56	140,000	(1)	(2)
B168	쌀베이킹	제과제빵	이기영	319	39	150,000	(1)	(2)
C282	나만의커피	음료	홍순희	298	25	95,000	(1)	(2)
B377	홈샌드위치	제과제빵	김진수	423	49	160,000	(1)	(2)
K180	매일반찬	한식	송효정	390	50	150,000	(1)	(2)
C190	홈칵테일	음료	임서경	307	24	90,000	(1)	(2)
제과제빵 수강료 합계			(3)			최대 좋아요(누적수)		(5)
한식 수강인원(단위:명) 평균			(4)		과목	디자인케이크	담당자	(6)

《 조건 》

- 모든 데이터의 서식에는 글꼴(굴림, 11pt), 정렬은 숫자 및 회계 서식은 오른쪽 정렬, 나머지 서식은 가운데 정렬로 작성하며 예외적인 것은 ≪출력형태≫를 참조하시오.
- 제목 ⇒ 도형(육각형)과 그림자(오프셋 오른쪽)를 이용하여 작성하고 "온라인 요리 수강 현황"을 입력한 후 다음 서식을 적용하시오(글꼴-굴림, 24pt, 검정, 굵게, 채우기-노랑).
- 임의의 셀에 결재란을 작성하여 그림으로 복사 기능을 이용하여 붙이기 하시오(단, 원본 삭제).
- [B4:J4, G14, I14] 영역은 '주황'으로 채우기 하시오.
- 유효성 검사를 이용하여 [H14] 셀에 과목([C5:C12] 영역)이 선택 표시되도록 하시오.
- 셀 서식 ⇒ [H5:H12] 영역에 셀 서식을 이용하여 숫자 뒤에 '원'을 표시하시오(예 : 155,000원).
- [F5:F12] 영역에 대해 '좋아요'로 이름정의를 하시오.

▷ (1)~(6) 셀은 반드시 <u>주어진 함수를 이용</u>하여 값을 구하시오(결과값을 직접 입력하면 해당 셀은 0점 처리됨).

(1) 결제방법 ⇒ 코드의 두 번째 값이 1이면 '카드', 2이면 '현금', 3이면 '쿠폰'으로 표시하시오(CHOOSE, MID 함수).

(2) 순위 ⇒ 수강인원(단위:명)의 내림차순 순위를 구한 결과값에 '위'를 붙이시오
(RANK.EQ 함수, & 연산자)(예 : 1위).

(3) 제과제빵 수강료 합계 ⇒ 단, 조건은 입력데이터를 이용하시오(DSUM 함수).

(4) 한식 수강인원(단위:명) 평균 ⇒ (SUMIF, COUNTIF 함수).

(5) 최대 좋아요(누적수) ⇒ 정의된 이름(좋아요)을 이용하여 구하시오(MAX 함수).

(6) 담당자 ⇒ [H14] 셀에서 선택한 과목에 대한 담당자를 구하시오(VLOOKUP 함수).

(7) 조건부 서식의 수식을 이용하여 수강인원(단위:명)이 '40' 이상인 행 전체에 다음의 서식을 적용하시오
(글꼴 : 파랑, 굵게).

"제1작업" 시트의 [B4:H12] 영역을 복사하여 "제2작업" 시트의 [B2] 셀부터 모두 붙여넣기를 한 후 다음의 조건과 같이 작업하시오.

《 조건 》

(1) 고급 필터 – 코드가 'B'로 시작하면서, 좋아요(누적수)가 '300' 이상인 자료의 과목, 분류, 수강인원(단위:명), 수강료 데이터만 추출하시오.

　　　　– 조건 범위 : [B14] 셀부터 입력하시오.

　　　　– 복사 위치 : [B18] 셀부터 나타나도록 하시오.

(2) 표 서식 – 고급 필터의 결과셀을 채우기 없음으로 설정한 후 '표 스타일 보통 6'의 서식을 적용하시오.

　　　　– 머리글 행, 줄무늬 행을 적용하시오.

"제1작업" 시트를 이용하여 "제3작업" 시트에 조건에 따라 ≪출력형태≫와 같이 작업하시오.

《 조건 》

(1) 좋아요(누적수) 및 분류별 과목의 개수와 수강인원(단위:명)의 평균을 구하시오.

(2) 좋아요(누적수)를 그룹화하고, 분류를 ≪출력형태≫와 같이 정렬하시오.

(3) 레이블이 있는 셀 병합 및 가운데 맞춤 적용 및 빈 셀은 '**'로 표시하시오.

(4) 행의 총합계는 지우고, 나머지 사항은 ≪출력형태≫에 맞게 작성하시오.

《 출력형태 》

	A	B	C	D	E	F	G	H
1								
2			분류 ↴					
3				한식		제과제빵		음료
4		좋아요(누적수) ▼	개수 : 과목	평균 : 수강인원(단위:명)	개수 : 과목	평균 : 수강인원(단위:명)	개수 : 과목	평균 : 수강인원(단위:명)
5		201-300	**	**	1	31	1	25
6		301-400	1	50	2	33	1	24
7		401-500	1	56	1	49	**	**
8		총합계	2	53	4	37	2	25
9								

"제1작업" 시트를 이용하여 조건에 따라 ≪출력형태≫와 같이 작업하시오.

《 조건 》

(1) 차트 종류 ⇒ 〈묶은 세로 막대형〉으로 작업하시오.

(2) 데이터 범위 ⇒ "제1작업" 시트의 내용을 이용하여 작업하시오.

(3) 위치 ⇒ "새 시트"로 이동하고, "제4작업"으로 시트 이름을 바꾸시오.

(4) 차트 디자인 도구 ⇒ 레이아웃 3, 스타일 1을 선택하여 ≪출력형태≫에 맞게 작업하시오.

(5) 영역 서식 ⇒ 차트 : 글꼴(굴림, 11pt), 채우기 효과(질감-파랑 박엽지)
                 그림 : 채우기(흰색, 배경1)

(6) 제목 서식 ⇒ 차트 제목 : 글꼴(굴림, 굵게, 20pt), 채우기(흰색, 배경1), 테두리

(7) 서식 ⇒ 수강인원(단위:명) 계열의 차트 종류를 〈표식이 있는 꺾은선형〉으로 변경한 후 보조 축으로 지정하시오.
          계열 : ≪출력형태≫를 참조하여 표식(마름모, 크기 10)과 레이블 값을 표시하시오.
          눈금선 : 선 스타일-파선
          축 : ≪출력형태≫를 참조하시오.

(8) 범례 ⇒ 범례명을 변경하고 ≪출력형태≫를 참조하시오.

(9) 도형 ⇒ '모서리가 둥근 사각형 설명선'을 삽입한 후 ≪출력형태≫와 같이 내용을 입력하시오.

(10) 나머지 사항은 ≪출력형태≫에 맞게 작성하시오.

《 출력형태 》

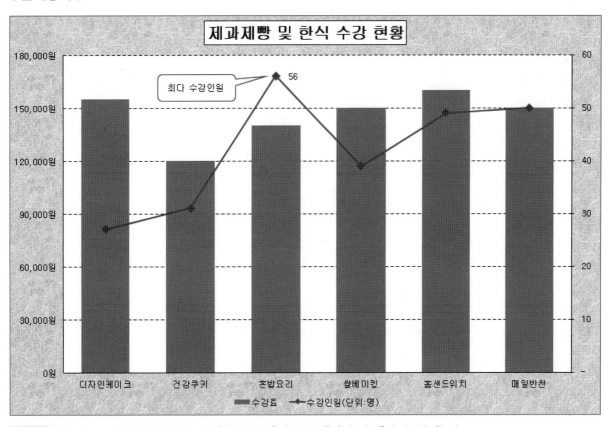

※ 주의 : 시트명 순서가 차례대로 "제1작업", "제2작업", "제3작업", "제4작업"이 되도록 할 것

정보기술자격(ITQ) 기출문제

MS오피스 2016

과목	코드	문제유형	시험시간	수험번호	성 명
한글 엑셀	1122	A	60분		

수험자 유의사항

- 수험자는 문제지를 받는 즉시 문제지와 **수험표상의 시험과목(프로그램)이 동일한지 반드시 확인**하여야 합니다.
- 파일명은 본인의 "수험번호-성명"으로 입력하여 답안폴더(내 PC₩문서₩ITQ)에 하나의 파일로 저장해야 하며, 답안문서 파일명이 "수험번호-성명"과 일치하지 않거나, 답안파일을 전송하지 않아 미제출로 처리될 경우 실격 처리합니다 (예:12345678-홍길동.xlsx).
- 답안 작성을 마치면 파일을 저장하고, '답안 전송' 버튼을 선택하여 감독위원 PC로 답안을 전송하십시오. 수험생 정보와 저장한 파일명이 다를 경우 전송되지 않으므로 주의하시기 바랍니다.
- 답안 작성 중에도 **주기적으로 저장하고, '답안 전송'**하여야 문제 발생을 줄일 수 있습니다. 작업한 내용을 저장하지 않고 전송할 경우 이전에 저장된 내용이 전송되오니 이점 유의하시기 바랍니다.
- 답안문서는 지정된 경로 외의 다른 보조기억장치에 저장하는 경우, 지정된 시험 시간 외에 작성된 파일을 활용할 경우, 기타 통신수단(이메일, 메신저, 네트워크 등)을 이용하여 타인에게 전달 또는 외부 반출하는 경우는 부정 처리합니다.
- 시험 중 부주의 또는 고의로 시스템을 파손한 경우는 수험자가 변상해야 하며, 〈수험자 유의사항〉에 기재된 방법대로 이행하지 않아 생기는 불이익은 수험생 당사자의 책임임을 알려 드립니다.
- 문제의 조건은 MS오피스 2016 버전으로 설정되어 있으니 유의하시기 바랍니다.
- 시험을 완료한 수험자는 답안파일이 전송되었는지 확인한 후 감독위원의 지시에 따라 문제지를 제출하고 퇴실합니다.

답안 작성요령

- 온라인 답안 작성 절차
  수험자 등록 ⇒ 시험 시작 ⇒ 답안파일 저장 ⇒ 답안 전송 ⇒ 시험 종료
- 문제는 총 4단계, 즉 제1작업부터 제4작업까지 구성되어 있으며 반드시 제1작업부터 순서대로 작성하고 조건대로 작업하시오.
- 모든 작업 시트의 A열은 열 너비 '1'로, 나머지 열은 적당하게 조절하시오.
- 모든 작업 시트의 테두리는 《출력형태》와 같이 작업하시오.
- 해당 작업란에서는 각각 제시된 조건에 따라 《출력형태》와 같이 작업하시오.
- 답안 시트 이름은 "제1작업", "제2작업", "제3작업", "제4작업"이어야 하며 답안 시트 이외의 것은 감점 처리됩니다.
- 각 시트를 파일로 나누어 작업해서 저장할 경우 실격 처리됩니다.

다음은 '수민상사 음료 판매 현황'에 대한 자료이다. 자료를 입력하고 조건에 맞도록 작업하시오.

《 출력형태 》

상품코드	상품명	분류	용기	단가	7월 판매수량	8월 판매수량	순위	비고
					확인	사원	대리	과장
M125	뿌리채소	채소 음료	페트병	1,160	79,600	76,500	(1)	(2)
B212	크랜베리	과일 음료	유리병	2,150	62,300	64,500	(1)	(2)
B711	핑크에이드	과일 음료	페트병	1,780	112,360	99,200	(1)	(2)
M124	케일 샐러리	채소 음료	캔	1,240	20,800	35,500	(1)	(2)
C231	보리보리	아기 음료	유리병	980	75,300	80,500	(1)	(2)
C233	소곤소곤	아기 음료	유리병	1,230	57,700	63,120	(1)	(2)
B718	오렌지자몽	과일 음료	캔	1,560	53,500	47,200	(1)	(2)
C272	유기농 당근	아기 음료	페트병	870	85,350	81,000	(1)	(2)
페트병 음료의 개수			(3)			최저 단가		(5)
아기 음료의 8월 판매수량 합계			(4)		상품명	뿌리채소	단가	(6)

《 조건 》

- 모든 데이터의 서식에는 글꼴(굴림, 11pt), 정렬은 숫자 및 회계 서식은 오른쪽 정렬, 나머지 서식은 가운데 정렬로 작성하며 예외적인 것은 《출력형태》를 참조하시오.
- 제목 ⇒ 도형(평행 사변형)과 그림자(오프셋 오른쪽)를 이용하여 작성하고 "수민상사 음료 판매 현황"을 입력한 후 다음 서식을 적용하시오(글꼴−굴림, 24pt, 검정, 굵게, 채우기−노랑).
- 임의의 셀에 결재란을 작성하여 그림으로 복사 기능을 이용하여 붙이기 하시오(단, 원본 삭제).
- [B4:J4, G14, I14] 영역은 '주황'으로 채우기 하시오.
- 유효성 검사를 이용하여 [H14] 셀에 상품명([C5:C12] 영역)이 선택 표시되도록 하시오.
- 셀 서식 ⇒ [F5:F12] 영역에 셀 서식을 이용하여 숫자 뒤에 '원'을 표시하시오(예 : 1,160원).
- [F5:F12] 영역에 대해 '단가'로 이름정의를 하시오.

▶ (1)~(6) 셀은 반드시 주어진 함수를 이용하여 값을 구하시오(결과값을 직접 입력하면 해당 셀은 0점 처리됨).

(1) 순위 ⇒ 8월 판매수량의 내림차순 순위를 구한 결과값에 '위'를 붙이시오(RANK.EQ 함수, & 연산자)(예 : 1위).

(2) 비고 ⇒ 7월 판매수량이 80,000 이상이면서 8월 판매수량이 80,000 이상이면 '판매우수', 그 외에는 공백으로 구하시오(IF, AND 함수).

(3) 페트병 음료의 개수 ⇒ 조건은 입력데이터를 이용하시오(DCOUNTA 함수).

(4) 아기 음료의 8월 판매수량 합계 ⇒ 반올림하여 백 단위까지 구하시오
(ROUND, SUMIF 함수)(예 : 125,520 → 125,500)

(5) 최저 단가 ⇒ 정의된 이름(단가)을 이용하여 구하시오(MIN 함수).

(6) 단가 ⇒ [H14] 셀에서 선택한 상품명에 대한 단가를 구하시오(VLOOKUP 함수).

(7) 조건부 서식의 수식을 이용하여 단가가 '1,000' 이하인 행 전체에 다음의 서식을 적용하시오(글꼴 : 파랑, 굵게).

"제1작업" 시트의 [B4:H12] 영역을 복사하여 "제2작업" 시트의 [B2] 셀부터 모두 붙여넣기를 한 후 다음의 조건과 같이 작업하시오.

《 조건 》

(1) 목표값 찾기 – [B11:G11] 셀을 병합하여 "페트병의 7월 판매수량 평균"을 입력한 후 [H11] 셀에 페트병의 7월 판매수량 평균을 구하시오. 단, 조건은 입력데이터를 이용하시오(DAVERAGE 함수, 테두리, 가운데 맞춤).

     – '페트병의 7월 판매수량 평균'이 '92,500'이 되려면 뿌리채소의 7월 판매수량이 얼마가 되어야 하는지 목표값을 구하시오.

(2) 고급 필터 – 상품코드가 'C'로 시작하거나 8월 판매수량이 '90,000' 이상인 자료의 상품명, 분류, 단가, 8월 판매수량 데이터만 추출하시오.

     – 조건 범위 : [B14] 셀부터 입력하시오.

     – 복사 위치 : [B18] 셀부터 나타나도록 하시오.

"제1작업" 시트의 [B4:H12] 영역을 복사하여 "제3작업" 시트의 [B2] 셀부터 모두 붙여넣기를 한 후 다음의 조건과 같이 작업하시오.

《 조건 》

(1) 부분합 – 《출력형태》처럼 정렬하고, 상품명의 개수와 8월 판매수량의 평균을 구하시오.
(2) 윤곽 – 지우시오.
(3) 나머지 사항은 《출력형태》에 맞게 작성하시오.

《 출력형태 》

	A	B	C	D	E	F	G	H
1								
2		상품코드	상품명	분류	용기	단가	7월 판매수량	8월 판매수량
3		M125	뿌리채소	채소 음료	페트병	1,160원	79,600	76,500
4		B711	핑크에이드	과일 음료	페트병	1,780원	112,360	99,200
5		C272	유기농 당근	아기 음료	페트병	870원	85,350	81,000
6					페트병 평균			85,567
7			3		페트병 개수			
8		M124	케일 샐러리	채소 음료	캔	1,240원	20,800	35,500
9		B718	오렌지자몽	과일 음료	캔	1,560원	53,500	47,200
10					캔 평균			41,350
11			2		캔 개수			
12		B212	크랜베리	과일 음료	유리병	2,150원	62,300	64,500
13		C231	보리보리	아기 음료	유리병	980원	75,300	80,500
14		C233	소곤소곤	아기 음료	유리병	1,230원	57,700	63,120
15					유리병 평균			69,373
16			3		유리병 개수			
17					전체 평균			68,440
18			8		전체 개수			
19								

"제1작업" 시트를 이용하여 조건에 따라 ≪출력형태≫와 같이 작업하시오.

《 조건 》

(1) 차트 종류 ⇒ 〈묶은 세로 막대형〉으로 작업하시오.

(2) 데이터 범위 ⇒ "제1작업" 시트의 내용을 이용하여 작업하시오.

(3) 위치 ⇒ "새 시트"로 이동하고, "제4작업"으로 시트 이름을 바꾸시오.

(4) 차트 디자인 도구 ⇒ 레이아웃 3, 스타일 1을 선택하여 ≪출력형태≫에 맞게 작업하시오.

(5) 영역 서식 ⇒ 차트 : 글꼴(굴림, 11pt), 채우기 효과(질감-파랑 박엽지)
　　　　　　　　그림 : 채우기(흰색, 배경1)

(6) 제목 서식 ⇒ 차트 제목 : 글꼴(굴림, 굵게, 20pt), 채우기(흰색, 배경1), 테두리

(7) 서식 ⇒ 8월 판매수량 계열의 차트 종류를 〈표식이 있는 꺾은선형〉으로 변경한 후 보조 축으로 지정하시오.
　　　　　계열 : ≪출력형태≫를 참조하여 표식(세모, 크기 10)과 레이블 값을 표시하시오.
　　　　　눈금선 : 선 스타일-파선
　　　　　축 : ≪출력형태≫를 참조하시오.

(8) 범례 ⇒ 범례명을 변경하고 ≪출력형태≫를 참조하시오.

(9) 도형 ⇒ '모서리가 둥근 사각형 설명선'을 삽입한 후 ≪출력형태≫와 같이 내용을 입력하시오.

(10) 나머지 사항은 ≪출력형태≫에 맞게 작성하시오.

《 출력형태 》

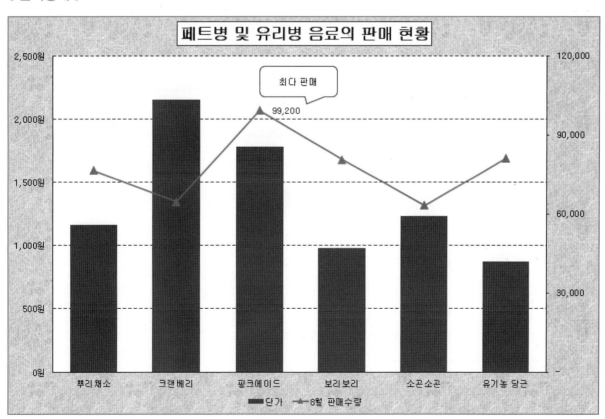

※ 주의: 시트명 순서가 차례대로 "제1작업", "제2작업", "제3작업", "제4작업"이 되도록 할 것

과목	코드	문제유형	시험시간	수험번호	성 명
한글 엑셀	1122	A	60분		

수험자 유의사항

- 수험자는 문제지를 받는 즉시 문제지와 **수험표상의 시험과목(프로그램)이 동일한지 반드시 확인**하여야 합니다.

- 파일명은 본인의 "수험번호–성명"으로 입력하여 답안폴더(내 PC₩문서₩ITQ)에 하나의 파일로 저장해야 하며, 답안문서 파일명이 "수험번호–성명"과 일치하지 않거나, 답안파일을 전송하지 않아 미제출로 처리될 경우 실격 처리합니다 (예:12345678–홍길동.xlsx).

- 답안 작성을 마치면 파일을 저장하고, '답안 전송' 버튼을 선택하여 감독위원 PC로 답안을 전송하십시오. 수험생 정보와 저장한 파일명이 다를 경우 전송되지 않으므로 주의하시기 바랍니다.

- 답안 작성 중에도 **주기적으로 저장하고, '답안 전송'**하여야 문제 발생을 줄일 수 있습니다. 작업한 내용을 저장하지 않고 전송할 경우 이전에 저장된 내용이 전송되오니 이점 유의하시기 바랍니다.

- 답안문서는 지정된 경로 외의 다른 보조기억장치에 저장하는 경우, 지정된 시험 시간 외에 작성된 파일을 활용할 경우, 기타 통신수단(이메일, 메신저, 네트워크 등)을 이용하여 타인에게 전달 또는 외부 반출하는 경우는 부정 처리합니다.

- 시험 중 부주의 또는 고의로 시스템을 파손한 경우는 수험자가 변상해야 하며, 〈수험자 유의사항〉에 기재된 방법대로 이행하지 않아 생기는 불이익은 수험생 당사자의 책임임을 알려 드립니다.

- 문제의 조건은 MS오피스 2016 버전으로 설정되어 있으니 유의하시기 바랍니다.

- 시험을 완료한 수험자는 답안파일이 전송되었는지 확인한 후 감독위원의 지시에 따라 문제지를 제출하고 퇴실합니다.

답안 작성요령

- 온라인 답안 작성 절차
  수험자 등록 ⇒ 시험 시작 ⇒ 답안파일 저장 ⇒ 답안 전송 ⇒ 시험 종료

- 문제는 총 4단계, 즉 제1작업부터 제4작업까지 구성되어 있으며 반드시 제1작업부터 순서대로 작성하고 조건대로 작업하시오.

- 모든 작업 시트의 A열은 열 너비 '1'로, 나머지 열은 적당하게 조절하시오.

- 모든 작업 시트의 테두리는 《출력형태》와 같이 작업하시오.

- 해당 작업란에서는 각각 제시된 조건에 따라 《출력형태》와 같이 작업하시오.

- 답안 시트 이름은 "제1작업", "제2작업", "제3작업", "제4작업"이어야 하며 답안 시트 이외의 것은 감점 처리됩니다.

- 각 시트를 파일로 나누어 작업해서 저장할 경우 실격 처리됩니다.

다음은 '우리호두과자 가맹점 현황'에 대한 자료이다. 자료를 입력하고 조건에 맞도록 작업하시오.

《 출력형태 》

관리번호	매장명	지역	매장규모 (제곱미터)	개점일	개설비용 (단위:십만원)	전월매출	매장유형	개점연도
						결재	사원	팀장	대표

우리호두과자 가맹점 현황

관리번호	매장명	지역	매장규모 (제곱미터)	개점일	개설비용 (단위:십만원)	전월매출	매장유형	개점연도
GH-201	덕양점	경기/인천	30	2020-02-20	485	8,230	(1)	(2)
CH-101	도봉점	서울	45	2019-07-10	678	7,557	(1)	(2)
CH-102	강남점	서울	50	2021-03-10	783	11,350	(1)	(2)
GH-202	우만점	경기/인천	32	2018-12-20	477	7,237	(1)	(2)
GH-301	둔산점	대전	29	2019-07-10	398	9,336	(1)	(2)
GH-103	장안점	서울	28	2021-02-20	588	8,755	(1)	(2)
CH-203	송도점	경기/인천	48	2019-09-10	523	10,205	(1)	(2)
CH-302	유성점	대전	43	2018-05-20	403	9,450	(1)	(2)
서울 매장규모(제곱미터) 평균			(3)		최대 전월매출			(5)
경기/인천 전월매출 합계			(4)		매장명	덕양점	전월매출	(6)

《 조건 》

• 모든 데이터의 서식에는 글꼴(굴림, 11pt), 정렬은 숫자 및 회계 서식은 오른쪽 정렬, 나머지 서식은 가운데 정렬로 작성하며 예외적인 것은 ≪출력형태≫를 참조하시오.

• 제목 ⇒ 도형(사다리꼴)과 그림자(오프셋 오른쪽)를 이용하여 작성하고 "우리호두과자 가맹점 현황"을 입력한 후 다음 서식을 적용하시오(글꼴-굴림, 24pt, 검정, 굵게, 채우기-노랑).

• 임의의 셀에 결재란을 작성하여 그림으로 복사 기능을 이용하여 붙이기 하시오(단, 원본 삭제).

• [B4:J4, G14, I14] 영역은 '주황'으로 채우기 하시오.

• 유효성 검사를 이용하여 [H14] 셀에 매장명([C5:C12] 영역)이 선택 표시되도록 하시오.

• 셀 서식 ⇒ [H5:H12] 영역에 셀 서식을 이용하여 숫자 뒤에 '천원'을 표시하시오(예 : 8,230천원).

• [D5:D12] 영역에 대해 '지역'으로 이름정의를 하시오.

▶ (1)~(6) 셀은 반드시 <u>주어진 함수</u>를 <u>이용</u>하여 값을 구하시오(결과값을 직접 입력하면 해당 셀은 0점 처리됨).

(1) 매장유형 ⇒ 관리번호의 첫 번째 글자가 G이면 '매장형', 그 외에는 '카페형'으로 구하시오(IF, LEFT 함수).

(2) 개점연도 ⇒ 개점일의 연도를 구한 결과에 '년'을 붙이시오(YEAR 함수, & 연산자)(예 : 2020년).

(3) 서울 매장규모(제곱미터) 평균 ⇒ 정의된 이름(지역)을 이용하여 구하시오(SUMIF, COUNTIF 함수).

(4) 경기/인천 전월매출 합계 ⇒ 지역이 경기/인천인 매장의 전월매출 합계를 구하시오.
　단, 조건은 입력데이터를 이용하시오(DSUM 함수).

(5) 최대 전월매출 ⇒ (MAX 함수)

(6) 전월매출 ⇒ [H14] 셀에서 선택한 매장명에 대한 전월매출을 구하시오(VLOOKUP 함수).

(7) 조건부 서식의 수식을 이용하여 전월매출이 '10,000' 이상인 행 전체에 다음의 서식을 적용하시오(글꼴 : 파랑, 굵게).

"제1작업" 시트의 [B4:H12] 영역을 복사하여 "제2작업" 시트의 [B2] 셀부터 모두 붙여넣기를 한 후 다음의 조건과 같이 작업하시오.

《 조건 》

(1) 목표값 찾기 – [B11:G11] 셀을 병합하여 "전월매출 전체 평균"을 입력한 후 [H11] 셀에 전월매출의 전체 평균을 구하시오(AVERAGE 함수, 테두리, 가운데 맞춤).
    – '전월매출 전체 평균'이 '9,200'이 되려면 덕양점의 전월매출이 얼마가 되어야 하는지 목표값을 구하시오.

(2) 고급 필터 – 지역이 '서울'이 아니면서 매장규모(제곱미터)가 '32' 이상인 자료의 매장명, 개점일, 개설비용(단위: 십만원), 전월매출 데이터만 추출하시오.
    – 조건 범위 : [B14] 셀부터 입력하시오.
    – 복사 위치 : [B18] 셀부터 나타나도록 하시오.

"제1작업" 시트의 [B4:H12] 영역을 복사하여 "제3작업" 시트의 [B2] 셀부터 모두 붙여넣기를 한 후 다음의 조건과 같이 작업하시오.

《 조건 》

(1) 부분합 – ≪출력형태≫처럼 정렬하고, 매장명의 개수와 전월매출의 평균을 구하시오.
(2) 윤곽 – 지우시오.
(3) 나머지 사항은 ≪출력형태≫에 맞게 작성하시오.

《 출력형태 》

	A	B	C	D	E	F	G	H
1								
2		관리번호	매장명	지역	매장규모(제곱미터)	개점일	개설비용(단위:십만원)	전월매출
3		CH-101	도봉점	서울	45	2019-07-10	678	7,557천원
4		CH-102	강남점	서울	50	2021-03-10	783	11,350천원
5		GH-103	장안점	서울	28	2021-02-20	588	8,755천원
6				서울 평균				9,221천원
7			3	서울 개수				
8		GH-301	둔산점	대전	29	2019-07-10	398	9,336천원
9		CH-302	유성점	대전	43	2018-05-20	403	9,450천원
10				대전 평균				9,393천원
11			2	대전 개수				
12		GH-201	덕양점	경기/인천	30	2020-02-20	485	8,230천원
13		GH-202	우만점	경기/인천	32	2018-12-20	477	7,237천원
14		CH-203	송도점	경기/인천	48	2019-09-10	523	10,205천원
15				경기/인천 평균				8,557천원
16			3	경기/인천 개수				
17				전체 평균				9,015천원
18			8	전체 개수				
19								

"제1작업" 시트를 이용하여 조건에 따라 ≪출력형태≫와 같이 작업하시오.

《 조건 》

(1) 차트 종류 ⇒ 〈묶은 세로 막대형〉으로 작업하시오.

(2) 데이터 범위 ⇒ "제1작업" 시트의 내용을 이용하여 작업하시오.

(3) 위치 ⇒ "새 시트"로 이동하고, "제4작업"으로 시트 이름을 바꾸시오.

(4) 차트 디자인 도구 ⇒ 레이아웃 3, 스타일 1을 선택하여 ≪출력형태≫에 맞게 작업하시오.

(5) 영역 서식 ⇒ 차트 : 글꼴(굴림, 11pt), 채우기 효과(질감−파랑 박엽지)
    그림 : 채우기(흰색, 배경1)

(6) 제목 서식 ⇒ 차트 제목 : 글꼴(굴림, 굵게, 20pt), 채우기(흰색, 배경1), 테두리

(7) 서식 ⇒ 개설비용(단위:십만원) 계열의 차트 종류를 〈표식이 있는 꺾은선형〉으로 변경한 후 보조 축으로 지정하시오.
    계열 : ≪출력형태≫를 참조하여 표식(마름모, 크기 10)과 레이블 값을 표시하시오.
    눈금선 : 선 스타일−파선
    축 : ≪출력형태≫를 참조하시오.

(8) 범례 ⇒ 범례명을 변경하고 ≪출력형태≫를 참조하시오.

(9) 도형 ⇒ '모서리가 둥근 사각형 설명선'을 삽입한 후 ≪출력형태≫와 같이 내용을 입력하시오.

(10) 나머지 사항은 ≪출력형태≫에 맞게 작성하시오.

《 출력형태 》

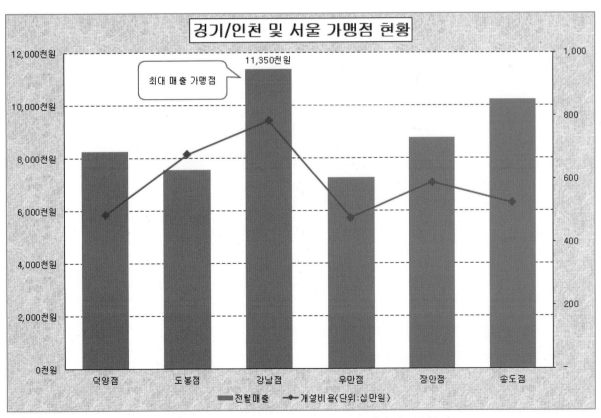

※ 주의: 시트명 순서가 차례대로 "제1작업", "제2작업", "제3작업", "제4작업"이 되도록 할 것

정보기술자격(ITQ) 기출문제

MS오피스 2016

과목	코드	문제유형	시험시간	수험번호	성 명
한글 엑셀	1122	A	60분		

◦ 수험자 유의사항 ◦

- 수험자는 문제지를 받는 즉시 문제지와 **수험표상의 시험과목(프로그램)이 동일한지 반드시 확인**하여야 합니다.
- 파일명은 본인의 "수험번호-성명"으로 입력하여 답안폴더(내 PC\문서\ITQ)에 하나의 파일로 저장해야 하며, 답안문서 파일명이 "수험번호-성명"과 일치하지 않거나, 답안파일을 전송하지 않아 미제출로 처리될 경우 실격 처리합니다(예:12345678-홍길동.xlsx).
- 답안 작성을 마치면 파일을 저장하고, '답안 전송' 버튼을 선택하여 감독위원 PC로 답안을 전송하십시오. 수험생 정보와 저장한 파일명이 다를 경우 전송되지 않으므로 주의하시기 바랍니다.
- 답안 작성 중에도 **주기적으로 저장하고, '답안 전송'**하여야 문제 발생을 줄일 수 있습니다. 작업한 내용을 저장하지 않고 전송할 경우 이전에 저장된 내용이 전송되오니 이점 유의하시기 바랍니다.
- 답안문서는 지정된 경로 외의 다른 보조기억장치에 저장하는 경우, 지정된 시험 시간 외에 작성된 파일을 활용할 경우, 기타 통신수단(이메일, 메신저, 네트워크 등)을 이용하여 타인에게 전달 또는 외부 반출하는 경우는 부정 처리합니다.
- 시험 중 부주의 또는 고의로 시스템을 파손한 경우는 수험자가 변상해야 하며, 〈수험자 유의사항〉에 기재된 방법대로 이행하지 않아 생기는 불이익은 수험생 당사자의 책임임을 알려 드립니다.
- 문제의 조건은 MS오피스 2016 버전으로 설정되어 있으니 유의하시기 바랍니다.
- 시험을 완료한 수험자는 답안파일이 전송되었는지 확인한 후 감독위원의 지시에 따라 문제지를 제출하고 퇴실합니다.

◦ 답안 작성요령 ◦

- 온라인 답안 작성 절차
  수험자 등록 ⇒ 시험 시작 ⇒ 답안파일 저장 ⇒ 답안 전송 ⇒ 시험 종료
- 문제는 총 4단계, 즉 제1작업부터 제4작업까지 구성되어 있으며 반드시 제1작업부터 순서대로 작성하고 조건대로 작업하시오.
- 모든 작업 시트의 A열은 열 너비 '1'로, 나머지 열은 적당하게 조절하시오.
- 모든 작업 시트의 테두리는 《출력형태》와 같이 작업하시오.
- 해당 작업란에서는 각각 제시된 조건에 따라 《출력형태》와 같이 작업하시오.
- 답안 시트 이름은 "제1작업", "제2작업", "제3작업", "제4작업"이어야 하며 답안 시트 이외의 것은 감점 처리됩니다.
- 각 시트를 파일로 나누어 작업해서 저장할 경우 실격 처리됩니다.

다음은 '캠핑용품 대여 관리 현황'에 대한 자료이다. 자료를 입력하고 조건에 맞도록 작업하시오.

《 출력형태 》

대여코드	제품명	제조사	분류	판매가격 (단위:원)	대여 수량	대여가격 (단위:원)	배송지	대여 순위
							담당	팀장	부장
							확인		
T-127	접이식 원목	아이랑	테이블	49,000	850	16,500	(1)	(2)
M-215	메가스페이스 팝업	여행캠프	원터치텐트	108,900	346	36,000	(1)	(2)
D-214	대형 원형 사각 폴딩	버팔루	파라솔	75,500	1,020	25,000	(1)	(2)
J-321	돌른 캠퍼 패밀리	엠캠프	테이블	63,900	1,342	21,000	(1)	(2)
P-346	패스트캠프	자연친화	원터치텐트	99,900	289	33,000	(1)	(2)
C-121	노지캠핑 접이식	퍼미거	테이블	43,540	1,821	14,500	(1)	(2)
P-145	프리미엄 오토	가족캠프	원터치텐트	38,900	1,678	12,500	(1)	(2)
D-362	대형 2층 이단	오토마운틴	파라솔	30,540	2,312	10,000	(1)	(2)
테이블 제품의 대여 수량 합계			(3)		최다 대여 수량			(5)
파라솔 제품의 대여가격(단위:원) 평균			(4)		제품명	접이식 원목	대여가격 (단위:원)	(6)

표 안의 제목: 캠핑용품 대여 관리 현황

《 조건 》

- 모든 데이터의 서식에는 글꼴(굴림, 11pt), 정렬은 숫자 및 회계 서식은 오른쪽 정렬, 나머지 서식은 가운데 정렬로 작성하며 예외적인 것은 《출력형태》를 참조하시오.
- 제목 ⇒ 도형(사다리꼴)과 그림자(오프셋 가운데)를 이용하여 작성하고 "캠핑용품 대여 관리 현황"을 입력한 후 다음 서식을 적용하시오(글꼴-굴림, 24pt, 검정, 굵게, 채우기-노랑).
- 임의의 셀에 결재란을 작성하여 그림으로 복사 기능을 이용하여 붙이기 하시오(단, 원본 삭제).
- [B4:J4, G14, I14] 영역은 '주황'으로 채우기 하시오.
- 유효성 검사를 이용하여 [H14] 셀에 제품명([C5:C12] 영역)이 선택 표시되도록 하시오.
- 셀 서식 ⇒ [G5:G12] 영역에 셀 서식을 이용하여 숫자 뒤에 '개'를 표시하시오(예 : 1,020개).
- [H5:H12] 영역에 대해 '대여가격'으로 이름정의를 하시오.

....

▷ (1)~(6) 셀은 반드시 <u>주어진 함수를 이용</u>하여 값을 구하시오(결과값을 직접 입력하면 해당 셀은 0점 처리됨).

(1) 배송지 ⇒ 대여코드 세 번째 글자가 1이면 '서울', 2이면 '인천', 3이면 '부산'으로 표시하시오(CHOOSE, MID 함수).

(2) 대여 순위 ⇒ 대여 수량의 내림차순 순위를 구한 후 결과값에 '위'를 붙이시오(RANK.EQ 함수, & 연산자)(예 : 1위).

(3) 테이블 제품의 대여 수량 합계 ⇒ 조건은 입력데이터를 이용하시오(DSUM 함수).

(4) 파라솔 제품의 대여가격(단위:원) 평균 ⇒ 정의된 이름(대여가격)을 이용하여 구하시오(SUMIF, COUNTIF 함수).

(5) 최다 대여 수량 ⇒ (LARGE 함수)

(6) 대여가격(단위:원) ⇒ [H14] 셀에서 선택한 제품명에 대한 대여가격(단위:원)을 구하시오(VLOOKUP 함수).

(7) 조건부 서식의 수식을 이용하여 대여가격(단위:원)이 '30,000' 이상인 행 전체에 다음의 서식을 적용하시오 (글꼴 : 파랑, 굵게).

"제1작업" 시트의 [B4:H12] 영역을 복사하여 "제2작업" 시트의 [B2] 셀부터 모두 붙여넣기를 한 후 다음의 조건과 같이 작업하시오.

《 조건 》

(1) 고급 필터 – 분류가 '윈터치텐트'이거나 대여가격(단위:원)이 '20,000' 이상인 자료의 제품명, 제조사, 판매가격 (단위:원), 대여 수량 데이터만 추출하시오.
　　　　　　 – 조건 범위 : [B14] 셀부터 입력하시오.
　　　　　　 – 복사 위치 : [B18] 셀부터 나타나도록 하시오.

(2) 표 서식 – 고급 필터의 결과셀을 채우기 없음으로 설정한 후 '표 스타일 보통 7'의 서식을 적용하시오.
　　　　　 – 머리글 행, 줄무늬 행을 적용하시오.

제 3 작업　피벗 테이블　80점

"제1작업" 시트를 이용하여 "제3작업" 시트에 조건에 따라 ≪출력형태≫와 같이 작업하시오.

《 조건 》

(1) 대여 수량 및 분류별 제품명의 개수와 대여가격(단위:원)의 평균을 구하시오.
(2) 대여 수량을 그룹화하고, 분류를 ≪출력형태≫와 같이 정렬하시오.
(3) 레이블이 있는 셀 병합 및 가운데 맞춤 적용 및 빈 셀은 '**'로 표시하시오.
(4) 행의 총합계는 지우고, 나머지 사항은 ≪출력형태≫에 맞게 작성하시오.

《 출력형태 》

대여 수량	분류							
	파라솔		테이블		윈터치텐트			
	개수 : 제품명	평균 : 대여가격(단위:원)	개수 : 제품명	평균 : 대여가격(단위:원)	개수 : 제품명	평균 : 대여가격(단위:원)		
1-600	**	**	**	**	2	34,500		
601-1200	1	25,000	1	16,500	**	**		
1201-1800	**	**	1	21,000	1	12,500		
1801-2400	1	10,000	1	14,500	**	**		
총합계	2	17,500	3	17,333	3	27,167		

"제1작업" 시트를 이용하여 조건에 따라 ≪출력형태≫와 같이 작업하시오.

《 조건 》

(1) 차트 종류 ⇒ 〈묶은 세로 막대형〉으로 작업하시오.

(2) 데이터 범위 ⇒ "제1작업" 시트의 내용을 이용하여 작업하시오.

(3) 위치 ⇒ "새 시트"로 이동하고, "제4작업"으로 시트 이름을 바꾸시오.

(4) 차트 디자인 도구 ⇒ 레이아웃 3, 스타일 1을 선택하여 ≪출력형태≫에 맞게 작업하시오.

(5) 영역 서식 ⇒ 차트 : 글꼴(굴림, 11pt), 채우기 효과(질감−파랑 박엽지)
　　　　　　　　그림 : 채우기(흰색, 배경1)

(6) 제목 서식 ⇒ 차트 제목 : 글꼴(굴림, 굵게, 20pt), 채우기(흰색, 배경1), 테두리

(7) 서식 ⇒ 대여가격(단위:원) 계열의 차트 종류를 〈표식이 있는 꺾은선형〉으로 변경한 후 보조 축으로 지정하시오.
　　　　계열 : ≪출력형태≫를 참조하여 표식(세모, 크기 10)과 레이블 값을 표시하시오.
　　　　눈금선 : 선 스타일−파선
　　　　축 : ≪출력형태≫를 참조하시오.

(8) 범례 ⇒ 범례명을 변경하고 ≪출력형태≫를 참조하시오.

(9) 도형 ⇒ '모서리가 둥근 사각형 설명선'을 삽입한 후 ≪출력형태≫와 같이 내용을 입력하시오.

(10) 나머지 사항은 ≪출력형태≫에 맞게 작성하시오.

《 출력형태 》

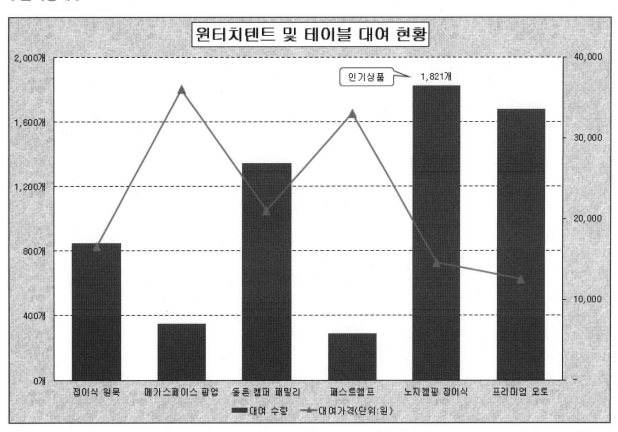

※ 주의: 시트명 순서가 차례대로 "제1작업", "제2작업", "제3작업", "제4작업"이 되도록 할 것

정보기술자격(ITQ) 기출문제

MS오피스 2016

과목	코드	문제유형	시험시간	수험번호	성 명
한글 엑셀	1122	A	60분		

• 수험자 유의사항 •

- 수험자는 문제지를 받는 즉시 문제지와 **수험표상의 시험과목(프로그램)이 동일한지 반드시 확인**하여야 합니다.
- 파일명은 본인의 "수험번호–성명"으로 입력하여 답안폴더(내 PC₩문서₩ITQ)에 하나의 파일로 저장해야 하며, 답안문서 파일명이 "수험번호–성명"과 일치하지 않거나, 답안파일을 전송하지 않아 미제출로 처리될 경우 실격 처리합니다 (예:12345678–홍길동.xlsx).
- 답안 작성을 마치면 파일을 저장하고, '답안 전송' 버튼을 선택하여 감독위원 PC로 답안을 전송하십시오. 수험생 정보와 저장한 파일명이 다를 경우 전송되지 않으므로 주의하시기 바랍니다.
- 답안 작성 중에도 **주기적으로 저장하고, '답안 전송'**하여야 문제 발생을 줄일 수 있습니다. 작업한 내용을 저장하지 않고 전송할 경우 이전에 저장된 내용이 전송되오니 이점 유의하시기 바랍니다.
- 답안문서는 지정된 경로 외의 다른 보조기억장치에 저장하는 경우, 지정된 시험 시간 외에 작성된 파일을 활용할 경우, 기타 통신수단(이메일, 메신저, 네트워크 등)을 이용하여 타인에게 전달 또는 외부 반출하는 경우는 부정 처리합니다.
- 시험 중 부주의 또는 고의로 시스템을 파손한 경우는 수험자가 변상해야 하며, 〈수험자 유의사항〉에 기재된 방법대로 이행하지 않아 생기는 불이익은 수험생 당사자의 책임임을 알려 드립니다.
- 문제의 조건은 MS오피스 2016 버전으로 설정되어 있으니 유의하시기 바랍니다.
- 시험을 완료한 수험자는 답안파일이 전송되었는지 확인한 후 감독위원의 지시에 따라 문제지를 제출하고 퇴실합니다.

• 답안 작성요령 •

- 온라인 답안 작성 절차
  수험자 등록 ⇒ 시험 시작 ⇒ 답안파일 저장 ⇒ 답안 전송 ⇒ 시험 종료
- 문제는 총 4단계, 즉 제1작업부터 제4작업까지 구성되어 있으며 반드시 제1작업부터 순서대로 작성하고 조건대로 작업하시오.
- 모든 작업 시트의 A열은 열 너비 '1'로, 나머지 열은 적당하게 조절하시오.
- 모든 작업 시트의 테두리는 《출력형태》와 같이 작업하시오.
- 해당 작업란에서는 각각 제시된 조건에 따라 《출력형태》와 같이 작업하시오.
- 답안 시트 이름은 "제1작업", "제2작업", "제3작업", "제4작업"이어야 하며 답안 시트 이외의 것은 감점 처리됩니다.
- 각 시트를 파일로 나누어 작업해서 저장할 경우 실격 처리됩니다.

다음은 '하나상가 신규 임대관리현황'에 대한 자료이다. 자료를 입력하고 조건에 맞도록 작업하시오.

《 출력형태 》

임대코드	입주상가	구분	실평수	월임대료 (단위:원)	입주일	계약기간	보증금 (단위:만원)	위치
						결재	팀장	과장	대표

하나상가 신규 임대관리현황

임대코드	입주상가	구분	실평수	월임대료 (단위:원)	입주일	계약기간	보증금 (단위:만원)	위치
LA11-3	세명수학교실	학원	33	1,200,000	2021-02-25	3	(1)	(2)
LR13-1	우리분식	음식점	19	1,350,000	2021-01-20	5	(1)	(2)
LC12-2	영혜어샵	편의시설	17	900,000	2021-03-20	2	(1)	(2)
LR22-2	맛나피자	음식점	15	850,000	2021-02-20	4	(1)	(2)
LA23-2	초록피아노	학원	19	950,000	2021-01-10	2	(1)	(2)
LA31-3	한빛논술	학원	25	1,050,000	2021-03-10	3	(1)	(2)
LC22-1	24편의점	편의시설	13	1,000,000	2021-03-25	5	(1)	(2)
LC33-1	크린세탁	편의시설	11	930,000	2021-02-10	3	(1)	(2)
학원 월임대료(단위:원) 평균			(3)			최대 계약기간		(5)
2021-03-01 이후 입주한 입주상가 수			(4)			임대코드	LA11-3	계약기간	(6)

《 조건 》

- 모든 데이터의 서식에는 글꼴(굴림, 11pt), 정렬은 숫자 및 회계 서식은 오른쪽 정렬, 나머지 서식은 가운데 정렬로 작성하며 예외적인 것은 《출력형태》를 참조하시오.
- 제목 ⇒ 도형(배지)과 그림자(오프셋 오른쪽)를 이용하여 작성하고 "하나상가 신규 임대관리현황"을 입력한 후 다음 서식을 적용하시오(글꼴-굴림, 24pt, 검정, 굵게, 채우기-노랑).
- 임의의 셀에 결재란을 작성하여 그림으로 복사 기능을 이용하여 붙이기 하시오(단, 원본 삭제).
- [B4:J4, G14, I14] 영역은 '주황'으로 채우기 하시오.
- 유효성 검사를 이용하여 [H14] 셀에 임대코드([B5:B12] 영역)가 선택 표시되도록 하시오.
- 셀 서식 ⇒ [H5:H12] 영역에 셀 서식을 이용하여 숫자 뒤에 '년'을 표시하시오(예 : 3년).
- [G5:G12] 영역에 대해 '입주일'로 이름정의를 하시오.

▶ (1)~(6) 셀은 반드시 <u>주어진 함수를 이용</u>하여 값을 구하시오(결과값을 직접 입력하면 해당 셀은 0점 처리됨).

(1) 보증금(단위:만원) ⇒ 임대코드 4번째 글자가 1이면 '5,000', 2이면 '3,000' 3이면 '2,000'으로 구하시오 (CHOOSE, MID 함수).

(2) 위치 ⇒ 임대코드 마지막 글자를 구한 결과값에 '층'을 붙이시오(RIGHT 함수, & 연산자)(예 : 1층).

(3) 학원 월임대료(단위:원) 평균 ⇒ 조건은 입력 데이터를 이용하고, 반올림하여 천원 단위까지 구하시오 (ROUND, DAVERAGE 함수)(예 : 1,234,567 → 1,235,000).

(4) 2021-03-01 이후 입주한 입주상가 수 ⇒ 해당일(2021-03-01)을 포함하여 그 이후 입주한 입주상가 수를 정의된 이름(입주일)을 이용하여 구하시오(COUNTIF 함수).

(5) 최대 계약기간 ⇒ (MAX 함수)

(6) 계약기간 ⇒ [H14] 셀에서 선택한 임대코드에 대한 계약기간을 구하시오(VLOOKUP 함수).

(7) 조건부 서식의 수식을 이용하여 실평수가 '20' 이상인 행 전체에 다음의 서식을 적용하시오(글꼴 : 파랑, 굵게).

"제1작업" 시트의 [B4:H12] 영역을 복사하여 "제2작업" 시트의 [B2] 셀부터 모두 붙여넣기를 한 후 다음의 조건과 같이 작업하시오.

《 조건 》

(1) 목표값 찾기 – [B11:G11] 셀을 병합하여 "월임대료(단위:원)의 전체 평균"을 입력한 후 [H11] 셀에 월임대료(단위:원)의 전체 평균을 구하시오(AVERAGE 함수, 테두리, 가운데 맞춤).

　　　 – '월임대료(단위:원)의 전체 평균'이 '1,050,000'이 되려면 세명수학교실의 월임대료(단위:원)가 얼마가 되어야 하는지 목표값을 구하시오.

(2) 고급 필터 – 구분이 '음식점'이거나, 실평수가 '15' 이하인 자료의 임대코드, 입주상가, 월임대료(단위:원), 입주일 데이터만 추출하시오.
　　　 – 조건 범위 : [B14] 셀부터 입력하시오.
　　　 – 복사 위치 : [B18] 셀부터 나타나도록 하시오.

"제1작업" 시트의 [B4:H12] 영역을 복사하여 "제3작업" 시트의 [B2] 셀부터 모두 붙여넣기를 한 후 다음의 조건과 같이 작업하시오.

《 조건 》

(1) 부분합 – ≪출력형태≫처럼 정렬하고, 입주상가의 개수와 월임대료(단위:원)의 평균을 구하시오.
(2) 윤곽 – 지우시오.
(3) 나머지 사항은 ≪출력형태≫에 맞게 작성하시오.

《 출력형태 》

	A	B	C	D	E	F	G	H
1								
2		임대코드	입주상가	구분	실평수	월임대료(단위:원)	입주일	계약기간
3		LA11-3	세명수학교실	학원	33	1,200,000	2021-02-25	3년
4		LA23-2	초록피아노	학원	19	950,000	2021-01-10	2년
5		LA31-3	한빛논술	학원	25	1,050,000	2021-03-10	3년
6				학원 평균		1,066,667		
7			3	학원 개수				
8		LC12-2	영혜어샵	편의시설	17	900,000	2021-03-20	2년
9		LC22-1	24편의점	편의시설	13	1,000,000	2021-03-25	5년
10		LC33-1	크린세탁	편의시설	11	930,000	2021-02-10	3년
11				편의시설 평균		943,333		
12			3	편의시설 개수				
13		LR13-1	우리분식	음식점	19	1,350,000	2021-01-20	5년
14		LR22-2	맛나피자	음식점	15	850,000	2021-02-20	4년
15				음식점 평균		1,100,000		
16			2	음식점 개수				
17				전체 평균		1,028,750		
18			8	전체 개수				
19								

"제1작업" 시트를 이용하여 조건에 따라 ≪출력형태≫와 같이 작업하시오.

《 조건 》

(1) 차트 종류 ⇒ 〈묶은 세로 막대형〉으로 작업하시오.

(2) 데이터 범위 ⇒ "제1작업" 시트의 내용을 이용하여 작업하시오.

(3) 위치 ⇒ "새 시트"로 이동하고, "제4작업"으로 시트 이름을 바꾸시오.

(4) 차트 디자인 도구 ⇒ 레이아웃 3, 스타일 1을 선택하여 ≪출력형태≫에 맞게 작업하시오.

(5) 영역 서식 ⇒ 차트 : 글꼴(굴림, 11pt), 채우기 효과(질감–파랑 박엽지)
　　　　　　　　그림 : 채우기(흰색, 배경1)

(6) 제목 서식 ⇒ 차트 제목 : 글꼴(굴림, 굵게, 20pt), 채우기(흰색, 배경1), 테두리

(7) 서식 ⇒ 계약기간 계열의 차트 종류를 〈표식이 있는 꺾은선형〉으로 변경한 후 보조 축으로 지정하시오.
　　　　　계열 : ≪출력형태≫를 참조하여 표식(마름모, 크기 10)과 레이블 값을 표시하시오.
　　　　　눈금선 : 선 스타일–파선
　　　　　축 : ≪출력형태≫를 참조하시오.

(8) 범례 ⇒ 범례명을 변경하고 ≪출력형태≫를 참조하시오.

(9) 도형 ⇒ '모서리가 둥근 사각형 설명선'을 삽입한 후 ≪출력형태≫와 같이 내용을 입력하시오.

(10) 나머지 사항은 ≪출력형태≫에 맞게 작성하시오.

《 출력형태 》

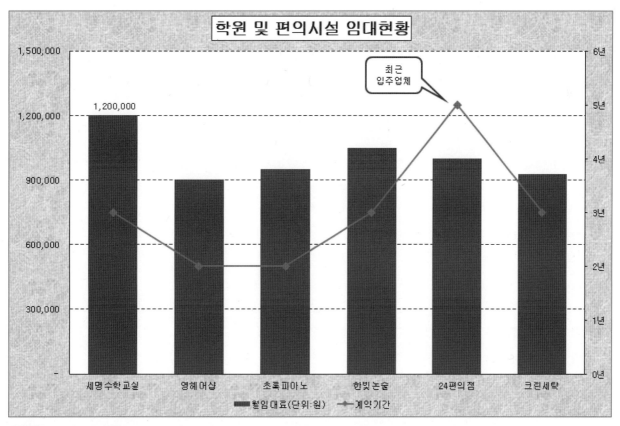

※ 주의: 시트명 순서가 차례대로 "제1작업", "제2작업", "제3작업", "제4작업"이 되도록 할 것

정보기술자격(ITQ) 기출문제

MS오피스 2016

과목	코드	문제유형	시험시간	수험번호	성 명
한글 엑셀	1122	A	60분		

· 수험자 유의사항 ·

- 수험자는 문제지를 받는 즉시 문제지와 **수험표상의 시험과목(프로그램)이 동일한지 반드시 확인**하여야 합니다.

- 파일명은 본인의 "수험번호-성명"으로 입력하여 답안폴더(내 PC₩문서₩ITQ)에 하나의 파일로 저장해야 하며, 답안문서 파일명이 "수험번호-성명"과 일치하지 않거나, 답안파일을 전송하지 않아 미제출로 처리될 경우 실격 처리합니다 (예:12345678-홍길동.xlsx).

- 답안 작성을 마치면 파일을 저장하고, '답안 전송' 버튼을 선택하여 감독위원 PC로 답안을 전송하십시오. 수험생 정보와 저장한 파일명이 다를 경우 전송되지 않으므로 주의하시기 바랍니다.

- 답안 작성 중에도 **주기적으로 저장하고, '답안 전송'**하여야 문제 발생을 줄일 수 있습니다. 작업한 내용을 저장하지 않고 전송할 경우 이전에 저장된 내용이 전송되오니 이점 유의하시기 바랍니다.

- 답안문서는 지정된 경로 외의 다른 보조기억장치에 저장하는 경우, 지정된 시험 시간 외에 작성된 파일을 활용할 경우, 기타 통신수단(이메일, 메신저, 네트워크 등)을 이용하여 타인에게 전달 또는 외부 반출하는 경우는 부정 처리합니다.

- 시험 중 부주의 또는 고의로 시스템을 파손한 경우는 수험자가 변상해야 하며, 〈수험자 유의사항〉에 기재된 방법대로 이행하지 않아 생기는 불이익은 수험생 당사자의 책임임을 알려 드립니다.

- 문제의 조건은 MS오피스 2016 버전으로 설정되어 있으니 유의하시기 바랍니다.

- 시험을 완료한 수험자는 답안파일이 전송되었는지 확인한 후 감독위원의 지시에 따라 문제지를 제출하고 퇴실합니다.

· 답안 작성요령 ·

- 온라인 답안 작성 절차
  수험자 등록 ⇒ 시험 시작 ⇒ 답안파일 저장 ⇒ 답안 전송 ⇒ 시험 종료

- 문제는 총 4단계, 즉 제1작업부터 제4작업까지 구성되어 있으며 반드시 제1작업부터 순서대로 작성하고 조건대로 작업하시오.

- 모든 작업 시트의 A열은 열 너비 '1'로, 나머지 열은 적당하게 조절하시오.

- 모든 작업 시트의 테두리는 《출력형태》와 같이 작업하시오.

- 해당 작업란에서는 각각 제시된 조건에 따라 《출력형태》와 같이 작업하시오.

- 답안 시트 이름은 "제1작업", "제2작업", "제3작업", "제4작업"이어야 하며 답안 시트 이외의 것은 감점 처리됩니다.

- 각 시트를 파일로 나누어 작업해서 저장할 경우 실격 처리됩니다.

다음은 '해외 공장 제품생산 현황'에 대한 자료이다. 자료를 입력하고 조건에 맞도록 작업하시오.

《 출력형태 》

제품코드	제품명	제조국	제조사	생산량	불량률(%)	생산비용 (단위:백만원)	생산량 순위	구분
					결재	담당	대리	팀장
FR5451	인터스텔라	베트남	요조비	454	8.4	1,854	(1)	(2)
EF3812	레이니	중국	제닌	683	2.5	7,640	(1)	(2)
AR2323	캠벨수프	베트남	요조비	229	3.7	2,607	(1)	(2)
CF5343	코니칼	중국	제닌	721	10.6	2,786	(1)	(2)
EV3784	유니텔	베트남	요조비	485	3.1	1,728	(1)	(2)
AV5132	그립필	베트남	요조비	930	4.1	2,319	(1)	(2)
PF9124	미니햇	필리핀	비즈	995	5.2	1,253	(1)	(2)
FF5231	패브릭	필리핀	비즈	776	1.8	2,691	(1)	(2)
베트남 제품의 생산비용(단위:백만원) 합계		(3)				최저 불량률(%)		(5)
제닌 제품의 생산비용(단위:백만원) 평균		(4)			제품코드	FR5451	제조사	(6)

《 조건 》

- 모든 데이터의 서식에는 글꼴(굴림, 11pt), 정렬은 숫자 및 회계 서식은 오른쪽 정렬, 나머지 서식은 가운데 정렬로 작성하며 예외적인 것은 ≪출력형태≫를 참조하시오.
- 제목 ⇒ 도형(모서리가 둥근 직사각형)과 그림자(오프셋 대각선 왼쪽 아래)를 이용하여 작성하고 "해외 공장 제품생산 현황"을 입력한 후 다음 서식을 적용하시오(글꼴-굴림, 24pt, 검정, 굵게, 채우기-노랑).
- 임의의 셀에 결재란을 작성하여 그림으로 복사 기능을 이용하여 붙이기 하시오(단, 원본 삭제).
- [B4:J4, G14, I14] 영역은 '주황'으로 채우기 하시오.
- 유효성 검사를 이용하여 [H14] 셀에 제품코드([B5:B12] 영역)가 선택 표시되도록 하시오.
- 셀 서식 ⇒ [F5:F12] 영역에 셀 서식을 이용하여 숫자 뒤에 '천개'를 표시하시오(예 : 454천개).
- [H5:H12] 영역에 대해 '생산비용'으로 이름정의를 하시오.

▶ (1)~(6) 셀은 반드시 <u>주어진 함수</u>를 이용하여 값을 구하시오(결과값을 직접 입력하면 해당 셀은 0점 처리됨).

(1) 생산량 순위 ⇒ 생산량의 내림차순 순위를 구하시오(RANK.EQ 함수).

(2) 구분 ⇒ 제품코드의 두 번째 글자가 V이면 '거실등', R이면 '방등', 그 외에는 공백으로 구하시오(IF, MID 함수).

(3) 베트남 제품의 생산비용(단위:백만원) 합계 ⇒ 제조국이 베트남인 제품의 생산비용(단위:백만원) 합계를 구하시오. 단, 조건은 입력데이터를 이용하시오(DSUM 함수).

(4) 제닌 제품의 생산비용(단위:백만원) 평균 ⇒ 정의된 이름(생산비용)을 이용하여 제조사가 제닌인 제품의 생산비용(단위:백만원) 평균을 구하시오(SUMIF, COUNTIF 함수).

(5) 최저 불량률(%) ⇒ 불량률(%)의 최저값을 구한 결과값에 '%'를 붙이시오(MIN 함수, & 연산자)(예 : 8.4%).

(6) 제조사 ⇒ [H14] 셀에서 선택한 제품코드에 대한 제조사를 구하시오(VLOOKUP 함수).

(7) 조건부 서식의 수식을 이용하여 생산량이 '500' 이하인 행 전체에 다음의 서식을 적용하시오(글꼴 : 파랑, 굵게).

목표값 찾기 및 필터

"제1작업" 시트의 [B4:H12] 영역을 복사하여 "제2작업" 시트의 [B2] 셀부터 모두 붙여넣기를 한 후 다음의 조건과 같이 작업하시오.

《 조건 》

(1) 목표값 찾기 – [B11:G11] 셀을 병합하여 "요조비의 생산량 평균"을 입력한 후 [H11] 셀에 요조비의 생산량 평균을 구하시오. 단, 조건은 입력데이터를 이용하시오(DAVERAGE 함수, 테두리, 가운데 맞춤).
   – 요조비의 생산량 평균이 '530'이 되려면 인터스텔라의 생산량이 얼마가 되어야 하는지 목표값을 구하시오.

(2) 고급 필터 – 제조국이 '필리핀'이거나 생산비용(단위:백만원)이 '2,000' 이하인 자료의 데이터만 추출하시오.
   – 조건 범위 : [B14] 셀부터 입력하시오.
   – 복사 위치 : [B18] 셀부터 나타나도록 하시오.

정렬 및 부분합

"제1작업" 시트의 [B4:H12] 영역을 복사하여 "제3작업" 시트의 [B2] 셀부터 모두 붙여넣기를 한 후 다음의 조건과 같이 작업하시오.

《 조건 》

(1) 부분합 – 《출력형태》처럼 정렬하고, 제품명의 개수와 생산량의 최대값을 구하시오.
(2) 윤곽 – 지우시오.
(3) 나머지 사항은 《출력형태》에 맞게 작성하시오.

《 출력형태 》

	A	B	C	D	E	F	G	H
1								
2		제품코드	제품명	제조국	제조사	생산량	불량률(%)	생산비용 (단위:백만원)
3		PF9124	미니햇	필리핀	비즈	995천개	5.2	1,253
4		FF5231	패브릭	필리핀	비즈	776천개	1.8	2,691
5				필리핀 최대값		995천개		
6			2	필리핀 개수				
7		EF3812	레이니	중국	제닌	683천개	2.5	7,640
8		CF5343	코니칼	중국	제닌	721천개	10.6	2,786
9				중국 최대값		721천개		
10			2	중국 개수				
11		FR5451	인터스텔라	베트남	요조비	454천개	8.4	1,854
12		AR2323	캠벨수프	베트남	요조비	229천개	3.7	2,607
13		EV3784	유니텔	베트남	요조비	485천개	3.1	1,728
14		AV5132	그립필	베트남	요조비	930천개	4.1	2,319
15				베트남 최대값		930천개		
16			4	베트남 개수				
17				전체 최대값		995천개		
18			8	전체 개수				
19								

"제1작업" 시트를 이용하여 조건에 따라 ≪출력형태≫와 같이 작업하시오.

《 조건 》

(1) 차트 종류 ⇒ 〈묶은 세로 막대형〉으로 작업하시오.

(2) 데이터 범위 ⇒ "제1작업" 시트의 내용을 이용하여 작업하시오.

(3) 위치 ⇒ "새 시트"로 이동하고, "제4작업"으로 시트 이름을 바꾸시오.

(4) 차트 디자인 도구 ⇒ 레이아웃 3, 스타일 1을 선택하여 ≪출력형태≫에 맞게 작업하시오.

(5) 영역 서식 ⇒ 차트 : 글꼴(굴림, 11pt), 채우기 효과(질감–분홍 박엽지)
     그림 : 채우기(흰색, 배경1)

(6) 제목 서식 ⇒ 차트 제목 : 글꼴(굴림, 굵게, 20pt), 채우기(흰색, 배경1), 테두리

(7) 서식 ⇒ 생산비용(단위:백만원) 계열의 차트 종류를 〈표식이 있는 꺾은선형〉으로 변경하시오.
     계열 : ≪출력형태≫를 참조하여 표식(세모, 크기 10)과 레이블 값을 표시하시오.
     눈금선 : 선 스타일–파선
     축 : ≪출력형태≫를 참조하시오.

(8) 범례 ⇒ 범례명을 변경하고 ≪출력형태≫를 참조하시오.

(9) 도형 ⇒ '모서리가 둥근 사각형 설명선'을 삽입한 후 ≪출력형태≫와 같이 내용을 입력하시오.

(10) 나머지 사항은 ≪출력형태≫에 맞게 작성하시오.

《 출력형태 》

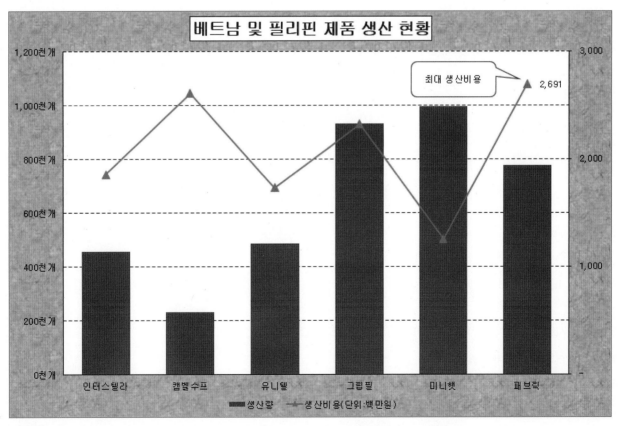

※ 주의: 시트명 순서가 차례대로 "제1작업", "제2작업", "제3작업", "제4작업"이 되도록 할 것

정보기술자격(ITQ) 기출문제

MS오피스 2016

과목	코드	문제유형	시험시간	수험번호	성 명
한글 엑셀	1122	A	60분		

· 수험자 유의사항 ·

- 수험자는 문제지를 받는 즉시 문제지와 **수험표상의 시험과목(프로그램)이 동일한지 반드시 확인**하여야 합니다.
- 파일명은 본인의 "수험번호−성명"으로 입력하여 답안폴더(내 PC₩문서₩ITQ)에 하나의 파일로 저장해야 하며, 답안문서 파일명이 "수험번호−성명"과 일치하지 않거나, 답안파일을 전송하지 않아 미제출로 처리될 경우 실격 처리합니다(예:12345678−홍길동.xlsx).
- 답안 작성을 마치면 파일을 저장하고, '답안 전송' 버튼을 선택하여 감독위원 PC로 답안을 전송하십시오. 수험생 정보와 저장한 파일명이 다를 경우 전송되지 않으므로 주의하시기 바랍니다.
- 답안 작성 중에도 **주기적으로 저장하고, '답안 전송'**하여야 문제 발생을 줄일 수 있습니다. 작업한 내용을 저장하지 않고 전송할 경우 이전에 저장된 내용이 전송되오니 이점 유의하시기 바랍니다.
- 답안문서는 지정된 경로 외의 다른 보조기억장치에 저장하는 경우, 지정된 시험 시간 외에 작성된 파일을 활용할 경우, 기타 통신수단(이메일, 메신저, 네트워크 등)을 이용하여 타인에게 전달 또는 외부 반출하는 경우는 부정 처리합니다.
- 시험 중 부주의 또는 고의로 시스템을 파손한 경우는 수험자가 변상해야 하며, 〈수험자 유의사항〉에 기재된 방법대로 이행하지 않아 생기는 불이익은 수험생 당사자의 책임임을 알려 드립니다.
- 문제의 조건은 MS오피스 2016 버전으로 설정되어 있으니 유의하시기 바랍니다.
- 시험을 완료한 수험자는 답안파일이 전송되었는지 확인한 후 감독위원의 지시에 따라 문제지를 제출하고 퇴실합니다.

· 답안 작성요령 ·

- 온라인 답안 작성 절차

  수험자 등록 ⇒ 시험 시작 ⇒ 답안파일 저장 ⇒ 답안 전송 ⇒ 시험 종료
- 문제는 총 4단계, 즉 제1작업부터 제4작업까지 구성되어 있으며 반드시 제1작업부터 순서대로 작성하고 조건대로 작업하시오.
- 모든 작업 시트의 A열은 열 너비 '1'로, 나머지 열은 적당하게 조절하시오.
- 모든 작업 시트의 테두리는 《출력형태》와 같이 작업하시오.
- 해당 작업란에서는 각각 제시된 조건에 따라 《출력형태》와 같이 작업하시오.
- 답안 시트 이름은 "제1작업", "제2작업", "제3작업", "제4작업"이어야 하며 답안 시트 이외의 것은 감점 처리됩니다.
- 각 시트를 파일로 나누어 작업해서 저장할 경우 실격 처리됩니다.

다음은 '보리넷 유모차 판매 현황'에 대한 자료이다. 자료를 입력하고 조건에 맞도록 작업하시오.

《 출력형태 》

상품코드	상품명	분류	제조사	탑승 가능 무게(kg)	상품가격 (단위:원)	판매수량	사은품	판매 순위
TC01-3	페도라 S9	쌍둥이	그리지오	30	534,000	93	(1)	(2)
HG02-1	멜란지 에디션	휴대용	느와르	15	420,000	281	(1)	(2)
HG01-2	그릭블루 L2	휴대용	그리지오	18	357,000	321	(1)	(2)
DC02-2	테크노 Z2	디럭스	그리지오	24	623,000	285	(1)	(2)
TC04-3	리안 트윈	쌍둥이	카멜	28	652,000	126	(1)	(2)
DF03-1	제프 V3	디럭스	카멜	15	724,000	98	(1)	(2)
HW02-2	예츠	휴대용	느와르	17	392,000	150	(1)	(2)
DE01-1	프로스트	디럭스	느와르	17	445,000	351	(1)	(2)
분류가 쌍둥이인 상품의 판매수량 평균			(3)		최대 탑승 가능 무게(kg)			(5)
분류가 쌍둥이인 상품의 판매수량 합계			(4)		상품코드	TC01-3	판매금액	(6)

제목 상단에 "결재 / 담당 / 팀장 / 본부장" 결재란 포함.

《 조건 》

- 모든 데이터의 서식에는 글꼴(굴림, 11pt), 정렬은 숫자 및 회계 서식은 오른쪽 정렬, 나머지 서식은 가운데 정렬로 작성하며 예외적인 것은 《출력형태》를 참조하시오.
- 제목 ⇒ 도형(사다리꼴)과 그림자(오프셋 오른쪽)를 이용하여 작성하고 "보리넷 유모차 판매 현황"을 입력한 후 다음 서식을 적용하시오(글꼴-굴림, 24pt, 검정, 굵게, 채우기-노랑).
- 임의의 셀에 결재란을 작성하여 그림으로 복사 기능을 이용하여 붙이기 하시오(단, 원본 삭제).
- [B4:J4, G14, I14] 영역은 '주황'으로 채우기 하시오.
- 유효성 검사를 이용하여 [H14] 셀에 상품코드([B5:B12] 영역)가 선택 표시되도록 하시오.
- 셀 서식 ⇒ [H5:H12] 영역에 셀 서식을 이용하여 숫자 뒤에 '대'를 표시하시오(예 : 93대).
- [F5:F12] 영역에 대해 '무게'로 이름정의를 하시오.

▶ (1)~(6) 셀은 반드시 <u>주어진 함수</u>를 이용하여 값을 구하시오(결과값을 직접 입력하면 해당 셀은 0점 처리됨).

(1) 사은품 ⇒ 상품코드의 마지막 글자가 1이면 '아기 로션', 2이면 '쿨시트', 3이면 '유모차 모빌'로 구하시오 (CHOOSE, RIGHT 함수).

(2) 판매 순위 ⇒ 판매수량의 내림차순 순위를 구하시오(RANK.EQ 함수).

(3) 분류가 쌍둥이인 상품의 판매수량 평균 ⇒ 반올림하여 정수로 구하시오. 단, 조건은 입력데이터를 이용하시오 (ROUND, DAVERAGE 함수)(예 : 451.6 → 452).

(4) 분류가 쌍둥이인 상품의 판매수량 합계 ⇒ 결과값 뒤에 '대'를 붙이시오(SUMIF 함수, & 연산자)(예 : 224대).

(5) 최대 탑승 가능 무게(kg) ⇒ 정의된 이름(무게)을 이용하여 구하시오(MAX 함수).

(6) 판매금액 ⇒ [H14] 셀에서 선택한 상품코드에 대한 [상품가격(단위:원) × 판매수량]을 구하시오(VLOOKUP 함수).

(7) 조건부 서식의 수식을 이용하여 판매수량이 '300' 이상인 행 전체에 다음의 서식을 적용하시오(글꼴 : 파랑, 굵게).

"제1작업" 시트의 [B4:H12] 영역을 복사하여 "제2작업" 시트의 [B2] 셀부터 모두 붙여넣기를 한 후 다음의 조건과 같이 작업하시오.

《 조건 》

(1) 고급 필터 – 분류가 '휴대용'이면서 판매수량이 '300' 이하인 자료의 데이터만 추출하시오.
　　　　　　 – 조건 범위 : [B14] 셀부터 입력하시오.
　　　　　　 – 복사 위치 : [B18] 셀부터 나타나도록 하시오.

(2) 표 서식 – 고급 필터의 결과셀을 채우기 없음으로 설정한 후 '표 스타일 보통 6'의 서식을 적용하시오.
　　　　　　 – 머리글 행, 줄무늬 행을 적용하시오.

제 3 작업   피벗 테이블   80점

"제1작업" 시트를 이용하여 "제3작업" 시트에 조건에 따라 ≪출력형태≫와 같이 작업하시오.

《 조건 》

(1) 탑승 가능 무게(kg) 및 분류별 상품명의 개수와 상품가격(단위:원)의 평균을 구하시오.
(2) 탑승 가능 무게(kg)를 그룹화하고, 분류를 ≪출력형태≫와 같이 정렬하시오.
(3) 레이블이 있는 셀 병합 및 가운데 맞춤 적용 및 빈 셀은 '***'로 표시하시오.
(4) 행의 총합계는 지우고, 나머지 사항은 ≪출력형태≫에 맞게 작성하시오.

《 출력형태 》

탑승 가능 무게(kg)	분류						
	휴대용		쌍둥이		디럭스		
	개수 : 상품명	평균 : 상품가격(단위:원)	개수 : 상품명	평균 : 상품가격(단위:원)	개수 : 상품명	평균 : 상품가격(단위:원)
15-21	3	389,667	***	***	2	584,500
22-28	***	***	1	652,000	1	623,000
29-35	***	***	1	534,000	***	***
총합계	3	389,667	2	593,000	3	597,333

"제1작업" 시트를 이용하여 조건에 따라 ≪출력형태≫와 같이 작업하시오.

《 조건 》

⑴ 차트 종류 ⇒ 〈묶은 세로 막대형〉으로 작업하시오.

⑵ 데이터 범위 ⇒ "제1작업" 시트의 내용을 이용하여 작업하시오.

⑶ 위치 ⇒ "새 시트"로 이동하고, "제4작업"으로 시트 이름을 바꾸시오.

⑷ 차트 디자인 도구 ⇒ 레이아웃 3, 스타일 1을 선택하여 ≪출력형태≫에 맞게 작업하시오.

⑸ 영역 서식 ⇒ 차트 : 글꼴(굴림, 11pt), 채우기 효과(질감-파랑 박엽지)
　　　　　　　　　그림 : 채우기(흰색, 배경1)

⑹ 제목 서식 ⇒ 차트 제목 : 글꼴(굴림, 굵게, 20pt), 채우기(흰색, 배경1), 테두리

⑺ 서식 ⇒ 상품가격(단위:원) 계열의 차트 종류를 〈표식이 있는 꺾은선형〉으로 변경한 후 보조 축으로 지정하시오.
　　　　계열 : ≪출력형태≫를 참조하여 표식(마름모, 크기 10)과 레이블 값을 표시하시오.
　　　　눈금선 : 선 스타일-파선
　　　　축 : ≪출력형태≫를 참조하시오.

⑻ 범례 ⇒ 범례명을 변경하고 ≪출력형태≫를 참조하시오.

⑼ 도형 ⇒ '모서리가 둥근 사각형 설명선'을 삽입한 후 ≪출력형태≫와 같이 내용을 입력하시오.

⑽ 나머지 사항은 ≪출력형태≫에 맞게 작성하시오.

《 출력형태 》

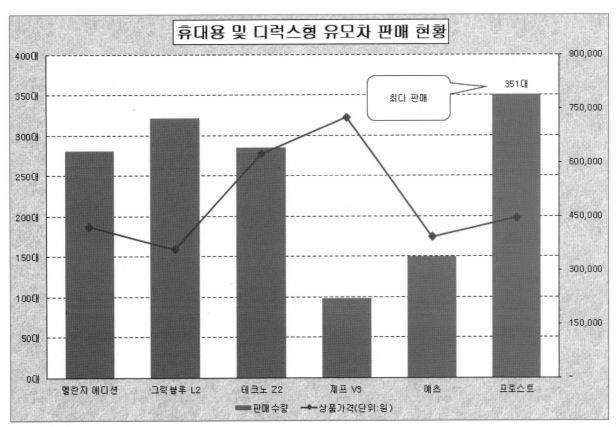

※ 주의: 시트명 순서가 차례대로 "제1작업", "제2작업", "제3작업", "제4작업"이 되도록 할 것

제08회

정보기술자격(ITQ) 기출문제

MS오피스 2016

과목	코드	문제유형	시험시간	수험번호	성 명
한글 엑셀	1122	A	60분		

다음은 '멍이넷 10월 판매 현황'에 대한 자료이다. 자료를 입력하고 조건에 맞도록 작업하시오.

《 출력형태 》

판매코드	제품명	구분	분류	포장단위(g)	가격	판매수량(단위:개)	판매순위	비고
						확인	담당	대리	과장

판매코드	제품명	구분	분류	포장단위(g)	가격	판매수량(단위:개)	판매순위	비고
B022	닭가슴살 캔	통조림	노견용	300	4,750	71	(1)	(2)
B011	바잇미 오리육포	육포	노견용	70	1,190	35	(1)	(2)
A015	굿프랜드	개껌	대형견용	200	9,800	65	(1)	(2)
D013	헬로도기	통조림	비만견용	180	3,990	49	(1)	(2)
A010	양갈비 스테이크	육포	대형견용	30	1,100	125	(1)	(2)
D021	덴탈라이프	개껌	비만견용	70	2,700	114	(1)	(2)
C024	연근오리칩	비스킷	노견용	220	3,000	64	(1)	(2)
A012	칼슘본 사사미	비스킷	대형견용	400	4,900	94	(1)	(2)
노견용 제품 판매수량(단위:개) 합계			(3)			비스킷 제품 개수		(5)
통조림의 평균 가격			(4)		제품명	닭가슴살 캔	구분	(6)

《 조건 》

• 모든 데이터의 서식에는 글꼴(굴림, 11pt), 정렬은 숫자 및 회계 서식은 오른쪽 정렬, 나머지 서식은 가운데 정렬로 작성하며 예외적인 것은 《출력형태》를 참조하시오.
• 제목 ⇒ 도형(팔각형)과 그림자(오프셋 오른쪽)를 이용하여 작성하고 "멍이넷 10월 판매 현황"을 입력한 후 다음 서식을 적용하시오(글꼴-굴림, 24pt, 검정, 굵게, 채우기-노랑).
• 임의의 셀에 결재란을 작성하여 그림으로 복사 기능을 이용하여 붙이기 하시오(단, 원본 삭제).
• [B4:J4, G14, I14] 영역은 '주황'으로 채우기 하시오.
• 유효성 검사를 이용하여 [H14] 셀에 제품명([C5:C12] 영역)이 선택 표시되도록 하시오.
• 셀 서식 ⇒ [G5:G12] 영역에 셀 서식을 이용하여 숫자 뒤에 '원'을 표시하시오(예 : 4,750원).
• [D5:D12] 영역에 대해 '구분'으로 이름정의를 하시오.

───

▶ (1)~(6) 셀은 반드시 주어진 함수를 이용하여 값을 구하시오(결과값을 직접 입력하면 해당 셀은 0점 처리됨).

(1) 판매순위 ⇒ 판매수량(단위:개)의 내림차순 순위를 구한 결과값에 '위'를 붙이시오
　　　　　　(RANK.EQ 함수, & 연산자)(예 : 1위).
(2) 비고 ⇒ 판매코드의 첫 번째 글자가 D이면 '치석제거', 그 외에는 공백으로 표시하시오(IF, LEFT 함수).
(3) 노견용 제품 판매수량(단위:개) 합계 ⇒ (SUMIF 함수)
(4) 통조림의 평균 가격 ⇒ 반올림하여 백원 단위까지 구하시오. 단, 조건은 입력데이터를 이용하시오
　　　　　　(ROUND, DAVERAGE 함수)(예 : 23,450 → 23,500).
(5) 비스킷 제품 개수 ⇒ 정의된 이름(구분)을 이용하여 구하시오(COUNTIF 함수).
(6) 구분 ⇒ [H14] 셀에서 선택한 제품명에 대한 구분을 구하시오(VLOOKUP 함수).
(7) 조건부 서식의 수식을 이용하여 판매수량(단위:개)이 '100' 이상인 행 전체에 다음의 서식을 적용하시오
　　(글꼴 : 파랑, 굵게).

제 2 작업　필터 및 서식　80점

"제1작업" 시트의 [B4:H12] 영역을 복사하여 "제2작업" 시트의 [B2] 셀부터 모두 붙여넣기를 한 후 다음의 조건과 같이 작업하시오.

《 조건 》

(1) 고급 필터 – 판매코드가 'B'로 시작하거나, 판매수량(단위:개)이 '50' 이하인 자료의 제품명, 분류, 가격, 판매수량(단위:개) 데이터만 추출하시오.
　– 조건 범위 : [B14] 셀부터 입력하시오.
　– 복사 위치 : [B18] 셀부터 나타나도록 하시오.

(2) 표 서식 – 고급 필터의 결과셀을 채우기 없음으로 설정한 후 '표 스타일 보통 6'의 서식을 적용하시오.
　– 머리글 행, 줄무늬 행을 적용하시오.

제 3 작업　피벗 테이블　80점

"제1작업" 시트를 이용하여 "제3작업" 시트에 조건에 따라 ≪출력형태≫와 같이 작업하시오.

《 조건 》

(1) 가격 및 분류별 제품명의 개수와 판매수량(단위:개)의 평균을 구하시오.
(2) 가격을 그룹화하고, 분류를 ≪출력형태≫와 같이 정렬하시오.
(3) 레이블이 있는 셀 병합 및 가운데 맞춤 적용 및 빈 셀은 '**'로 표시하시오.
(4) 행의 총합계는 지우고, 나머지 사항은 ≪출력형태≫에 맞게 작성하시오.

《 출력형태 》

	A	B	C	D	E	F	G	H
1								
2			분류					
3				비만견용		대형견용		노견용
4		가격	개수 : 제품명	평균 : 판매수량(단위:개)	개수 : 제품명	평균 : 판매수량(단위:개)	개수 : 제품명	평균 : 판매수량(단위:개)
5		1001-4000	2	82	1	125	2	50
6		4001-7000	**	**	1	94	1	71
7		7001-10000	**	**	1	65	**	**
8		총합계	2	82	3	95	3	57
9								

"제1작업" 시트를 이용하여 조건에 따라 ≪출력형태≫와 같이 작업하시오.

《 조건 》

(1) 차트 종류 ⇒ 〈묶은 세로 막대형〉으로 작업하시오.

(2) 데이터 범위 ⇒ "제1작업" 시트의 내용을 이용하여 작업하시오.

(3) 위치 ⇒ "새 시트"로 이동하고, "제4작업"으로 시트 이름을 바꾸시오.

(4) 차트 디자인 도구 ⇒ 레이아웃 3, 스타일 1을 선택하여 ≪출력형태≫에 맞게 작업하시오.

(5) 영역 서식 ⇒ 차트 : 글꼴(굴림, 11pt), 채우기 효과(질감–파랑 박엽지)
　　　　　　　　그림 : 채우기(흰색, 배경1)

(6) 제목 서식 ⇒ 차트 제목 : 글꼴(굴림, 굵게, 20pt), 채우기(흰색, 배경1), 테두리

(7) 서식 ⇒ 가격 계열의 차트 종류를 〈표식이 있는 꺾은선형〉으로 변경한 후 보조 축으로 지정하시오.
　　　　　계열 : ≪출력형태≫를 참조하여 표식(마름모, 크기 10)과 레이블 값을 표시하시오.
　　　　　눈금선 : 선 스타일–파선
　　　　　축 : ≪출력형태≫를 참조하시오.

(8) 범례 ⇒ 범례명을 변경하고 ≪출력형태≫를 참조하시오.

(9) 도형 ⇒ '모서리가 둥근 사각형 설명선'을 삽입한 후 ≪출력형태≫와 같이 내용을 입력하시오.

(10) 나머지 사항은 ≪출력형태≫에 맞게 작성하시오.

《 출력형태 》

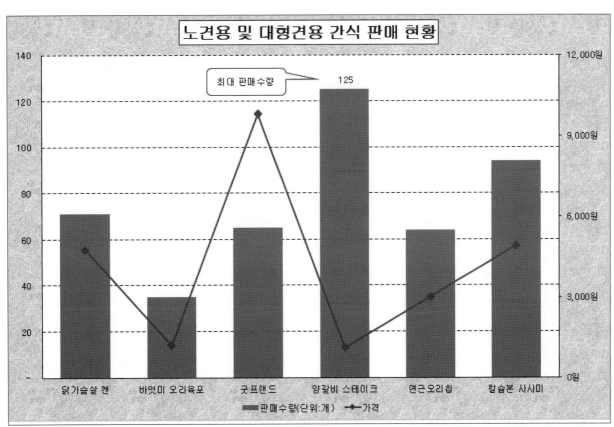

※ 주의: 시트명 순서가 차례대로 "제1작업", "제2작업", "제3작업", "제4작업"이 되도록 할 것

정보기술자격(ITQ) 기출문제

MS오피스 2016

과목	코드	문제유형	시험시간	수험번호	성 명
한글 엑셀	1122	A	60분		

· 수험자 유의사항 ·

- 수험자는 문제지를 받는 즉시 문제지와 **수험표상의 시험과목(프로그램)이 동일한지 반드시 확인**하여야 합니다.
- 파일명은 본인의 "수험번호–성명"으로 입력하여 답안폴더(내 PC₩문서₩ITQ)에 하나의 파일로 저장해야 하며, 답안문서 파일명이 "수험번호–성명"과 일치하지 않거나, 답안파일을 전송하지 않아 미제출로 처리될 경우 실격 처리합니다 (예:12345678–홍길동.xlsx).
- 답안 작성을 마치면 파일을 저장하고, '답안 전송' 버튼을 선택하여 감독위원 PC로 답안을 전송하십시오. 수험생 정보와 저장한 파일명이 다를 경우 전송되지 않으므로 주의하시기 바랍니다.
- 답안 작성 중에도 **주기적으로 저장하고, '답안 전송'**하여야 문제 발생을 줄일 수 있습니다. 작업한 내용을 저장하지 않고 전송할 경우 이전에 저장된 내용이 전송되오니 이점 유의하시기 바랍니다.
- 답안문서는 지정된 경로 외의 다른 보조기억장치에 저장하는 경우, 지정된 시험 시간 외에 작성된 파일을 활용할 경우, 기타 통신수단(이메일, 메신저, 네트워크 등)을 이용하여 타인에게 전달 또는 외부 반출하는 경우는 부정 처리합니다.
- 시험 중 부주의 또는 고의로 시스템을 파손한 경우는 수험자가 변상해야 하며, 〈수험자 유의사항〉에 기재된 방법대로 이행하지 않아 생기는 불이익은 수험생 당사자의 책임임을 알려 드립니다.
- 문제의 조건은 MS오피스 2016 버전으로 설정되어 있으니 유의하시기 바랍니다.
- 시험을 완료한 수험자는 답안파일이 전송되었는지 확인한 후 감독위원의 지시에 따라 문제지를 제출하고 퇴실합니다.

· 답안 작성요령 ·

- 온라인 답안 작성 절차
  수험자 등록 ⇒ 시험 시작 ⇒ 답안파일 저장 ⇒ 답안 전송 ⇒ 시험 종료
- 문제는 총 4단계, 즉 제1작업부터 제4작업까지 구성되어 있으며 반드시 제1작업부터 순서대로 작성하고 조건대로 작업하시오.
- 모든 작업 시트의 A열은 열 너비 '1'로, 나머지 열은 적당하게 조절하시오.
- 모든 작업 시트의 테두리는 《출력형태》와 같이 작업하시오.
- 해당 작업란에서는 각각 제시된 조건에 따라 《출력형태》와 같이 작업하시오.
- 답안 시트 이름은 "제1작업", "제2작업", "제3작업", "제4작업"이어야 하며 답안 시트 이외의 것은 감점 처리됩니다.
- 각 시트를 파일로 나누어 작업해서 저장할 경우 실격 처리됩니다.

다음은 '러블리 슈즈 온라인 판매 현황'에 대한 자료이다. 자료를 입력하고 조건에 맞도록 작업하시오.

《 출력형태 》

제품코드	제품명	분류	제조국	등록일	판매금액	판매수량(켤레)	카테고리	순위
				확인	담당	대리	과장	
FW3-301	아제브	스니커즈	베트남	2018-11-01	141,000	205	(1)	(2)
PM1-201	엘리칸	펌프스	베트남	2018-10-26	156,000	88	(1)	(2)
SW6-101	빈드너 투밴딩	스니커즈	중국	2019-12-05	45,000	250	(1)	(2)
SU6-312	타엘	운동화	인도네시아	2019-10-20	125,000	124	(1)	(2)
WM2-202	몰렌트	펌프스	중국	2020-10-20	99,000	100	(1)	(2)
SM1-105	디즈니 미키	스니커즈	베트남	2020-11-02	56,000	130	(1)	(2)
WU4-150	링링	운동화	인도네시아	2019-12-05	92,000	156	(1)	(2)
PW4-120	레니브	펌프스	인도네시아	2018-11-15	250,000	94	(1)	(2)
두 번째로 큰 판매금액			(3)			베트남 제품의 판매수량(켤레) 평균		(5)
스니커즈 제품의 판매수량(켤레) 합계			(4)			제품코드	FW3-301	판매수량(켤레) (6)

《 조건 》

- 모든 데이터의 서식에는 글꼴(굴림, 11pt), 정렬은 숫자 및 회계 서식은 오른쪽 정렬, 나머지 서식은 가운데 정렬로 작성하며 예외적인 것은 ≪출력형태≫를 참조하시오.
- 제목 ⇒ 도형(모서리가 둥근 직사각형)과 그림자(오프셋 오른쪽)를 이용하여 작성하고 "러블리 슈즈 온라인 판매 현황"을 입력한 후 다음 서식을 적용하시오(글꼴-굴림, 24pt, 검정, 굵게, 채우기-노랑).
- 임의의 셀에 결재란을 작성하여 그림으로 복사 기능을 이용하여 붙이기 하시오(단, 원본 삭제).
- [B4:J4, G14, I14] 영역은 '주황'으로 채우기 하시오.
- 유효성 검사를 이용하여 [H14] 셀에 제품코드([B5:B12] 영역)가 선택 표시되도록 하시오.
- 셀 서식 ⇒ [G5:G12] 영역에 셀 서식을 이용하여 숫자 뒤에 '원'을 표시하시오(예 : 141,000원).
- [G5:G12] 영역에 대해 '판매금액'으로 이름정의를 하시오.

▶ (1)～(6) 셀은 반드시 <u>주어진 함수를 이용</u>하여 값을 구하시오(결과값을 직접 입력하면 해당 셀은 0점 처리됨).

(1) 카테고리 ⇒ 제품코드의 두 번째 글자가 M이면 '남성용', W이면 '여성용', 그 외에는 공백으로 구하시오 (IF, MID 함수).

(2) 순위 ⇒ 판매수량(켤레)의 내림차순 순위를 구한 결과에 '위'를 붙이시오(RANK.EQ 함수, & 연산자)(예 : 1위).

(3) 두 번째로 큰 판매금액 ⇒ 정의된 이름(판매금액)을 이용하여 구하시오(LARGE 함수).

(4) 스니커즈 제품의 판매수량(켤레) 합계 ⇒ (SUMIF 함수)

(5) 베트남 제품의 판매수량(켤레) 평균 ⇒ 조건은 입력데이터를 이용하시오(DSUM, COUNTIF 함수)

(6) 판매수량(켤레) ⇒ [H14] 셀에서 선택한 제품코드에 대한 판매수량(켤레)을 구하시오(VLOOKUP 함수).

(7) 조건부 서식의 수식을 이용하여 판매수량(켤레)이 '150' 이상인 행 전체에 다음의 서식을 적용하시오 (글꼴 : 파랑, 굵게).

"제1작업" 시트의 [B4:H12] 영역을 복사하여 "제2작업" 시트의 [B2] 셀부터 모두 붙여넣기를 한 후 다음의 조건과 같이 작업하시오.

《 조건 》

(1) 목표값 찾기 – [B11:G11] 셀을 병합하여 "스니커즈의 판매수량(켤레) 평균"을 입력한 후 [H11] 셀에 스니커즈의 판매수량(켤레) 평균을 구하시오. 단, 조건은 입력데이터를 이용하시오 (DAVERAGE 함수, 테두리, 가운데 맞춤).

    – '스니커즈의 판매수량(켤레) 평균'이 '200'이 되려면 아제브의 판매수량(켤레)이 얼마가 되어야 하는지 목표값을 구하시오.

(2) 고급 필터 – 제품코드가 'S'로 시작하거나, 판매금액이 '100,000' 이하인 자료의 제품코드, 분류, 판매금액, 판매수량(켤레) 데이터만 추출하시오.

    – 조건 범위 : [B14] 셀부터 입력하시오.

    – 복사 위치 : [B18] 셀부터 나타나도록 하시오.

"제1작업" 시트의 [B4:H12] 영역을 복사하여 "제3작업" 시트의 [B2] 셀부터 모두 붙여넣기를 한 후 다음의 조건과 같이 작업하시오.

《 조건 》

(1) 부분합 – ≪출력형태≫처럼 정렬하고, 제품명의 개수와 판매금액의 최대값을 구하시오.
(2) 윤곽 – 지우시오.
(3) 나머지 사항은 ≪출력형태≫에 맞게 작성하시오.

《 출력형태 》

	A	B	C	D	E	F	G	H
1								
2		제품코드	제품명	분류	제조국	등록일	판매금액	판매수량(켤레)
3		PM1-201	엘리칸	펌프스	베트남	2018-10-26	156,000원	88
4		WM2-202	몰렌트	펌프스	중국	2020-10-20	99,000원	100
5		PW4-120	레니브	펌프스	인도네시아	2018-11-15	250,000원	94
6				펌프스 최대값			250,000원	
7			3	펌프스 개수				
8		SU6-312	타멜	운동화	인도네시아	2019-10-20	125,000원	124
9		WU4-150	링링	운동화	인도네시아	2019-12-05	92,000원	156
10				운동화 최대값			125,000원	
11			2	운동화 개수				
12		FW3-301	아제브	스니커즈	베트남	2018-11-01	141,000원	205
13		SW6-101	빈드너 투밴딩	스니커즈	중국	2019-12-05	45,000원	250
14		SM1-105	디즈니 미키	스니커즈	베트남	2020-11-02	56,000원	130
15				스니커즈 최대값			141,000원	
16			3	스니커즈 개수				
17				전체 최대값			250,000원	
18			8	전체 개수				
19								

"제1작업" 시트를 이용하여 조건에 따라 ≪출력형태≫와 같이 작업하시오.

《 조건 》

(1) 차트 종류 ⇒ 〈묶은 세로 막대형〉으로 작업하시오.

(2) 데이터 범위 ⇒ "제1작업" 시트의 내용을 이용하여 작업하시오.

(3) 위치 ⇒ "새 시트"로 이동하고, "제4작업"으로 시트 이름을 바꾸시오.

(4) 차트 디자인 도구 ⇒ 레이아웃 3, 스타일 1을 선택하여 ≪출력형태≫에 맞게 작업하시오.

(5) 영역 서식 ⇒ 차트 : 글꼴(굴림, 11pt), 채우기 효과(질감–파랑 박엽지)
　　　　　　　그림 : 채우기(흰색, 배경1)

(6) 제목 서식 ⇒ 차트 제목 : 글꼴(굴림, 굵게, 20pt), 채우기(흰색, 배경1), 테두리

(7) 서식 ⇒ 판매금액 계열의 차트 종류를 〈표식이 있는 꺾은선형〉으로 변경한 후 보조 축으로 지정하시오.
　　　　계열 : ≪출력형태≫를 참조하여 표식(마름모, 크기 10)과 레이블 값을 표시하시오.
　　　　눈금선 : 선 스타일–파선
　　　　축 : ≪출력형태≫를 참조하시오.

(8) 범례 ⇒ 범례명을 변경하고 ≪출력형태≫를 참조하시오.

(9) 도형 ⇒ '모서리가 둥근 사각형 설명선'을 삽입한 후 ≪출력형태≫와 같이 내용을 입력하시오.

(10) 나머지 사항은 ≪출력형태≫에 맞게 작성하시오.

《 출력형태 》

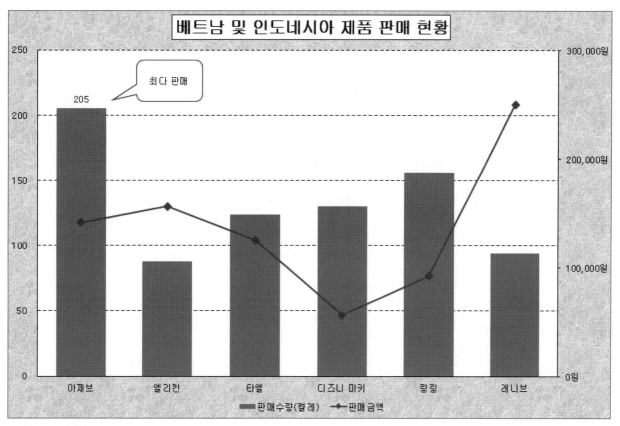

※ 주의: 시트명 순서가 차례대로 "제1작업", "제2작업", "제3작업", "제4작업"이 되도록 할 것

정보기술자격(ITQ) 기출문제

제 **10** 회

MS오피스 2016

과목	코드	문제유형	시험시간	수험번호	성 명
한글 엑셀	1122	A	60분		

· 수험자 유의사항 ·

- 수험자는 문제지를 받는 즉시 문제지와 **수험표상의 시험과목(프로그램)이 동일한지 반드시 확인**하여야 합니다.

- 파일명은 본인의 "수험번호–성명"으로 입력하여 답안폴더(내 PC₩문서₩ITQ)에 하나의 파일로 저장해야 하며, 답안문서 파일명이 "수험번호–성명"과 일치하지 않거나, 답안파일을 전송하지 않아 미제출로 처리될 경우 실격 처리합니다 (예:12345678–홍길동.xlsx).

- 답안 작성을 마치면 파일을 저장하고, '답안 전송' 버튼을 선택하여 감독위원 PC로 답안을 전송하십시오. 수험생 정보와 저장한 파일명이 다를 경우 전송되지 않으므로 주의하시기 바랍니다.

- 답안 작성 중에도 **주기적으로 저장하고, '답안 전송'**하여야 문제 발생을 줄일 수 있습니다. 작업한 내용을 저장하지 않고 전송할 경우 이전에 저장된 내용이 전송되오니 이점 유의하시기 바랍니다.

- 답안문서는 지정된 경로 외의 다른 보조기억장치에 저장하는 경우, 지정된 시험 시간 외에 작성된 파일을 활용할 경우, 기타 통신수단(이메일, 메신저, 네트워크 등)을 이용하여 타인에게 전달 또는 외부 반출하는 경우는 부정 처리합니다.

- 시험 중 부주의 또는 고의로 시스템을 파손한 경우는 수험자가 변상해야 하며, 〈수험자 유의사항〉에 기재된 방법대로 이행하지 않아 생기는 불이익은 수험생 당사자의 책임임을 알려 드립니다.

- 문제의 조건은 MS오피스 2016 버전으로 설정되어 있으니 유의하시기 바랍니다.

- 시험을 완료한 수험자는 답안파일이 전송되었는지 확인한 후 감독위원의 지시에 따라 문제지를 제출하고 퇴실합니다.

· 답안 작성요령 ·

- 온라인 답안 작성 절차
  수험자 등록 ⇒ 시험 시작 ⇒ 답안파일 저장 ⇒ 답안 전송 ⇒ 시험 종료

- 문제는 총 4단계, 즉 제1작업부터 제4작업까지 구성되어 있으며 반드시 제1작업부터 순서대로 작성하고 조건대로 작업하시오.

- 모든 작업 시트의 A열은 열 너비 '1'로, 나머지 열은 적당하게 조절하시오.

- 모든 작업 시트의 테두리는 《출력형태》와 같이 작업하시오.

- 해당 작업란에서는 각각 제시된 조건에 따라 《출력형태》와 같이 작업하시오.

- 답안 시트 이름은 "제1작업", "제2작업", "제3작업", "제4작업"이어야 하며 답안 시트 이외의 것은 감점 처리됩니다.

- 각 시트를 파일로 나누어 작업해서 저장할 경우 실격 처리됩니다.

다음은 '커피나무 체인점 관리 현황'에 대한 자료이다. 자료를 입력하고 조건에 맞도록 작업하시오.

《 출력형태 》

관리번호	체인점명	지역	오픈일자	매장규모	등록고객수	전년매출 (단위:만원)	등급	순위
F2373	부평점	인천	2015-12-20	73평	953	87,600	(1)	(2)
F1751	사당점	서울	2017-01-20	51평	1,895	110,800	(1)	(2)
F3642	고양점	경기	2015-11-20	42평	1,023	60,800	(1)	(2)
F1261	강남점	서울	2016-10-10	61평	1,560	103,000	(1)	(2)
F3153	장안점	경기	2017-02-10	53평	650	78,500	(1)	(2)
F2453	강화점	인천	2016-03-10	53평	885	71,500	(1)	(2)
F3262	분당점	경기	2016-09-10	62평	1,277	96,300	(1)	(2)
F1451	명동점	서울	2018-05-20	51평	2,335	125,300	(1)	(2)
인천지역의 등록고객수 합계			(3)			명동점의 등록고객수		(5)
경기지역의 체인점 개수			(4)			관리번호	F2373 / 전년매출 (단위:만원)	(6)

결재 / 담당 / 대리 / 팀장

《 조건 》

- 모든 데이터의 서식에는 글꼴(굴림, 11pt), 정렬은 숫자 및 회계 서식은 오른쪽 정렬, 나머지 서식은 가운데 정렬로 작성하며 예외적인 것은 《출력형태》를 참조하시오.
- 제목 ⇒ 도형(십자형)과 그림자(오프셋 오른쪽)를 이용하여 작성하고 "커피나무 체인점 관리 현황"을 입력한 후 다음 서식을 적용하시오(글꼴-굴림, 24pt, 검정, 굵게, 채우기-노랑).
- 임의의 셀에 결재란을 작성하여 그림으로 복사 기능을 이용하여 붙이기 하시오(단, 원본 삭제).
- [B4:J4, G14, I14] 영역은 '주황'으로 채우기 하시오.
- 유효성 검사를 이용하여 [H14] 셀에 관리번호([B5:B12] 영역)가 선택 표시되도록 하시오.
- 셀 서식 ⇒ [G5:G12] 영역에 셀 서식을 이용하여 숫자 뒤에 '명'을 표시하시오(예 : 1,895명).
- [D5:D12] 영역에 대해 '지역'으로 이름정의를 하시오.

⏵ (1)~(6) 셀은 반드시 주어진 함수를 이용하여 값을 구하시오(결과값을 직접 입력하면 해당 셀은 0점 처리됨).

(1) 등급 ⇒ 관리번호의 마지막 글자가 1이면 '골드', 2이면 '실버', 3이면 '일반'으로 표시하시오(CHOOSE, RIGHT 함수).

(2) 순위 ⇒ 등록고객수의 내림차순 순위를 구하시오(RANK.EQ 함수).

(3) 인천지역의 등록고객수 합계 ⇒ (DSUM 함수)

(4) 경기지역의 체인점 개수 ⇒ 정의된 이름(지역)을 이용하여 구한 결과값에 '개'를 붙이시오
　　(COUNTIF 함수, & 연산자)(예 : 1개).

(5) 명동점의 등록고객수 ⇒ (INDEX, MATCH 함수)

(6) 전년매출(단위:만원) ⇒ [H14] 셀에서 선택한 관리번호에 대한 전년매출(단위:만원)을 구하시오(VLOOKUP 함수).

(7) 조건부 서식의 수식을 이용하여 전년매출(단위:만원)이 '100,000' 이상인 행 전체에 다음의 서식을 적용하시오
　　(글꼴 : 파랑, 굵게).

"제1작업" 시트의 [B4:H12] 영역을 복사하여 "제2작업" 시트의 [B2] 셀부터 모두 붙여넣기를 한 후 다음의 조건과 같이 작업하시오.

《 조건 》

⑴ 고급 필터 – 오픈일자가 '2015-12-31' 이전(해당일 포함)이거나, 등록고객수가 '1,500' 이상인 자료의 체인점명, 매장규모, 등록고객수, 전년매출(단위:만원) 데이터만 추출하시오.
　　　　　– 조건 범위 : [B14] 셀부터 입력하시오.
　　　　　– 복사 위치 : [B18] 셀부터 나타나도록 하시오.

⑵ 표 서식 – 고급 필터의 결과셀을 채우기 없음으로 설정한 후 '표 스타일 보통 2'의 서식을 적용하시오.
　　　　　– 머리글 행, 줄무늬 행을 적용하시오.

"제1작업" 시트를 이용하여 "제3작업" 시트에 조건에 따라 ≪출력형태≫와 같이 작업하시오.

《 조건 》

⑴ 오픈일자 및 지역별 체인점명의 개수와 전년매출(단위:만원)의 평균을 구하시오.
⑵ 오픈일자를 그룹화하고, 지역을 ≪출력형태≫와 같이 정렬하시오.
⑶ 레이블이 있는 셀 병합 및 가운데 맞춤 적용 및 빈 셀은 '＊＊＊'로 표시하시오.
⑷ 행의 총합계는 지우고, 나머지 사항은 ≪출력형태≫에 맞게 작성하시오.

《 출력형태 》

A	B	C	D	E	F	G	H
1							
2		지역	↵				
3			인천		서울		경기	
4	오픈일자 ▾	개수 : 체인점명	평균 : 전년매출(단위:만원)	개수 : 체인점명	평균 : 전년매출(단위:만원)	개수 : 체인점명	평균 : 전년매출(단위:만원)
5	2015년	1	87,600	＊＊＊	＊＊＊	1	60,800
6	2016년	1	71,500	1	103,000	1	96,300
7	2017년	＊＊＊	＊＊＊	1	110,800	1	78,500
8	2018년	＊＊＊	＊＊＊	1	125,300	＊＊＊	＊＊＊
9	총합계	2	79,550	3	113,033	3	78,533
10							

"제1작업" 시트를 이용하여 조건에 따라《출력형태》와 같이 작업하시오.

《 조건 》

(1) 차트 종류 ⇒ 〈묶은 세로 막대형〉으로 작업하시오.

(2) 데이터 범위 ⇒ "제1작업" 시트의 내용을 이용하여 작업하시오.

(3) 위치 ⇒ "새 시트"로 이동하고, "제4작업"으로 시트 이름을 바꾸시오.

(4) 차트 디자인 도구 ⇒ 레이아웃 3, 스타일 1을 선택하여 《출력형태》에 맞게 작업하시오.

(5) 영역 서식 ⇒ 차트 : 글꼴(굴림, 11pt), 채우기 효과(질감-분홍 박엽지)
　　　　　　　　그림 : 채우기(흰색, 배경1)

(6) 제목 서식 ⇒ 차트 제목 : 글꼴(굴림, 굵게, 20pt), 채우기(흰색, 배경1), 테두리

(7) 서식 ⇒ 전년매출(단위:만원) 계열의 차트 종류를 〈표식이 있는 꺾은선형〉으로 변경한 후 보조 축으로 지정하시오.
　　　　계열 : 《출력형태》를 참조하여 표식(세모, 크기 10)과 레이블 값을 표시하시오.
　　　　눈금선 : 선 스타일-파선
　　　　축 : 《출력형태》를 참조하시오.

(8) 범례 ⇒ 범례명을 변경하고 《출력형태》를 참조하시오.

(9) 도형 ⇒ '모서리가 둥근 사각형 설명선'을 삽입한 후 《출력형태》와 같이 내용을 입력하시오.

(10) 나머지 사항은 《출력형태》에 맞게 작성하시오.

《 출력형태 》

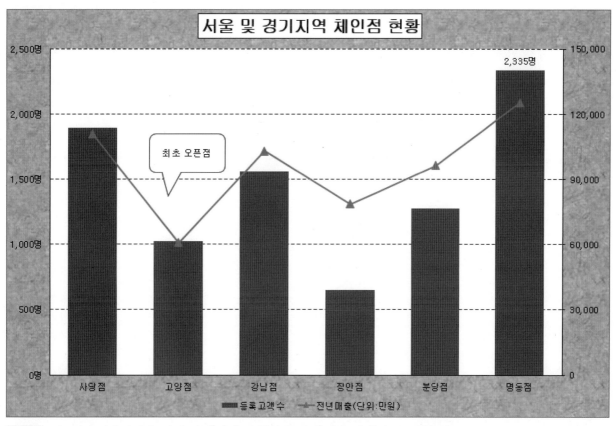

※ 주의: 시트명 순서가 차례대로 "제1작업", "제2작업", "제3작업", "제4작업"이 되도록 할 것

문제 풀이

실전 모의고사 풀이

※ 제시된 풀이 방법이 정답은 아닙니다. 다양한 방식으로 작업될 수 있으므로, 제시된 방법은 참고용으로 활용합니다.

제 01 회 실전 모의고사

답안 작성 준비

- **워크시트 이름 변경** : ⊕ 를 클릭하여 2개의 워크시트 추가
- **워크시트 이름 변경** : 각각의 시트 탭 더블 클릭 → '제1작업', '제2작업', '제3작업'으로 수정

| ◀ ▶ | 제1작업 | 제2작업 | 제3작업 | ⊕ |

'제4작업' 시트는 추후에 작성할 예정이므로 3개의 작업 시트만 준비

- **워크시트 그룹 설정** : '제1작업' 시트 클릭 → Shift +'제3작업' 시트 클릭
- **열 너비** : A열 머리글 클릭 → 마우스 오른쪽 버튼 클릭 → [열 너비] 바로 가기 메뉴 클릭 → [열 너비] 대화상자에서 '1' 설정
- **워크시트 그룹 해제** : 시트에 마우스 오른쪽 버튼 클릭 → [시트 그룹 해제] 선택
- **저장** : Ctrl + S → '수험번호- 성명' 형식

저장 시 지정된 폴더(내 PC₩문서₩ITQ)가 맞는지 반드시 확인

제1작업

≪최종 출력형태≫

- '제1작업' 시트 클릭
- **글꼴** : Ctrl + A → [홈] 탭에서 '굴림', '11pt', '가운데' 설정
- **[F4], [G4] 셀** : 두 줄 입력(Alt + Enter 사용)
- **셀 합치기** : 블록 지정 → [홈] 탭-[맞춤] 그룹-[병합하고 가운데 맞춤]
- **테두리 선** : 블록 지정 → Ctrl + 1 → [셀 서식] 대화 상자-[테두리] 탭-선 스타일 선택 → 테두리 위치 지정

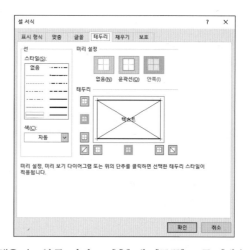

- **셀 채우기** : 블록 지정 → [홈] 탭-[글꼴] 그룹-[채우기 색]에서 색 지정
- **제목 도형** : [삽입] 탭-[도형]에서 도형 선택 → [홈] 탭-[글꼴] 그룹에서 텍스트 입력 및 글꼴(글꼴, 크기, 색, 속성), 채우기 색 지정 → [그리기 도구]-[서식] 탭-[도형 스타일] 그룹-[도형 효과]-[그림자]에서 그림자 선택
- **결제란** : 임의의 셀에 작성 → [홈] 탭-[클립보드] 그룹-[복사]-[그림으로 복사] → Ctrl + V → 위치 지정 → 원본 삭제
- **[G5:G12] 영역** : Ctrl + 1 → [셀 서식] 대화상자-[표시 형식] 탭-[회계]
- **[H5:H12] 영역** : Ctrl + 1 → [셀 서식] 대화상자-[표시 형식] 탭-[사용자 지정] → 표시 형식 입력(#,##0"원")
- **유효성 검사** : [H14] 셀 선택 → [데이터] 탭-[데이터 도구] 그룹-[데이터 유효성 검사] → [데이터 유효성] 대화상자에서 제한 대상(목록)과 원본([C5:C12] 영역) 지정 → ≪출력형태≫에 보이는 값 선택

- **이름 정의** : 블록 설정 → 이름 상자에 이름 입력(최저가격)

- 함수식
  (1) =IF(RANK.EQ(G5,$G$5:$G$12)<=3,RANK.EQ(G5, $G$5:$G$12),"")

  (2) =2020-RIGHT(B5,4)&"년"

  (3) =SUMIF(D5:D12,"광동제약",G5:G12)/COUNTIF(D5: D12,"광동제약")

  (4) =DAVERAGE(B4:H12,7,E4:E5)

  (5) =MEDIAN(최저가격)

  (6) =VLOOKUP(H14,C4:H12,6,0)

  (7) 조건부 서식 : [G5:G12] 영역 블록 설정 → [홈] 탭-[스타일] 그룹-[조건부 서식]-[새 규칙] → [새 서식 규칙] 대화상자에서 [셀 값을 기준으로 모든 셀의 서식 지정] 선택 → [서식 스타일]은 '데이터 막대', [종류]는 '최소값'과 '최대값', [채우기]는 '칠', [색]은 '빨강' 설정

제2작업

≪최종 출력형태≫

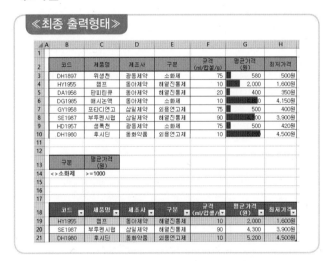

- 데이터 복사 : '제1작업' 시트에서 데이터([B4:H12] 영역) 복사 → '제2작업' 시트 클릭 → 지정된 셀([B2])에 붙여넣기 (Ctrl+V) → [홈] 탭-[클립보드] 그룹-[붙여넣기]-[선택하여 붙여넣기] → [선택하여 붙여넣기]-'열 너비' 선택

- 고급 필터 조건 : [구분이 '소화제'가 아니면서, 평균가격(원)이 '1,000' 이상인 자료]이므로 두 조건을 동시에 만족해야 하므로 AND 조건 사용 → 조건을 같은 행에 입력

	B	C
12		
13	구분	평균가격(원)
14	<>소화제	>=1000

> 고급 필터 조건의 필드명이 데이터 영역의 필드명과 동일해야 제대로 된 결과가 출력되므로 조건 입력 시 주의 → 복사 기능 활용

> · '이고', '이면서'는 AND 조건 사용 → 같은 줄에 조건 입력
> · '이거나', '또는'은 OR 조건 사용 → 다른 줄에 조건 입력

- 고급 필터 : 데이터 영역 내 임의의 위치 클릭 → [데이터] 탭-[정렬 및 필터] 그룹-[고급 필터] → [고급 필터] 대화상자에서 '다른 장소에 복사' 선택 → [목록 범위]는 'B2:H10', [조건 범위]는 'B13:C14', [복사 위치]는 'B18'로 설정

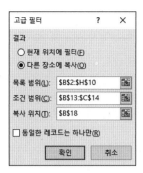

- 표 서식 : [홈] 탭-[글꼴] 그룹-[채우기 색]-[채우기 없음] → [스타일] 그룹-[표 서식]-[표 스타일 보통 6] 선택

제3작업

- 피벗 테이블 : '제1작업' 시트 클릭 → [B4:H12] 영역 블록 설정 → [삽입] 탭-[표] 그룹-[피벗 테이블] → [피벗 테이블 만들기] 대화상자에서 '기존 워크시트' 클릭 → 위치 설정 ('제3작업' 시트-[B2] 셀) → [피벗 테이블 필드 목록] 창에서 필드를 드래그하여 생성

> 피벗 테이블 생성 위치는 ≪출력형태≫에서 유추

- 그룹화 : [B5] 셀 선택 → [피벗 테이블 도구]-[분석] 탭-[그룹] 그룹-[그룹 필드] → [그룹화] 대화상자가 나타나면 [시작]은 '1', [끝]은 '5000', [단위]는 '1000' 입력

- [값] 영역의 '평균가격(원)' 클릭 → [값 필드 설정] 클릭 → [값 필드 설정] 대화상자가 나타나면 '최소값' 선택 → [사용자 지정이름]에 '최소값 : 평균가격(원)' 입력

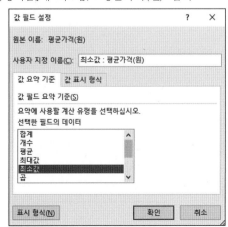

- **정렬** : [B3] 셀의 '열 레이블' 값을 '구분'으로 변경 → ▼를 클릭한 후 '텍스트 내림차순 정렬' 체크
- **피벗 테이블 옵션** : [피벗 테이블 도구]–[분석] 탭–[피벗 테이블] 그룹–[옵션] → [피벗 테이블 도구] 대화상자에서 [레이아웃 및 서식]–[레이블이 있는 셀 병합 및 가운데 맞춤] 체크/[빈 셀 표시] 체크–'***' 입력 → [요약 및 필터] 탭–[행 총합계 표시] 체크 해제

- [C5:H9] 영역 블록 설정 → [홈] 탭–[맞춤] 그룹–[가운데 맞춤] → Ctrl + 1 → [셀 서식 대화상자]에서 [표시 형식]–[회계]에서 [기호] '없음' 선택

제4작업

- **데이터 범위** : [C4:C12], [G4:H12] 영역 선택 → '포타디연고'와 '후시딘' 제외

> '포타디연고'와 '후시딘'이 제외되어 있는 영역([C4:C8], [C10:C11], [G4:H8], [G10:H11])만 선택한 후 차트를 작성해도 됨

- **차트 삽입** : [삽입] 탭–[차트] 그룹–[세로 막대형]
- **차트 위치** : [차트 도구]–[디자인] 탭–[위치] 그룹–[차트 이동] → [차트 이동] 대화상자에서 '새 시트' 선택 → '제4작업' 입력

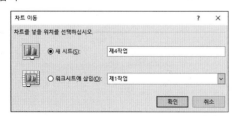

- **차트 디자인** : [차트 도구]–[디자인] 탭–[차트 레이아웃] 그룹–[빠른 레이아웃]–[레이아웃 3]선택 → [차트 스타일] 그룹–[스타일 4] 선택

- **차트 제목** : 차트 제목 선택 → [홈] 탭–[글꼴 그룹]–[글꼴]/[크기]/[굵게]/[채우기 색] 설정 → [차트 도구]–[서식] 탭–[도형 스타일] 그룹–[도형 윤곽선]–[검정] 선택
- **데이터 계열** : [차트 도구]–[디자인] 탭–[종류] 그룹–[차트 종류 변경] → [차트 종류 변경] 대화상자에서 [모든 차트] 탭–[콤보]–'평균가격(원)'의 '보조 축' 체크/'평균가격(원)'의 [차트 종류]는 '표식이 있는 꺾은선형' 선택

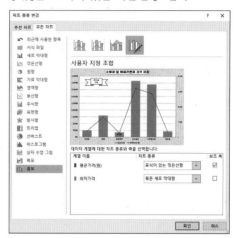

- **레이블** : '판피린큐'의 '최저가격' 계열 클릭 → [차트 도구]–[디자인] 탭–[차트 레이아웃 그룹]–[차트 요소 추가]–[데이터 레이블]–[안쪽 끝에] 선택
- **눈금선** : 주 눈금선 클릭 → [차트 도구]–[서식] 탭–[도형 스타일] 그룹–[도형 윤곽선]–[대시]–[파선] 선택
- **보조 세로 (값) 축** : 보조 세로 축 더블 클릭 → [축 서식] 창에서 [축 옵션]에서 [단위]의 [주]에 '1500' 입력

- **범례명 변경** : [차트 도구]–[디자인] 탭–[데이터] 그룹–[데이터 선택] → [데이터 원본 선택] 대화상자에서 '평균가격(원)' 선택 → [편집] 클릭 → [계열 편집] 대화상자에서 계열 이름 값 수정(평균가격(원))
- **도형 삽입** : [삽입] 탭–[도형]–[위쪽 리본]
- **차트 색상** : 차트 영역 선택 → [홈] 탭–[글꼴 그룹]–[글꼴]/[크기] 설정 → [차트 도구]–[서식] 탭–[도형 스타일] 그룹–[도형 채우기]–[질감]–[파랑 박엽지] 선택 → 그림 영역 선택 → [차트 도구]–[서식] 탭–[도형 스타일] 그룹–[도형 채우기]–[채우기 없음] 선택 → 도형 선택 → [그리기 도구]–[서식] 탭–[도형 스타일] 그룹–[도형 채우기]–[채우기 없음] 선택

제1작업

≪최종 출력형태≫

- '제1작업' 시트 클릭
- 글꼴 : Ctrl + A → [홈] 탭에서 '굴림', '11pt', '가운데' 설정
- [G4], [H4] 셀 : 두 줄 입력(Alt + Enter 사용)
- 테두리 선 : 블록 지정 → Ctrl + 1 → [셀 서식] 대화 상자-[테두리] 탭-선 스타일 선택 → 테두리 위치 지정
- 셀 채우기 : 블록 지정 → [홈] 탭-[글꼴] 그룹-[채우기 색]에서 색 지정
- 제목 도형 : [삽입] 탭-[도형]에서 도형 선택 → [홈] 탭-[글꼴] 그룹에서 텍스트 입력 및 글꼴(글꼴, 크기, 색, 속성), 채우기 색 지정 → [그리기 도구]-[서식] 탭-[도형 스타일] 그룹-[도형 효과]-[그림자]에서 그림자 선택
- 결재란 : 임의의 셀에 작성 → [홈] 탭-[클립보드] 그룹-[복사]-[그림으로 복사] → Ctrl + V → 위치 지정 → 원본 삭제
- [E5:E12] 영역 : Ctrl + 1 → [셀 서식] 대화상자-[표시 형식] 탭-[사용자 지정] → 표시 형식 입력(#,##0"원")
- 유효성 검사 : [H14] 셀 선택 → [데이터] 탭-[데이터 도구] 그룹-[데이터 유효성 검사] → [데이터 유효성] 대화상자에서 제한 대상(목록)과 원본([C5:C12] 영역) 지정 → ≪출력형태≫에 보이는 값 선택

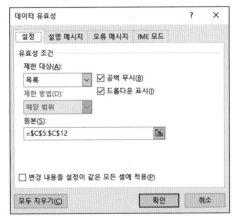

- 이름 정의 : 블록 설정 → 이름 상자에 이름 입력(구분)
- 함수식
  (1) =CHOOSE(RIGHT(B5,1),"주1회","주2회","주3회")
  (2) =RANK.EQ(G5,$G$5:$G$12)&"위"
  (3) =COUNTIF(E5:E12,"<=100000")/COUNTA(E5:E12)
  (4) =SUMIF(구분,"중국어",G5:G12)
  (5) =MAX(G5:G12)
  (6) =VLOOKUP(H14,C5:J12,3,FALSE)
  (7) 조건부 서식 : [B5:J12] 영역 블록 설정 → [홈] 탭-[스타일] 그룹-[조건부 서식]-[새 규칙] → [새 서식 규칙] 대화상자에서 [수식을 사용하여 서식을 지정할 셀 결정] 선택 → [다음 수식이 참인 값의 서식 지정]에 수식(=$G5>=300) 입력 → [서식] 클릭 → [셀 서식] 대화상자-[글꼴] 탭-[글꼴 스타일]은 '굵게', [색]은 '파랑' 설정

제2작업

≪최종 출력형태≫

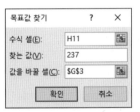

- 데이터 복사 : '제1작업' 시트에서 데이터([B4:H12] 영역) 복사 → '제2작업' 시트 클릭 → 지정된 셀([B2])에 붙여넣기 (Ctrl + V) → [홈] 탭-[클립보드] 그룹-[붙여넣기]-[선택하여 붙여넣기] → [선택하여 붙여넣기]-'열 너비' 선택
- 셀 병합 : [B11:G11] 영역 선택 → [홈] 탭-[맞춤] 그룹-[병합하고 가운데 맞춤]
- [H11] 셀 수식 : =AVERAGE(G3:G10)
- 목표값 찾기 : [H11] 셀 선택 → [데이터] 탭-[예측] 그룹-[가상 분석]-[목표값 찾기] → [목표값 찾기] 대화상자 설정([수식 셀]은 'H11', [찾는 값]은 '237', [값을 바꿀 셀]은 'G3' 설정)

목표값 찾기	? ×
수식 셀(E):	H11
찾는 값(V):	237
값을 바꿀 셀(C):	$G$3
확인	취소

- 고급 필터 조건 : [구분이 '영어'이거나, 수강료가 '50,000' 이하인 자료]이므로 두 조건 중 하나라도 만족해야 하므로 OR 조건 사용 → 조건을 다음 행에 입력

	A	B	C
13			
14		구분	수강료
15		영어	
16			<=50000

- **고급 필터** : 데이터 영역 내 임의의 위치 클릭 → [데이터] 탭-[정렬 및 필터] 그룹-[고급 필터] → [고급 필터] 대화상자에서 '다른 장소에 복사' 선택 → [목록 범위]는 'B2:H10', [조건 범위]는 'B14:C16', [복사 위치]는 'B18'로 설정

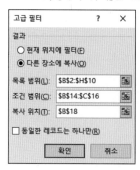

제3작업

- **정렬** : 데이터 내의 임의의 셀 클릭 → [데이터] 탭-[정렬 및 필터] 그룹-[정렬] → [정렬] 대화상자에서 설정([정렬 기준]은 '구분', [정렬]은 '내림차순')
- **부분합** : [데이터] 탭-[윤곽선] 그룹-[부분합] 선택 → [부분합 1] 실행 → [부분합 2] 실행
  - 부분합 1 : [그룹화할 항목]은 '구분', [사용할 함수]는 '개수', [부분합 계산 항목]은 '강좌명'

  - 부분합 2 : [그룹화할 항목]은 '구분', [사용할 함수]는 '평균', [부분합 계산 항목]은 '학습자수(단위:명)', [새로운 값으로 대치] 체크 해제

[새로운 값으로 대치]의 체크를 해제하지 않으면 [부분합 1] 작업의 부분합이 사라짐

- **윤곽 지우기** : [데이터] 탭-[그룹 해제]-[윤곽 지우기]

제4작업

- **데이터 범위** : [C4:C12], [E4:E12], [G4:G12] 영역 선택 → '어법/어휘마스터'와 '실전 비지니스' 제외
- **차트 삽입** : [삽입] 탭-[차트] 그룹-[세로 막대형]
- **차트 위치** : [차트 도구]-[디자인] 탭-[위치] 그룹-[차트 이동] → [차트 이동] 대화상자에서 '새 시트' 선택 → '제4작업' 입력
- **차트 디자인** : [차트 도구]-[디자인] 탭-[차트 레이아웃] 그룹-[빠른 레이아웃]-[레이아웃 3]선택 → [차트 스타일] 그룹-[스타일 5] 선택
- **차트 제목** : 차트 제목 선택 → [홈] 탭-[글꼴 그룹]-[글꼴]/[크기]/[굵게]/[채우기 색] 설정 → [차트 도구]-[서식] 탭-[도형 스타일] 그룹-[도형 윤곽선]-[검정] 선택
- **데이터 계열** : [차트 도구]-[디자인] 탭-[종류] 그룹-[차트 종류 변경] → [차트 종류 변경] 대화상자에서 [모든 차트] 탭-[콤보]-'수강료'의 '보조 축' 체크/'수강료'의 [차트 종류]는 '표식이 있는 꺾은선형' 선택

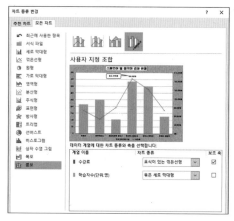

- **레이블** : '즐거운 스페인어'의 '수강료' 계열 클릭 → [차트 도구]-[디자인] 탭-[차트 레이아웃 그룹]-[차트 요소 추가]-[데이터 레이블]-[위쪽] 선택
- **눈금선** : 주 눈금선 클릭 → [차트 도구]-[서식] 탭-[도형 스타일] 그룹-[도형 윤곽선]-[대시]-[파선] 선택
- **보조 세로 (값) 축** : 보조 세로 축 더블 클릭 → [축 서식] 창에서 [축 옵션]에서 [단위]의 [주]에 '30000' 입력

- **범례명 변경** : [차트 도구]-[디자인] 탭-[데이터] 그룹-[데이터 선택] → [데이터 원본 선택] 대화상자에서 '학습자수(단위:명)' 선택 → [편집] 클릭 → [계열 편집] 대화상자에서 계열 이름 값 수정(학습자수(단위:명))

- 도형 삽입 : [삽입] 탭-[도형]-[모서리가 둥근 사각형 설명선] → 노랑색 조절점 위치 이동

 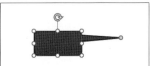

> 삽입되는 도형에 따라 노랑색 조절점을 이용하여 도형의 모양과 크기를 조절해야 함

- 차트 색상 : 차트 영역 선택 → [홈] 탭-[글꼴 그룹]-[글꼴]/[크기] 설정 → [차트 도구]-[서식] 탭-[도형 스타일] 그룹-[도형 채우기]-[질감]-[분홍 박엽지] 선택 → 그림 영역 선택 → [차트 도구]-[서식] 탭-[도형 스타일] 그룹-[도형 채우기]-[채우기 없음] 선택 → 도형 선택 → [그리기 도구]-[서식] 탭-[도형 스타일] 그룹-[도형 채우기]-[채우기 없음] 선택

제 03 회 실전 모의고사

제1작업

《최종 출력형태》

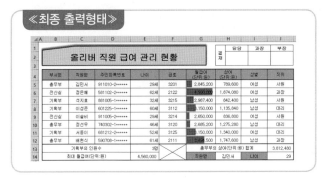

- 제목 도형 : [삽입] 탭-[도형]에서 도형 선택 → [홈] 탭-[글꼴] 그룹에서 텍스트 입력 및 글꼴(글꼴, 크기, 색, 속성), 채우기 색 지정 → [그리기 도구]-[서식] 탭-[도형 스타일] 그룹-[도형 효과]-[그림자]에서 그림자 선택
- 결제란 : 임의의 셀에 작성 → [홈] 탭-[클립보드] 그룹-[복사]-[그림으로 복사] → Ctrl + V → 위치 지정 → 원본 삭제
- [E5:E12] 영역 : Ctrl + 1 → [셀 서식] 대화상자-[표시 형식] 탭-[사용자 지정] → 표시 형식 입력(#,##0"세")
- 유효성 검사 : [H14] 셀 선택 → [데이터] 탭-[데이터 도구] 그룹-[데이터 유효성 검사] → [데이터 유효성] 대화상자에서 제한 대상(목록)과 원본([C5:C12] 영역) 지정 → 《출력형태》에 보이는 값 선택
- 이름 정의 : 블록 설정 → 이름 상자에 이름 입력(월급여)
- 함수식
  (1) =CHOOSE(MID(D5,8,1),"남성","여성")
  (2) =IF(LEFT(F5,2)="21","과장",IF(LEFT(F5,2)="31","대리","사원"))
  (3) =COUNTIF(B5:B12,"기획부")&"명"
  (4) =MAX(월급여)

  (5) =SUMIF(B5:B12,"총무부",H5:H12)
  (6) =VLOOKUP(H14,$C$5:$H$12,3,0)
  (7) 조건부 서식 : [G5:G12] 영역 블록 설정 → [홈] 탭-[스타일] 그룹-[조건부 서식]-[새 규칙] → [새 서식 규칙] 대화상자에서 [셀 값을 기준으로 모든 셀의 서식 지정] 선택 → [서식 스타일]은 '데이터 막대', [종류]는 '최소값'과 '최대값', [채우기]는 '칠', [색]은 '녹색' 설정

제2작업

《최종 출력형태》

- 고급 필터 조건 : [부서명이 '전산실'이거나, 상여(단위:원)가 '1,000,000' 이하인 자료]이므로 두 조건 중 하나라도 만족해야 하므로 OR 조건 사용 → 조건을 다음 행에 입력

	B	C
12		
13	부서명	상여 (단위:원)
14	전산실	
15		<=1000000

- 고급 필터 : 데이터 영역 내 임의의 위치 클릭 → [데이터] 탭-[정렬 및 필터] 그룹-[고급 필터] → [고급 필터] 대화상자에서 '다른 장소에 복사' 선택 → [목록 범위]는 'B2:H10', [조건 범위]는 'B13:C15', [복사 위치]는 'B18'로 설정
- 표 서식 : [홈] 탭-[글꼴] 그룹-[채우기 색]-[채우기 없음] → [스타일] 그룹-[표 서식]-[표 스타일 보통 6] 선택

제3작업

- 피벗 테이블 : '제1작업' 시트 클릭 → [B4:H12] 영역 블록 설정 → [삽입] 탭-[표] 그룹-[피벗 테이블] → [피벗 테이블 만들기] 대화상자에서 '기존 워크시트' 클릭 → 위치 설정('제3작업' 시트-[B2] 셀) → [피벗 테이블 필드 목록] 창에서 필드를 드래그하여 생성

- **그룹화** : [B5] 셀 선택 → [피벗 테이블 도구]-[분석] 탭-[그룹] 그룹-[그룹 필드] → [그룹화] 대화상자가 나타나면 [시작]은 '21', [끝]은 '80', [단위]는 '20' 입력
- **[값] 영역의 '상여(단위:원)' 클릭** → [값 필드 설정] 클릭 → [값 필드 설정] 대화상자가 나타나면 '최대값' 선택 → [사용자 지정이름]에 '최대값 : 상여(단위:원)' 입력
- **정렬** : [B3] 셀의 '열 레이블' 값을 '부서명'으로 변경 → ▽를 클릭한 후 '텍스트 내림차순 정렬' 체크
- **피벗 테이블 옵션** : [피벗 테이블 도구]-[분석] 탭-[피벗 테이블] 그룹-[옵션] → [피벗 테이블 도구] 대화상자에서 [레이아웃 및 서식] 탭-[레이블이 있는 셀 병합 및 가운데 맞춤] 체크/[빈 셀 표시] 체크-'**' 입력 → [요약 및 필터] 탭-[행 총합계 표시] 체크 해제
- **[C5:H8] 영역 블록 설정** → [홈] 탭-[맞춤] 그룹-[가운데 맞춤] → Ctrl + 1 → [셀 서식 대화상자]에서 [표시 형식]-[회계]에서 [기호] '없음' 선택

제4작업

- **데이터 범위** : [C4:C12], [E4:E12], [G4:G12] 영역 선택 → '정은혜'와 '이슬비' 제외
- **차트 디자인** : [차트 도구]-[디자인] 탭-[차트 레이아웃] 그룹-[빠른 레이아웃]-[레이아웃 3]선택 → [차트 스타일] 그룹-[스타일 3] 선택
- **데이터 계열** : [차트 도구]-[디자인] 탭-[종류] 그룹-[차트 종류 변경] → [차트 종류 변경] 대화상자에서 [모든 차트] 탭-[콤보]-'월급여(단위:원)'의 '보조 축' 체크/'월급여(단위:원)'의 [차트 종류]는 '표식이 있는 꺾은선형' 선택

- **레이블** : '배현식'의 '월급여(단위:원)' 계열 클릭 → [차트 도구]-[디자인] 탭-[차트 레이아웃 그룹]-[차트 요소 추가]-[데이터 레이블]-[바깥쪽 끝에] 선택
- **보조 세로 (값) 축** : 보조 세로 축 더블 클릭 → [축 서식] 창에서 [축 옵션]에서 [단위]의 [주]에 '20' 입력
- **범례명 변경** : [차트 도구]-[디자인] 탭-[데이터] 그룹-[데이터 선택] → [데이터 원본 선택] 대화상자에서 '월급여(단위:원)' 선택 → [편집] 클릭 → [계열 편집] 대화상자에서 계열 이름 값 수정(월급여(단위:원))
- **도형 삽입** : [삽입] 탭-[도형]-[모서리가 둥근 사각형 설명선]

제 04 회　실전 모의고사

제1작업

≪최종 출력형태≫

- **결제란** : 임의의 셀에 작성 → [홈] 탭-[클립보드] 그룹-[복사]-[그림으로 복사] → Ctrl + V → 위치 지정 → 원본 삭제
- **[D5:D12] 영역** : Ctrl + 1 → [셀 서식] 대화상자-[표시 형식] 탭-[사용자 지정] → 표시 형식 입력(#,##0"원")
- **유효성 검사** : [H14] 셀 선택 → [데이터] 탭-[데이터 도구] 그룹-[데이터 유효성 검사] → [데이터 유효성] 대화상자에서 제한 대상(목록)과 원본([C5:C12] 영역) 지정 → ≪출력형태≫에 보이는 값 선택
- **이름 정의** : 블록 설정 → 이름 상자에 이름 입력(제조사)
- **함수식**
  (1) ="20"&MID(B5,4,2)&"년 "&MID(B5,6,2)&"월"
  (2) =IF(E5>=LARGE($E$5:$E$12,3),"우수","")
  (3) =SUMIF(제조사,"레온",F5:F12)
  (4) =DMAX(B4:H12,D4,H4:H5)
  (5) =CHOOSE(RIGHT(B5,1),"잉크젯","레이저","컬러레이저")
  (6) =VLOOKUP(H14,B5:I12,3,0)
  (7) 조건부 서식 : [F5:F12] 영역 블록 설정 → [홈] 탭-[스타일] 그룹-[조건부 서식]-[새 규칙] → [새 서식 규칙] 대화상자에서 [셀 값을 기준으로 모든 셀의 서식 지정] 선택 → [서식 스타일]은 '데이터 막대', [종류]는 '최소값'과 '최대값', [채우기]는 '칠', [색]은 '녹색' 설정

제2작업

≪최종 출력형태≫

관리코드	제품명	판매금액	인쇄속도 (단위:ppm)	판매수량 (단위:대)	제조사	기능
IK-1909-1	모티	149,000원	14	157	레온	스캔/복사
LP-1801-2	크로우	150,000원	16	184	이지전자	스캔/복사/팩스
LP-1907-3	지니	344,000원	15	154	레온	스캔/복사/팩스
IK-1709-1	그린	421,000원	19	201	티파니	스캔/복사
IK-1905-1	밴티지	175,000원	6	98	레온	스캔/복사/팩스
LP-1811-3	다큐프린터	245,000원	17	217	레온	스캔/복사/팩스
LP-1711-2	로사프린터	182,000원	12	256	티파니	스캔/복사
LP-1908-3	캐리 레이저	389,000원	18	94	이지전자	스캔/복사/팩스

판매금액	제조사
<=150000	
	레온

관리코드	제품명	판매금액	인쇄속도 (단위:ppm)	판매수량 (단위:대)	제조사	기능
IK-1909-1	모티	149,000원	14	157	레온	스캔/복사
LP-1801-2	크로우	150,000원	16	184	이지전자	스캔/복사/팩스
LP-1907-3	지니	344,000원	15	154	레온	스캔/복사/팩스
LP-1811-3	다큐프린터	245,000원	17	217	레온	스캔/복사/팩스

- **고급 필터 조건** : [판매금액이 '150,000' 이하이거나, 제조사가 '레온'인 자료]이므로 두 조건 중 하나라도 만족해야 하므로 OR 조건 사용 → 조건을 다음 행에 입력
- **고급 필터** : 데이터 영역 내 임의의 위치 클릭 → [데이터] 탭-[정렬 및 필터] 그룹-[고급 필터] → [고급 필터] 대화상자에서 '다른 장소에 복사' 선택 → [목록 범위]는 'B2:H10', [조건 범위]는 'B13:C15', [복사 위치]는 'B18'로 설정
- **표 서식** : [홈] 탭-[글꼴] 그룹-[채우기 색]-[채우기 없음] → [스타일] 그룹-[표 서식]-[표 스타일 보통 6] 선택

제3작업

- **피벗 테이블** : '제1작업' 시트 클릭 → [B4:H12] 영역 블록 설정 → [삽입] 탭-[표] 그룹-[피벗 테이블] → [피벗 테이블 만들기] 대화상자에서 '기존 워크시트' 클릭 → 위치 설정('제3작업' 시트-[B2] 셀) → [피벗 테이블 필드 목록] 창에서 필드를 드래그하여 생성

- **그룹화** : [B5] 셀 선택 → [피벗 테이블 도구]-[분석] 탭-[그룹] 그룹-[그룹 필드] → [그룹화] 대화상자가 나타나면 [시작]은 '1', [끝]은 '20', [단위]는 '5' 입력
- **[값]** 영역의 '평균가격(원)' 클릭 → [값 필드 설정] 클릭 → [값 필드 설정] 대화상자가 나타나면 '최소값' 선택 → [사용자 지정이름]에 '최대값 : 판매수량(단위:대)' 입력
- **정렬** : [C2] 셀의 '열 레이블' 값을 '구분'으로 변경 → ▼를 클릭한 후 '텍스트 내림차순 정렬' 체크
- **피벗 테이블 옵션** : [피벗 테이블 도구]-[분석] 탭-[피벗 테이블] 그룹-[옵션] → [피벗 테이블 도구] 대화상자에서 [레이아웃 및 서식]-[레이블이 있는 셀 병합 및 가운데 맞춤] 체크/[빈 셀 표시] 체크-'*' 입력 → [요약 및 필터] 탭-[행 총합계 표시] 체크 해제

제4작업

- **데이터 범위** : [C4:D12], [F4:F12] 영역 선택 → '그린'과 '로사프린터' 제외
- **차트 디자인** : [차트 레이아웃] 그룹-[빠른 레이아웃]-[레이아웃 3]선택 → [차트 스타일] 그룹-[스타일 6] 선택
- **데이터 계열** : [차트 도구]-[디자인] 탭-[종류] 그룹-[차트 종류 변경] → [차트 종류 변경] 대화상자에서 [모든 차트] 탭-[콤보]-'판매금액'의 '보조 축' 체크/'판매금액'의 [차트 종류]는 '표식이 있는 꺾은선형' 선택
- **레이블** : '다큐프린터'의 '판매수량(단위:대)' 계열 클릭 → [차트 도구]-[디자인] 탭-[차트 레이아웃 그룹]-[차트 요소 추가]-[데이터 레이블]-[바깥쪽 끝에] 선택
- **보조 세로 (값) 축** : 보조 세로 축 더블 클릭 → [축 서식] 창에서 [축 옵션]에서 [단위]의 [주]에 '100000' 입력
- **범례명 변경** : [차트 도구]-[디자인] 탭-[데이터] 그룹-[데이터 선택] → [데이터 원본 선택] 대화상자에서 '판매수량(단위:대)' 선택 → [편집] 클릭 → [계열 편집] 대화상자에서 계열 이름 값 수정(판매수량(단위:대))
- **도형 삽입** : [삽입] 탭-[도형]-[모서리가 둥근 사각형 설명선]

제1작업

≪최종 출력형태≫

							결 재	담당	선임	팀장

5월 프로모션 카드 순위

관리코드	카드명	프로모션	카드사	연회비 (국내전용)	포인트 적립률	가입자수	순위	관리점
DJ2-312	라이크 판 머블	통신비할인	한국	120,000	2.1%	15,720명	5위	대리점
VX7-902	탄탄대로 2030	커피할인	대한	30,000	1.5%	72,678명	7위	이벤트행사
EG4-071	물명 파이	넷플릭스	신한	8,000	3.0%	37,949명	2위	이벤트행사
GN1-907	청춘대로 티톡	통신비할인	대한	10,000	2.0%	32,509명	6위	직영점
BJ3-762	마일리지 블랙	넷플릭스	한국	300,000	5.0%	4,062명	1위	이벤트행사
VR1-619	힙스터 하양자켓	커피할인	대한	15,000	3.0%	48,683명	2위	직영점
QH7-578	마일앤조이	통신비할인	신한	5,000	1.5%	36,269명	7위	대리점
DH2-612	에이스클래스	커피할인	대한	5,000	3.0%	28,944명	2위	대리점
통신비할인 카드 포인트 적립률 평균			1.87%		두 번째로 높은 연회비(국내전용)			120,000
한국 카드사의 가입자수 합계			52,291		관리코드	DJ2-312	연회비 (국내전용)	120,000

- **[H5:H12] 영역** : 표시 형식 입력(#,##0"명")
- **유효성 검사** : [H14] 셀 선택 → [데이터] 탭-[데이터 도구] 그룹-[데이터 유효성 검사] → [데이터 유효성] 대화상자에서 제한 대상(목록)과 원본([B5:B12] 영역) 지정
- **이름 정의** : 블록 설정 → 이름 상자에 이름 입력(연회비)
- **함수식**

(1) =RANK.EQ(G5,$G$5:$G$12)&"위"

(2) =IF(MID(B5,3,1)="1","직영점",IF(MID(B5,3,1)="2","대리점","이벤트행사"))

(3) =SUMIF(D5:D12,"통신비할인",G5:G12)/COUNTIF(D5:D12,"통신비할인")

(4) =DSUM(B4:H12,7,E4:E5)

(5) =LARGE(연회비,2)

(6) =VLOOKUP(H14,B5:G12,5,0)

(7) 조건부 서식 : 수식(=$G5>=3%) 입력

제2작업

≪최종 출력형태≫

- [H11] 셀 수식 : =DAVERAGE(B2:H10,7,E2:E3)
- 목표값 찾기 : [목표값 찾기] 대화상자 설정([수식 셀]은 'H11', [찾는 값]은 '17500', [값을 바꿀 셀]은 'H3' 설정)
- 고급 필터 조건 : [관리코드가 'V'로 시작하거나 연회비(국내 전용)가 '5,000' 이하인 자료]이므로 두 조건 중 하나라도 만 족해야 하므로 OR 조건 사용 → 조건을 다음 행에 입력

조건 중 '~로 시작'하거나 '~로 종료'하는 조건이 있다면 *를 사용
예 'V'로 시작하거나 → V*
예 'V'로 종료하거나 → *V

제3작업

- 부분합 : [데이터] 탭-[윤곽선] 그룹-[부분합] 선택 → [부 분합 1] 실행 → [부분합 2] 실행
  - 부분합 1 : [그룹화할 항목]은 '프로모션', [사용할 함수] 는 '개수', [부분합 계산 항목]은 '카드사'
  - 부분합 2 : [그룹화할 항목]은 '프로모션', [사용할 함수] 는 '평균', [부분합 계산 항목]은 '가입자수', [새로운 값으 로 대치] 체크 해제

▲부분합 1

▲부분합 2

- 윤곽 지우기 : [데이터] 탭-[그룹 해제]-[윤곽 지우기]

제4작업

- 데이터 범위 : [C4:C12], [F4:F12], [H4:H12] 영역 선택 → '올원 파이'와 '마일앤조이' 제외

- 레이블 : '에이스플러스'의 '가입자수' 계열 클릭 → [차트 도구]-[디자인] 탭-[차트 레이아웃 그룹]-[차트 요소 추 가]-[데이터 레이블]-[바깥쪽 끝에] 선택
- 보조 세로 (값) 축 : 보조 세로 축 더블 클릭 → [축 서식] 창 에서 [축 옵션]에서 [단위]의 [주]에 '100000' 입력

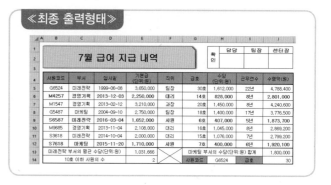

제 06 회   실전 모의고사

제1작업

≪최종 출력형태≫

- [H5:H12] 영역 : 표시 형식 입력(#,##0"호")
- 함수식
  (1) =YEAR(TODAY())-YEAR(D5)&"년"
  (2) =ROUND((E5+H5)-((E5+H5)*9%),-2)
  (3) =INT(DAVERAGE(B4:H12,7,C4:C5))
  (4) =COUNTIF(급호,"<=10")
  (5) =SUMIF(C5:C12,"마케팅",H5:H12)
  (6) =VLOOKUP(H14,B5:H12,6,0)
  (7) 조건부 서식 : 수식(=$H5<=1000000) 입력

제2작업

≪최종 출력형태≫

- 고급 필터 조건 : '이거나'이므로 두 조건 중 하나라도 만족 해야 하므로 OR 조건 사용

- 고급 필터 : [목록 범위]는 'B2:H10', [조건 범위]는 'B14:C16', [복사 위치]는 'B18'로 설정
- 표 서식 : [표 스타일 보통 7] 선택

제3작업

- 피벗 테이블 필드

- 그룹화 : 기본급(단위:원)([시작]은 '1', [끝]은 '4000000', [단위]는 '1000000' 입력)
- 피벗 테이블 옵션 : [피벗 테이블 도구]–[분석] 탭–[피벗 테이블] 그룹–[옵션] → [피벗 테이블 도구] 대화상자에서 [레이아웃 및 서식]–[레이블이 있는 셀 병합 및 가운데 맞춤] 체크/[빈 셀 표시] 체크–'***' 입력 → [요약 및 필터] 탭–[행 총합계 표시] 체크 해제

제4작업

- 데이터 범위 : [B4:B12], [G4:H12] 영역 선택 → 'G5487'와 'S7618' 제외
- 레이블 : 'G6524'의 '수당(단위:원)' 계열 클릭 → [차트 도구]–[디자인] 탭–[차트 레이아웃 그룹]–[차트 요소 추가]–[데이터 레이블]–[바깥쪽 끝에] 선택
- 보조 세로 (값) 축 : 보조 세로 축 더블 클릭 → [축 서식] 창에서 [축 옵션]에서 [단위]의 [주]에 '10' 입력

제 07 회   실전 모의고사

제1작업

≪최종 출력형태≫

- 함수식
(1) =MID(B5,2,1)&"호관"
(2) =IF(RANK.EQ(H5,$H$5:$H$12)<=3,RANK.EQ(H5,$H$5:$H$12),"")
(3) =SUMIF(D5:D12,"아동학",H5:H12)/COUNTIF(D5:D12,"아동학")

(4) =MAX(H5:H12)
(5) =SUMPRODUCT(수강료,H5:H12)
(6) =VLOOKUP(H14,B5:H12,7,0)
(7) 조건부 서식 : 수식(=$H5<=20) 입력

제2작업

≪최종 출력형태≫

- [H11] 셀 수식 : =DAVERAGE(B2:H10,7,E2:E3)
- 목표값 찾기 : [목표값 찾기] 대화상자 설정([수식 셀]은 'H11', [찾는 값]은 '35', [값을 바꿀 셀]은 'H3' 설정)
- 고급 필터 조건 : '하거나'이므로 두 조건 중 하나라도 만족해야 하므로 OR 조건 사용 → 조건을 다음 행에 입력
- 고급 필터 : [목록 범위]는 'B2:H10', [조건 범위]는 'B14:C16', [복사 위치]는 'B18'로 설정

제3작업

- 부분합 : [그룹화할 항목]은 '분류'
  - 부분합 1 : [사용할 함수]는 '개수', [부분합 계산 항목]은 '강좌명'
  - 부분합 2 : [사용할 함수]는 '평균', [부분합 계산 항목]은 '접수인원'

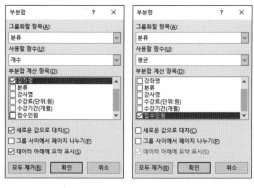

▲부분합 1   ▲부분합 2

- 윤곽 지우기 : [데이터] 탭–[그룹 해제]–[윤곽 지우기]

제4작업

- 데이터 범위 : [C4:C12], [F4:F12], [H4:H12] 영역 선택 →
  '가족복지론'과 '가족생활교육' 제외
- 레이블 : '아동수학지도'의 '접수인원' 계열 클릭 → [차트
  도구]–[디자인] 탭–[차트 레이아웃 그룹]–[차트 요소 추
  가]–[데이터 레이블]–[바깥쪽 끝에] 선택
- 보조 세로 (값) 축 : 보조 세로 축 더블 클릭 → [축 서식] 창
  에서 [축 옵션]에서 [단위]의 [주]에 '70000' 입력

제 08 회   실전 모의고사

제1작업

≪최종 출력형태≫

	사번	이름	직급	부서	연봉(단위:원)	매출액	담당업체수	입사년도	담당지역
	D1931	주민혁	사원	영업3팀	28,400,000	58,480천원	8	2019	대구
	B1425	남우진	대리	영업2팀	35,000,000	73,000천원	12	2014	부산
	G1916	공지훈	사원	영업1팀	28,000,000	57,120천원	7	2019	광주
	S0711	장선우	부장	영업1팀	62,700,000	126,530천원	23	2007	서울
	B1028	김미정	과장	영업2팀	45,000,000	94,480천원	16	2010	부산
	S1832	오아린	사원	영업3팀	30,000,000	62,880천원	9	2018	서울
	G1227	박재열	과장	영업2팀	50,000,000	104,860천원	18	2012	광주
	D1415	최지선	대리	영업1팀	36,000,000	74,250천원	15	2014	대구

- 함수식
  - (1) =2000+MID(B5,2,2)
  - (2) =IF(LEFT(B5,1)="B","부산",IF(LEFT(B5,1)="D","대
    구",IF(LEFT(B5,1)="G","광주","서울")))
  - (3) =DCOUNTA(B4:H12,4,E4:E5)&"명"
  - (4) =SUMIF(부서,"영업3팀",F5:F12)/COUNTIF(부서,"영
    업3팀")
  - (5) =MAX(H5:H12)
  - (6) =VLOOKUP(H14,C4:J12,6,0)
  - (7) 조건부 서식 : 수식(=$G5<=60000) 입력

제2작업

≪최종 출력형태≫

	사번	이름	직급	부서	연봉(단위:원)	매출액	담당업체수
	D1931	주민혁	사원	영업3팀	28,400,000	58,480천원	8
	B1425	남우진	대리	영업2팀	35,000,000	73,000천원	12
	G1916	공지훈	사원	영업1팀	28,000,000	57,120천원	7
	S0711	장선우	부장	영업1팀	62,700,000	126,530천원	23
	B1028	김미정	과장	영업2팀	45,000,000	94,480천원	16
	S1832	오아린	사원	영업3팀	30,000,000	62,880천원	9
	G1227	박재열	과장	영업2팀	50,000,000	104,860천원	18
	D1415	최지선	대리	영업1팀	36,000,000	74,250천원	15

	부서	매출액
	영업2팀	
		>=90000

	사번	이름	연봉(단위:원)	매출액	담당업체수
	B1425	남우진	35,000,000	73,000천원	12
	S0711	장선우	62,700,000	126,530천원	23
	B1028	김미정	45,000,000	94,480천원	16
	G1227	박재열	50,000,000	104,860천원	18

- 고급 필터 조건 : '이거나'이므로 두 조건 중 하나라도 만족
  해야 하므로 OR 조건 사용

- 고급 필터 : [목록 범위]는 'B2:H10', [조건 범위]는
  'B14:C16', [복사 위치]는 'B18'로 설정
- 표 서식 : [표 스타일 보통 4] 선택

제3작업

- 피벗 테이블 필드

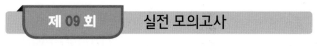

- 그룹화 : 담당업체수([시작]은 '7', [끝]은 '27', [단위]는 '7'
  입력)

제4작업

- 데이터 범위 : [C4:C12], [F4:G12] 영역 선택 → '주민혁'과
  '오아린' 제외
- 레이블 : '장선우'의 '매출액' 계열
- 보조 세로 (값) 축 : [축 옵션]에서 [단위]의 [주]에 '15000000'
  입력

제 09 회   실전 모의고사

제1작업

≪최종 출력형태≫

	제품코드	제품명	분류	제조사	전월판매량	당월판매량	스코빌지수	판매순위	증감률(%)
	OW-15B	핵 라면	봉지	신진사	28,167	20,538	5,013SHU	3	104
	YB-15T	장매운 라면	봉지	삼진마트	57,267	44,827	4,044SHU	2	78
	RB-15I	비빔 매운면	용기	세준사	10,698	8,990	2,769SHU		84
	YH-13U	앵그리 매운면	봉지	세준사	5,267	5,918	8,557SHU		112
	EQ-13R	국민 매콤라면	봉지	삼진마트	37,285	45,473	3,960SHU	1	121
	JM-15V	몬나물 김치면	봉지	삼진마트	18,652	13,920	5,930SHU		74
	DR-14T	해물 짬뽕면	용기	세준사	12,364	12,480	4,000SHU		181
	ON-15C	볼닭 쿨면	용기	세준사	10,046	10,920	3,037SHU		108

- 함수식
  - (1) =IF(RANK.EQ(G5,$G$5:$G$12)<=3,RANK.EQ(G5,
    $G$5:$G$12),"")
  - (2) =INT((G5/F5)*100)
  - (3) =MAX(스코빌지수)
  - (4) =COUNTIF(G5:G12,">=40000")&"개"
  - (5) =ROUND(DAVERAGE(B4:H12,G4,D4:D5),0)
  - (6) =VLOOKUP(H14,C4:H12,3,0)
  - (7) 조건부 서식 : [서식 스타일]을 '데이터 막대'로 설정

제2작업

≪최종 출력형태≫

A	B	C	D	E	F	G	H
1							
2	제품코드	제품명	분류	제조사	전월 판매량	당월 판매량	스코빌지수
3	OW-15B	핵 라면	봉지	신진사	28,167	29,338	5,013SHU
4	YB-15T	짱매운 라면	봉지	삼진마트	57,267	44,727	4,044SHU
5	RB-15V	비빔 매운면	봉지	세준사	10,698	8,990	2,769SHU
6	YH-13U	앵그리 매운면	봉지	세준사	5,267	5,918	8,557SHU
7	EQ-13R	국민 매콤라면	봉지	삼진마트	37,285	45,473	3,960SHU
8	JM-15V	콩나물 김치면	봉지	삼진마트	18,652	13,920	5,930SHU
9	DR-14T	해물 짬뽕면	용기	신진사	12,364	22,480	4,000SHU
10	ON-15C	불맛 쫄면	용기	세준사	10,046	10,920	3,037SHU
11							
12							
13	제조사	당월 판매량					
14	신진사						
15		<=10000					
16							
17							
18	제품코드	제품명	분류	제조사	전월 판매량	당월 판매량	스코빌지수
19	OW-15B	핵 라면	봉지	신진사	28,167	29,338	5,013SHU
20	RB-15V	비빔 매운면	용기	세준사	10,698	8,990	2,769SHU
21	YH-13U	앵그리 매운면	봉지	세준사	5,267	5,918	8,557SHU
22	DR-14T	해물 짬뽕면	용기	신진사	12,364	22,480	4,000SHU

- 고급 필터 조건 : '이거나'이므로 OR 조건 사용
- 고급 필터 : [조건 범위]는 'B13:C15', [복사 위치]는 'B18'
- 표 서식 : [표 스타일 보통 6] 선택

제3작업

- 그룹화 : 스코빌지수([시작]은 '1', [끝]은 '9000', [단위]는 '3000' 입력)

제4작업

- 데이터 범위 : [C4:C12], [G4:H12] 영역 선택 → '핵 라면'과 '해물 짬뽕면' 제외
- 레이블 : '앵그리 매운면'의 '스코빌지수' 계열
- 보조 세로 (값) 축 : [축 옵션]에서 [단위]의 [주]에 '10000' 입력

제 10 회 — 실전 모의고사

제1작업

≪최종 출력형태≫

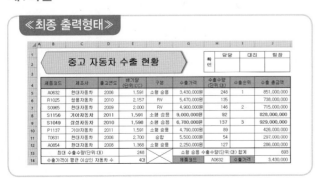

- 함수식
  (1) =IF(RANK.EQ(H5,$H$5:$H$12)<=3,RANK.EQ(H5,$H$5:$H$12),"")
  (2) =ROUND(G5*H5,-6)
  (3) =MAX(H5:H12)
  (4) =COUNTIF(가격,">="&AVERAGE(가격))&"대"
  (5) =DSUM(B4:H12,7,F4:F5)
  (6) =VLOOKUP(H14,B5:H12,6,0)
  (7) 조건부 서식 : 수식(=$G5>=6000000) 입력

제2작업

≪최종 출력형태≫

A	B	C	D	E	F	G	H
1							
2	제품코드	제조사	출고연도	배기량 (단위:CC)	구분	수출가격	수출수량 (단위:대)
3	A0632	현대자동차	2006	1,591	소형 승용	3,430,000원	248
4	R1025	쌍용자동차	2010	2,157	RV	5,470,000원	135
5	S0965	현대자동차	2009	2,000	RV	4,900,000원	146
6	S1156	기아자동차	2011	1,591	소형 승용	9,000,000원	92
7	S1049	삼성자동차	2010	1,598	소형 승용	6,780,000원	137
8	P1137	기아자동차	2011	1,591	소형 승용	4,790,000원	89
9	T0631	현대자동차	2006	2,700	승합	5,500,000원	54
10	A0854	현대자동차	2008	1,368	소형 승용	2,250,000원	127
11							
12							
13							
14	제조사	수출수량 (단위:대)					
15	현대자동차	>=100					
16							
17							
18	제품코드	제조사	수출가격	수출수량 (단위:대)			
19	A0632	현대자동차	3,430,000원	248			
20	S0965	현대자동차	4,900,000원	146			
21	A0854	현대자동차	2,250,000원	127			

- 고급 필터 조건 : '이면서'이므로 AND 조건 사용
- 고급 필터 : [조건 범위]는 'B14:C15', [복사 위치]는 'B18'
- 표 서식 : [표 스타일 보통 7] 선택

제3작업

- 그룹화 : 수출가격([시작]은 '1', [끝]은 '9000000', [단위]는 '3000000' 입력)

제4작업

- 데이터 범위 : [B4:B12], [G4:H12] 영역 선택 → 'R1025'와 'S0965' 제외
- 레이블 : 'S1156'의 '수출 가격' 계열
- 보조 세로 (값) 축 : [축 옵션]에서 [단위]의 [주]에 '2000000' 입력

제1작업

≪최종 출력형태≫

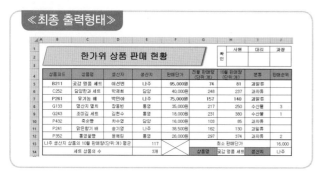

- 함수식
  (1) =CHOOSE(RIGHT(B5,1),"과일류","과자류","수산물")
  (2) =IF(RANK.EQ(H5,$H$5:$H$12)<=3,RANK.EQ(H5,$H$5:$H$12),"")
  (3) =DAVERAGE(B4:H12,H4,E4:E5)
  (4) =COUNTIF(C5:C12,"*세트")&"개"
  (5) =MIN(판매단가)
  (6) =VLOOKUP(H14,C5:H12,3,0)

제2작업

≪최종 출력형태≫

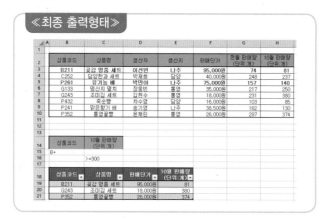

- 고급 필터 조건 : '하거나'이므로 OR 조건 사용
- 표 서식 : [표 스타일 보통 6] 선택

제3작업

제4작업

- 데이터 범위 : [C4:C12], [F4:F12], [H4:H12] 영역 선택 → '담양한과 세트'와 '죽순빵' 제외

제1작업

≪최종 출력형태≫

- 함수식
  (1) =IF(AND(C5◇"물김치",G5)>=30),"무료",3000)
  (2) =CHOOSE(RIGHT(B5,1),"국내","중국","베트남")
  (3) =DSUM(B4:H12,6,C4:C5)&"개"
  (4) =SUMPRODUCT(F5:F12,G5:G12)
  (5) =MAX(포장단위)
  (6) =VLOOKUP(H14,D5:H12,3,FALSE)*VLOOKUP(H14,D5:H12,4,FALSE)

제2작업

≪최종 출력형태≫

- 고급 필터 조건 : '이면서'이므로 AND 조건 사용
- 표 서식 : [표 스타일 보통 6] 선택

제3작업

제4작업

- 데이터 범위 : [C4:C12], [F4:G12] 영역 선택 → '나박김치'와 '열무김치' 제외

제1작업

≪최종 출력형태≫

전국 주요 어린이집 현황

관리코드	어린이집명	지역	분류	등록률(%)	정원(단위:명)	현원	순위	평가등급
SA1003	경희궁초록	서울	국공립	98	123	121명	4위	A등급
BB9002	EQ랜드	부산	가정	72	25	20명	6위	B등급
DN6007	구립마더베어	대구	국공립	97	138	134명	2위	
GA3014	꼬마숲	강원	민간	96	145	139명	1위	A등급
GB6015	라온	강원	국공립	83	118	98명	5위	B등급
BA6036	밝은	부산	민간	96	139	134명	2위	A등급
DD4023	샛별어린이집	대구	가정	74	23	17명	6위	
SN8163	어린이집	서울	가정	63	32	20명	6위	
가정 어린이집의 현원 평균					19	가장 많은 현원		139
국공립 어린이집의 현원 합계					353	관리코드	SA1003	지역	서울

- 함수식
  (1) =RANK.EQ(H5,$H$5:$H$12)&"위"
  (2) =IF(MID(B5,2,1)="A","A등급",IF(MID(B5,2,1)="B","B등급",""))
  (3) =SUMIF(분류,"가정",H5:H12)/COUNTIF(분류,"가정")
  (4) =DSUM(B4:H12,7,E4:E5)
  (5) =MAX(H5:H12)
  (6) =VLOOKUP(H14,$B$5:$H$12,3,0)

제2작업

≪최종 출력형태≫

- [H11] 셀 수식 : =DAVERAGE(B2:H10,7,E2:E3)
- 고급 필터 조건 : '이거나'이므로 OR 조건 사용

제3작업

- 부분합 : [그룹화할 항목]은 '분류'
  - 부분합 1 : '개수', '어린이집명' 설정
  - 부분합 2 : '최대값', '현원' 설정

제4작업

- 데이터 범위 : [C4:C12], [G4:H12] 영역 선택 → '꼬마숲'과 '밝은' 제외

제1작업

≪최종 출력형태≫

로봇 청소기 판매 현황

상품코드	상품명	제조회사	방식	판매가격(단위:원)	판매수량	상품리뷰(단위:개)	순위
RH-123	코드제로 R9	한국전자	흡입전용	1,005,000	1,345대	288	★★	4위
RH-254	로보킹 R76	미래전자	흡입+걸레	640,000	1,565대	366	★★★	3위
RG-176	시크릿봇	한국전자	걸레전용	236,500	897대	125	★	
RH-124	스마트 클린	해외전자	흡입전용	430,000	2,450대	559	★★★★★	2위
RH-125	파워봇 VR10M	미래전자	흡입전용	296,000	1,200대	283	★★	
RG-256	브라바 380T	해외전자	걸레전용	241,000	2,654대	580	★★★★	1위
RH-265	스마트탱고	한국전자	흡입+걸레	720,000	789대	112	★	
RH-129	치후 360 S5	해외전자	흡입전용	272,000	810대	120	★	
흡입전용 청소기의 판매수량 합계				5,805	최저 판매가격(단위:원)		236,500
흡입+걸레 청소기의 상품 수				2	상품명	코드제로 R9	판매수량	1,345

- 함수식
  (1) =CHOOSE(INT(H5/100),"★","★★","★★★","★★★★","★★★★★")
  (2) =IF(RANK.EQ(G5,$G$5:$G$12)<=4,RANK.EQ(G5,$G$5:$G$12)&"위","")
  (3) =DSUM(B4:H12,G4,E4:E5)
  (4) =COUNTIF(E5:E12,E6)
  (5) =SMALL(가격,1)
  (6) =VLOOKUP(H14,$C$4:$H$12,5,0)

제2작업

≪최종 출력형태≫

상품코드	상품명	제조회사	방식	판매가격(단위:원)	판매수량	상품리뷰(단위:개)
RH-123	코드제로 R9	한국전자	흡입전용	1,002,000	1,345대	288
RH-254	로보킹 R76	미래전자	흡입+걸레	640,000	1,565대	366
RG-176	시크릿봇	한국전자	걸레전용	236,500	897대	125
RH-124	스마트 클린	해외전자	흡입전용	430,000	2,450대	559
RH-125	파워봇 VR10M	미래전자	흡입전용	296,000	1,200대	283
RG-256	브라바 380T	해외전자	걸레전용	241,000	2,654대	580
RH-265	스마트탱고	한국전자	흡입+걸레	720,000	789대	112
RH-129	치후 360 S5	해외전자	흡입전용	272,000	810대	120
흡입전용의 판매가격(단위:원) 평균					500,000	

방식	상품리뷰(단위:개)
<>걸레전용	>=200

상품명	제조회사	방식	판매수량
코드제로 R9	한국전자	흡입전용	1,345대
로보킹 R76	미래전자	흡입+걸레	1,565대
스마트 클린	해외전자	흡입전용	2,450대
파워봇 VR10M	미래전자	흡입전용	1,200대

- [H11] 셀 수식 : =DAVERAGE(B2:H10,5,E2:E3)
- 고급 필터 조건 : '아니면서'이므로 AND 조건 사용

제3작업

- 부분합 : [그룹화할 항목]은 '제조회사'
  - 부분합 1 : '개수', '상품명' 설정
  - 부분합 2 : '평균', '매출금액(단위:원)' 설정

제4작업

- 데이터 범위 : [C4:C12], [F4:G12] 영역 선택 → '로보킹 R76'과 '스마트탱고' 제외

최신 기출문제 풀이

※ 제시된 풀이 방법이 정답은 아닙니다. 다양한 방식으로 작업될 수 있으므로, 제시된 방법은 참고용으로 활용합니다.

제 01 회 정보기술자격(ITQ) 기출문제

답안 작성 준비

- **워크시트 추가하기** : ⊕ 를 클릭하여 2개의 워크시트 추가
- **워크시트 이름 변경** : 각각의 시트 탭 더블 클릭 → '제1작업', '제2작업', '제3작업'으로 수정

```
◀ ▶ │ 제1작업 │ 제2작업 │ 제3작업 │ ⊕
```

'제4작업' 시트는 추후에 작성할 예정이므로 3개의 작업 시트만 준비

- **워크시트 그룹 설정** : '제1작업' 시트 클릭 → Shift + '제3작업' 시트 클릭
- **열 너비** : A열 머리글 클릭 → 마우스 오른쪽 버튼 클릭 → [열 너비] 바로 가기 메뉴 클릭 → [열 너비] 대화상자에서 '1' 설정
- **워크시트 그룹 해제** : 시트에 마우스 오른쪽 버튼 클릭 → [시트 그룹 해제] 선택
- **저장** : Ctrl + S → '수험번호– 성명' 형식

저장 시 지정된 폴더(내 PC₩문서₩ITQ)가 맞는지 반드시 확인

제1작업

≪최종 출력형태≫

- '제1작업' 시트 클릭
- **글꼴** : Ctrl + A → [홈] 탭에서 '굴림', '11pt', '가운데' 설정
- **[F4], [G4] 셀** : 두 줄 입력(Alt + Enter 사용)
- **셀 합치기** : 블록 지정 → [홈] 탭-[맞춤] 그룹-[병합하고 가운데 맞춤]
- **테두리 선** : 블록 지정 → Ctrl + 1 → [셀 서식] 대화 상자-[테두리] 탭-선 스타일 선택 → 테두리 위치 지정

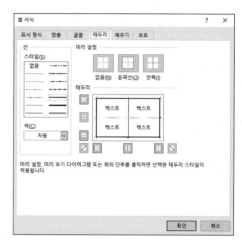

- **셀 채우기** : 블록 지정 → [홈] 탭-[글꼴] 그룹-[채우기 색]에서 색 지정
- **제목 도형** : [삽입] 탭-[도형]에서 도형 선택 → [홈] 탭-[글꼴] 그룹에서 텍스트 입력 및 글꼴(글꼴, 크기, 색, 속성), 채우기 색 지정 → [그리기 도구]-[서식] 탭-[도형 스타일] 그룹-[도형 효과]-[그림자]에서 그림자 선택
- **결제란** : 임의의 셀에 작성 → [홈] 탭-[클립보드] 그룹-[복사]-[그림으로 복사] → Ctrl + V → 위치 지정 → 원본 삭제
- **[F5:G12] 영역** : Ctrl + 1 → [셀 서식] 대화상자-[표시 형식] 탭-[회계]
- **[H5:H12] 영역** : Ctrl + 1 → [셀 서식] 대화상자-[표시 형식] 탭-[사용자 지정] → 표시 형식 입력(#,##0"원")
- **유효성 검사** : [H14] 셀 선택 → [데이터] 탭-[데이터 도구] 그룹-[데이터 유효성 검사] → [데이터 유효성] 대화상자에서 제한 대상(목록)과 원본([C5:C12] 영역) 지정 → ≪출력형태≫에 보이는 값 선택

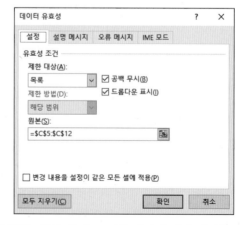

- **이름 정의** : 블록 설정 → 이름 상자에 이름 입력(좋아요)

- 함수식
  - (1) =CHOOSE(MID(B5,2,1),"카드","현금","쿠폰")
  - (2) =RANK.EQ(G5,$G$5:$G$12)&"위"
  - (3) =DSUM(B4:H12,H4,D4:D5)
  - (4) =SUMIF(D5:D12,D7,G5:G12)/COUNTIF(D5:D12,D7)
  - (5) =MAX(좋아요)
  - (6) =VLOOKUP(H14,C4:H12,3,0)
  - (7) 조건부 서식 : [B5:J12] 영역 블록 설정 → [홈] 탭-[스타일] 그룹-[조건부 서식]-[새 규칙] → [새 서식 규칙] 대화상자에서 [수식을 사용하여 서식을 지정할 셀 결정] 선택 → [다음 수식이 참인 값의 서식 지정]에 수식(=$G5>=40) 입력 → [서식] 클릭 → [셀 서식] 대화상자-[글꼴] 탭-[글꼴 스타일]은 '굵게', [색]은 '파랑' 설정

제2작업

≪최종 출력형태≫

- 데이터 복사 : '제1작업' 시트에서 데이터([B4:H12] 영역) 복사 → '제2작업' 시트 클릭 → 지정된 셀([B2])에 붙여넣기 (Ctrl + V) → [홈] 탭-[클립보드] 그룹-[붙여넣기]-[선택하여 붙여넣기] → [선택하여 붙여넣기]-'열 너비' 선택
- 고급 필터 조건 : [코드가 'B'로 시작하면서, 좋아요(누적수)가 '300' 이상인 자료]이므로 두 조건을 동시에 만족해야 하므로 AND 조건 사용 → 조건을 같은 행에 입력

	B	C
13		
14	코드	좋아요 (누적수)
15	B*	>=300

고급 필터 조건의 필드명이 데이터 영역의 필드명과 동일해야 제대로 된 결과가 출력되므로 조건 입력 시 주의 → 복사 기능 활용

- '이고', '이면서'는 AND 조건 사용 → 같은 줄에 조건 입력
- '이거나', '또는'은 OR 조건 사용 → 다른 줄에 조건 입력

- 고급 필터 : 데이터 영역 내 임의의 위치 클릭 → [데이터] 탭-[정렬 및 필터] 그룹-[고급 필터] → [고급 필터] 대화상자에서 '다른 장소에 복사' 선택 → [목록 범위]는 'B2:H10', [조건 범위]는 'B14:C15', [복사 위치]는 'B18'로 설정

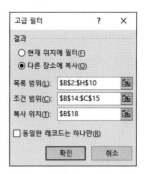

- 표 서식 : [홈] 탭-[글꼴] 그룹-[채우기 색]-[채우기 없음] → [스타일] 그룹-[표 서식]-[표 스타일 보통 6] 선택

제3작업

- 피벗 테이블 : '제1작업' 시트 클릭 → [B4:H12] 영역 블록 설정 → [삽입] 탭-[표] 그룹-[피벗 테이블] → [피벗 테이블 만들기] 대화상자에서 '기존 워크시트' 클릭 → 위치 설정('제3작업' 시트-[B2] 셀) → [피벗 테이블 필드 목록] 창에서 필드를 드래그하여 생성

- 그룹화 : [B5] 셀 선택 → [피벗 테이블 도구]-[분석] 탭-[그룹] 그룹-[그룹 필드] → [그룹화] 대화상자가 나타나면 [시작]은 '201', [끝]은 '500', [단위]는 '100' 입력

- [값] 영역의 '수강인원(단위:명)' 클릭 → [값 필드 설정] 클릭 → [값 필드 설정] 대화상자가 나타나면 '평균' 선택 → [사용자 지정이름]에 '평균 : 수강인원(단위:명)' 입력

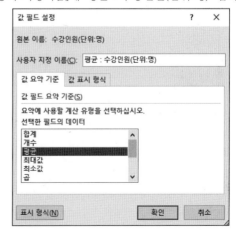

- **정렬** : [C2] 셀의 '열 레이블' 값을 '분류'로 변경-▼를 클릭하여 '텍스트 내림차순 정렬' 체크
- **피벗 테이블 옵션** : [피벗 테이블 도구]-[분석] 탭-[피벗 테이블] 그룹-[옵션] → [피벗 테이블 도구] 대화상자에서 [레이아웃 및 서식]-[레이블이 있는 셀 병합 및 가운데 맞춤] 체크/[빈 셀 표시] 체크-'**' 입력 → [요약 및 필터] 탭-[행 총합계 표시] 체크 해제

- [C5:H9] 영역 블록 설정 → [홈] 탭-[맞춤] 그룹-[가운데 맞춤] → Ctrl+1 → [셀 서식 대화상자]에서 [표시 형식]-[회계]에서 [기호] '없음' 선택

제4작업

- **데이터 범위** : [C4:C12], [G4:H12] 영역 선택 → '나만의커피'와 '홈칵테일' 제외

> '나만의커피'와 '홈칵테일'이 제외되어 있는 영역([C4:C8], [C10:C11], [G4:H8], [G10:H11]만 선택한 후 차트를 작성해도 됨

- **차트 삽입** : [삽입] 탭-[차트] 그룹-[세로 막대형]
- **차트 위치** : [차트 도구]-[디자인] 탭-[위치] 그룹-[차트 이동] → [차트 이동] 대화상자에서 '새 시트' 선택 → '제4작업' 입력

- **차트 디자인** : [차트 도구]-[디자인] 탭-[차트 레이아웃] 그룹-[빠른 레이아웃]-[레이아웃 3]선택 → [차트 스타일] 그룹-[스타일 1] 선택

- **차트 제목** : 차트 제목 선택 → [홈] 탭-[글꼴 그룹]-[글꼴]/[크기]/[굵게]/[채우기 색] 설정 → [차트 도구]-[서식] 탭-[도형 스타일] 그룹-[도형 윤곽선]-[검정] 선택
- **데이터 계열** : [차트 도구]-[디자인] 탭-[종류] 그룹-[차트 종류 변경] → [차트 종류 변경] 대화상자에서 [모든 차트] 탭-[콤보]-'수강인원(단위:명)'의 '보조 축' 체크/'수강인원(단위:명)'의 [차트 종류]는 '표식이 있는 꺾은선형' 선택

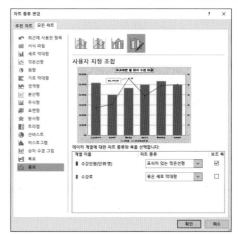

- **레이블** : '혼밥요리'의 '수강인원(단위:명)' 계열 클릭 → [차트 도구]-[디자인] 탭-[차트 레이아웃 그룹]-[차트 요소 추가]-[데이터 레이블]-[오른쪽] 선택
- **눈금선** : 주 눈금선 클릭 → [차트 도구]-[서식] 탭-[도형 스타일] 그룹-[도형 윤곽선]-[대시]-[파선] 선택
- **보조 세로 (값) 축** : 보조 세로 축 더블 클릭 → [축 서식] 창에서 [축 옵션]에서 [단위]의 [주]에 '10' 입력

- **범례명 변경** : [차트 도구]-[디자인] 탭-[데이터] 그룹-[데이터 선택] → [데이터 원본 선택] 대화상자에서 '수강인원(단위:명)' 선택 → [편집] 클릭 → [계열 편집] 대화상자에서 계열 이름 값 수정(수강인원(단위:명))
- **도형 삽입** : [삽입] 탭-[도형]-[모서리가 둥근 사각형 설명선]
- **차트 색상** : 차트 영역 선택 → [홈] 탭-[글꼴 그룹]-[글꼴]/[크기] 설정 → [차트 도구]-[서식] 탭-[도형 스타일] 그룹-[도형 채우기]-[질감]-[파랑 박엽지] 선택 → 그림 영역 선택 → [차트 도구]-[서식] 탭-[도형 스타일] 그룹-[도형 채우기]-[채우기 없음] 선택 → 도형 선택 → [그리기 도구]-[서식] 탭-[도형 스타일] 그룹-[도형 채우기]-[채우기 없음] 선택

제1작업

≪최종 출력형태≫

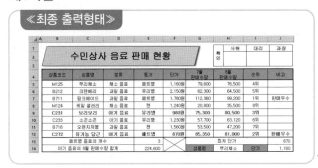

- 글꼴 : Ctrl + A → [홈] 탭에서 '굴림', '11pt', '가운데' 설정
- [G4], [H4] 셀 : 두 줄 입력 (Alt + Enter 사용)
- 셀 채우기 : 블록 지정 → [홈] 탭-[글꼴] 그룹-[채우기 색] 에서 색 지정
- 결제란 : 임의의 셀에 작성 → [홈] 탭-[클립보드] 그룹-[복사]-[그림으로 복사] → Ctrl + V → 위치 지정 → 원본 삭제
- 함수식
  (1) =RANK.EQ(H5,$H$5:$H$12)&"위"
  (2) =IF(AND(G5>=80000,H5>=80000),"판매우수","")
  (3) =DCOUNTA(B4:H12,4,E4:E5)
  (4) =ROUND(SUMIF(D5:D12,"아기 음료",H5:H12),-2)
  (5) =MIN(단가)
  (6) =VLOOKUP(H14,C4:H12,4,0)
  (7) 조건부 서식 : [B5:J12] 영역 블록 설정 → [홈] 탭-[스타일] 그룹-[조건부 서식]-[새 규칙] → [새 서식 규칙] 대화상자에서 [수식을 사용하여 서식을 지정할 셀 결정] 선택 → [다음 수식이 참인 값의 서식 지정]에 수식 (=$F5<=1000) 입력 → [서식] 버튼 클릭 → [셀 서식] 대 화상자-[글꼴] 탭-[글꼴 스타일]은 '굵게', [색]은 '파랑' 설정

제2작업

≪최종 출력형태≫

- [H11] 셀 수식 : =DAVERAGE(B2:H10,6,E2:E3)
- 목표값 찾기 : [수식 셀]은 'H11', [찾는 값]은 '92500', [값을 바꿀 셀]은 'G3' 설정

- 고급 필터 조건 : '하거나'이므로 OR 조건 사용 → 조건을 다른 행에 입력

- 고급 필터 : [조건 범위]는 'B14:C16', [복사 위치]는 'B18'로 설정

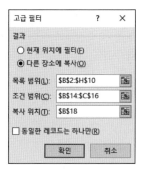

제3작업

- 부분합 : [그룹화할 항목]은 '용기'
  - 부분합 1 : [사용할 함수]는 '개수', [부분합 계산 항목]은 '상품명'
  - 부분합 2 : [사용할 함수]는 '평균', [부분합 계산 항목]은 '8월 판매수량'

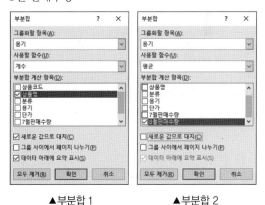

▲부분합 1   ▲부분합 2

- 윤곽 지우기 : [데이터] 탭-[그룹 해제]-[윤곽 지우기]

제4작업

- 데이터 범위 : [C4:C12], [F4:F12], [H4:H12] 영역 선택 → '케일 샐러리'와 '오렌지자몽' 제외
- 레이블 : '핑크에이드'의 '8월 판매수량' 계열
- 보조 세로 (값) 축 : [축 옵션]에서 [단위]의 [주]에 '30000' 입력

제1작업

≪최종 출력형태≫

- 함수식
  (1) =IF(LEFT(B5,1)="G","매장형","카페형")
  (2) =YEAR(F5)&"년"
  (3) =SUMIF(지역,"서울",E5:E12)/COUNTIF(지역,"서울")
  (4) =DSUM(B4:H12,7,D4:D5)
  (5) =MAX(H5:H12)
  (6) =VLOOKUP(H14,C5:H12,6,FALSE)
  (7) 조건부 서식 : 수식(=$H5>=10000) 입력

제2작업

≪최종 출력형태≫

- [H11] 셀 수식 : =AVERAGE(H3:H10)
- **목표값 찾기** : [수식 셀]은 'H11', [찾는 값]은 '9200', [값을 바꿀 셀]은 'H3' 설정
- **고급 필터 조건** : '아니면서'이므로 AND 조건 사용 → 조건을 같은 행에 입력

제3작업

- **부분합** : [그룹화할 항목]은 '지역'
  - 부분합 1 : [사용할 함수]는 '개수', [부분합 계산 항목]은 '매장명'
  - 부분합 2 : [사용할 함수]는 '평균', [부분합 계산 항목]은 '전월매출'

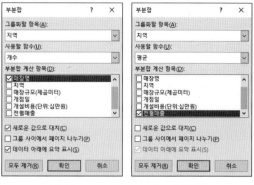

▲부분합 1   ▲부분합 2

제4작업

- **데이터 범위** : [C4:C12], [G4:H12] 영역 선택 → '둔산점'과 '유성점' 제외
- **레이블** : '강남점'의 '전월매출' 계열
- **보조 세로 (값) 축** : [축 옵션]에서 [단위]의 [주]에 '200' 입력

제1작업

≪최종 출력형태≫

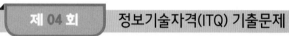

- 함수식
  (1) =CHOOSE(MID(B5,3,1),"서울","인천","부산")
  (2) =RANK.EQ(G5,$G$5:$G$12)&"위"
  (3) =DSUM(B4:H12,6,E4:E5)
  (4) =SUMIF(E5:E12,"파라솔",대여가격)/COUNTIF(E5:E12,"파라솔")
  (5) =LARGE(G5:G12,1)
  (6) =VLOOKUP(H14,C4:H12,6,0)
  (7) 조건부 서식 : 수식(=$H5>=30000) 입력

제2작업

≪최종 출력형태≫

- 고급 필터 조건 : '이거나'이므로 OR 조건 사용
- 표 서식 : [표 스타일 보통 7] 선택

제3작업

- 그룹화 : 대여 수량([시작]은 '1', [끝]은 '2400', [단위]는 '600' 입력)

제4작업

- 데이터 범위 : [C4:C12], [G4:H12] 영역 선택 → '대형 원형 사각 폴딩'과 '대형 2층 이단' 제외
- 레이블 : '노지캠핑 접이식'의 '대여 수량' 계열
- 보조 세로 (값) 축 : [축 옵션]에서 [단위]의 [주]에 '10000' 입력

제 05 회 정보기술자격(ITQ) 기출문제

제1작업

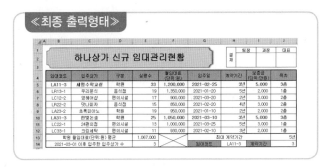

≪최종 출력형태≫

하나상가 신규 임대관리현황

- 함수식
  (1) =CHOOSE(MID(B5,4,1),5000,3000,2000)

---

  (2) =RIGHT(B5,1)&"층"
  (3) =ROUND(DAVERAGE(B4:H12,5,D4:D5),−3)
  (4) =COUNTIF(입주일,">=2021−03−01")
  (5) =MAX(H5:H12)
  (6) =VLOOKUP(H14,B5:H12,7,FALSE)
  (7) 조건부 서식 : 수식(=$E5>=20) 입력

제2작업

≪최종 출력형태≫

- [H11] 셀 수식 : =AVERAGE(F3:F10)
- 고급 필터 조건 : '이거나'이므로 OR 조건을 사용

제3작업

- 부분합 : [그룹화할 항목]은 '구분'
  - 부분합 1 : [사용할 함수]는 '개수', [부분합 계산 항목]은 '입주상가'
  - 부분합 2 : [사용할 함수]는 '평균', [부분합 계산 항목]은 '월임대료(단위:원)'

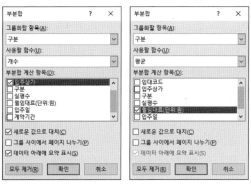

▲부분합 1   ▲부분합 2

제4작업

- 데이터 범위 : [C4:C12], [F4:F12], [H4:H12] 영역 선택 → '우리분식'과 '맛나피자' 제외
- 레이블 : '24편의점'의 '계약기간' 계열
- 보조 세로 (값) 축 : [축 옵션]에서 [단위]의 [주]에 '1' 입력

제1작업

≪최종 출력형태≫

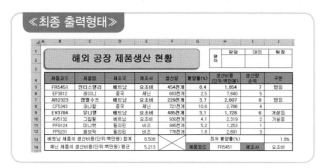

제품코드	제품명	제조국	제조사	생산량	불량률(%)	생산비용 (단위:백만원)	생산량 순위	구분
FR5451	인터스텔라	베트남	요조비	454천개	8.4	1,854	7	방등
EF3812	레이니	중국	제닌	683천개	2.5	7,640	5	
AR2323	켐벨수프	베트남	요조비	229천개	3.7	2,607	8	방등
CF5343	코니칼	중국	제닌	721천개	10.6	2,786	4	
EV3784	유니맬	베트남	요조비	485천개	3.1	1,728	6	거실등
AV5132	그립필	베트남	요조비	930천개	4.1	2,319	2	거실등
PF9124	미니햇	필리핀	비즈	995천개	5.2	1,253	1	
FF5231	패브릭	필리핀	비즈	776천개	1.8	2,691	3	
베트남 제품의 생산비용(단위:백만원) 합계			8,508			최저 불량률(%)		1.8%
제닌 제품의 생산비용(단위:백만원) 평균			5,213			제품코드	FR5451	제조사	요조비

• 함수식

(1) =RANK.EQ(F5,$F$5:$F$12)

(2) =IF(MID(B5,2,1)="V","거실등",IF(MID(B5,2,1)="R","방등",""))

(3) =DSUM(B4:H12,7,D4:D5)

(4) =SUMIF(E5:E12,"제닌",생산비용)/COUNTIF(E5: E12,"제닌")

(5) =MIN(G5:G12)&"%"

(6) =VLOOKUP(H14,B5:H12,4,0)

(7) 조건부 서식 : 수식(=$F5<=500) 입력

제2작업

≪최종 출력형태≫

제품코드	제품명	제조국	제조사	생산량	불량률(%)	생산비용 (단위:백만원)
FR5451	인터스텔라	베트남	요조비	476천개	8.4	1,854
EF3812	레이니	중국	제닌	683천개	2.5	7,640
AR2323	켐벨수프	베트남	요조비	229천개	3.7	2,607
CF5343	코니칼	중국	제닌	721천개	10.6	2,786
EV3784	유니맬	베트남	요조비	485천개	3.1	1,728
AV5132	그립필	베트남	요조비	930천개	4.1	2,319
PF9124	미니햇	필리핀	비즈	995천개	5.2	1,253
FF5231	패브릭	필리핀	비즈	776천개	1.8	2,691
		요조비의 생산량 평균				530

제조국	생산비용 (단위:백만원)
필리핀	
	<=2000

제품코드	제품명	제조국	제조사	생산량	불량률(%)	생산비용 (단위:백만원)
FR5451	인터스텔라	베트남	요조비	476천개	8.4	1,854
EV3784	유니맬	베트남	요조비	485천개	3.1	1,728
PF9124	미니햇	필리핀	비즈	995천개	5.2	1,253
FF5231	패브릭	필리핀	비즈	776천개	1.8	2,691

• [H11] 셀 수식 : =DAVERAGE(B2:H10,5,E2:E3)

• 고급 필터 조건 : '이거나'이므로 OR 조건 사용

제3작업

• 부분합 : [그룹화할 항목]은 '제조국'
  - 부분합 1 : '개수', '제품명' 설정
  - 부분합 2 : '최대값', '생산량' 설정

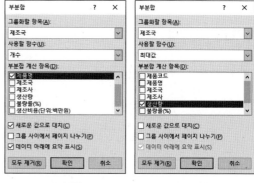

▲부분합 1　　　▲부분합 2

제4작업

• 데이터 범위 : [C4:C12], [F4:F12], [H4:H12] 영역 선택 →
'레이니'와 '코니칼' 제외

제1작업

≪최종 출력형태≫

상품코드	상품명	분류	제조사	탑승 가능 무게(kg)	상품가격 (단위:원)	판매수량	사은품	판매 순위
TC01-3	페도라 S9	쌍둥이	그리지오	30	534,000	93대	유모차 모빌	8
HG02-1	멜란지 에디션	휴대용	느와르	15	420,000	281대	아기 로션	4
HG01-2	그럭블루 L2	휴대용	그리지오	18	357,000	321대	쿨시트	2
DC02-2	테크노 Z2	디럭스	그리지오	24	623,000	285대	쿨시트	3
TC04-3	리안 트윈	쌍둥이	카멜	28	652,000	126대	유모차 모빌	6
DF03-1	채드 V3	디럭스	카멜	15	724,000	98대	아기 로션	7
HW02-2	예츠	휴대용	파르틴	17	392,000	150대	쿨시트	5
DE01-1	프로스트	디럭스	느와르	17	445,000	351대	아기 로션	1
분류가 휴대용이인 상품의 판매수량 평균			110		최대 탑승 가능 무게(kg)			30
분류가 쌍둥이인 상품의 판매수량 합계			219대		상품코드	TC01-3	판매금액	49,662,000

• 함수식

(1) =CHOOSE(RIGHT(B5,1),"아기 로션","쿨시트","유모차 모빌")

(2) =RANK.EQ(H5,$H$5:$H$12)

(3) =ROUND(DAVERAGE(B4:J12,7,D4:D5),0)

(4) =SUMIF(D5:D12,"쌍둥이",H5:H12)&"대"

(5) =MAX(무게)

(6) =VLOOKUP(H14,B4:H12,6,0)*VLOOKUP(H14,B4:H12, 7,0)

(7) 조건부 서식 : 수식(=$H5>=300) 입력

제2작업

≪최종 출력형태≫

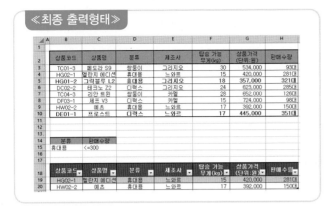

상품코드	상품명	분류	제조사	탑승 가능 무게(kg)	상품가격 (단위:원)	판매수량
TC01-3	페도라 S9	쌍둥이	그리지오	30	534,000	93대
HG02-1	멜란지 에디션	휴대용	느와르	15	420,000	281대
HG01-2	그릭블루 L2	휴대용	그리지오	18	357,000	321대
DC02-2	테크노 Z2	디럭스	그리지오	24	623,000	285대
TC04-3	리안 트윈	쌍둥이	카멜	28	652,000	126대
DF03-1	제프 V3	디럭스	카멜	15	724,000	98대
HW02-2	예츠	휴대용	느와르	17	392,000	150대
DE01-1	프로스트	디럭스	느와르	17	445,000	351대

분류	판매수량
휴대용	<=300

상품코드	상품명	분류	제조사	탑승 가능 무게(kg)	상품가격 (단위:원)	판매수량
HG02-1	멜란지 에디션	휴대용	느와르	15	420,000	281대
HW02-2	예츠	휴대용	느와르	17	392,000	150대

- 고급 필터 조건 : '이면서'이므로 AND 조건 사용
- 표 서식 : [표 스타일 보통 6] 선택

제3작업

- 그룹화 : 탑승 가능 무게(kg)([시작]은 '15', [끝]은 '35', [단위]는 '7' 입력)

제4작업

- 데이터 범위 : [C4:C12], [G4:H12] 영역 선택 → '페도라 S9'와 '리안 트윈' 제외

제 08 회 정보기술자격(ITQ) 기출문제

제1작업

≪최종 출력형태≫

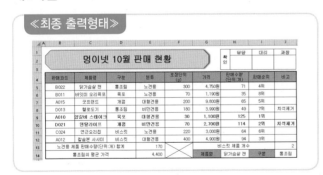

판매코드	제품명	구분	분류	포장단위 (g)	가격	판매수량 (단위:개)	판매순위	비고
B022	닭가슴살 캔	통조림	노견용	300	4,750원	71	4위	
B011	바잇미 오리육포	육포	노견용	70	1,190원	35	8위	
A015	구프랜드	개껌	대형견용	200	9,800원	65	5위	
D013	헬로도기	통조림	비만견용	180	3,990원	49	7위	치석제거
A010	양갈비 스테이크	육포	대형견용	30	1,100원	125	1위	
D021	덴탈라이프	개껌	비만견용	70	2,700원	114	2위	치석제거
C024	연근오리칩	비스킷	노견용	220	3,000원	64	6위	
A012	칼슘본 사사미	비스킷	대형견용	400	4,900원	94	3위	

노견용 제품 판매수량(단위:개) 합계 : 170 · 비스킷 제품 개수 : 2

통조림의 평균 가격 : 4,400

멍이넷 10월 판매 현황

- 함수식
  (1) =RANK.EQ(H5,$H$5:$H$12)&"위"
  (2) =IF(LEFT(B5,1)="D","치석제거","")
  (3) =SUMIF(E5:E12,"노견용",H5:H12)
  (4) =ROUND(DAVERAGE(B4:H12,G4,D4:D5),-2)
  (5) =COUNTIF(구분,"비스킷")

---

(6) =VLOOKUP(H14,C5:H12,2,0)
(7) 조건부 서식 : 수식(=$H5<=20) 입력

제2작업

≪최종 출력형태≫

판매코드	제품명	구분	분류	포장단위 (g)	가격	판매수량 (단위:개)
B022	닭가슴살 캔	통조림	노견용	300	4,750원	71
B011	바잇미 오리육포	육포	노견용	70	1,190원	35
A015	구프랜드	개껌	대형견용	200	9,800원	65
D013	헬로도기	통조림	비만견용	180	3,990원	49
A010	양갈비 스테이크	육포	대형견용	30	1,100원	125
D021	덴탈라이프	개껌	비만견용	70	2,700원	114
C024	연근오리칩	비스킷	노견용	220	3,000원	64
A012	칼슘본 사사미	비스킷	대형견용	400	4,900원	94

판매코드	판매수량 (단위:개)
B*	
	<=50

제품명	분류	가격	판매수량 (단위:개)
닭가슴살 캔	노견용	4,750원	71
바잇미 오리육포	노견용	1,190원	35
헬로도기	비만견용	3,990원	49

- 고급 필터 조건 : '하거나'이므로 OR 조건 사용
- 표 서식 : [표 스타일 보통 6] 선택

제3작업

- 그룹화 : 가격([시작]은 '1001', [끝]은 '10000', [단위]는 '3000' 입력)

제 09 회 정보기술자격(ITQ) 기출문제

제4작업

- 데이터 범위 : [C4:C12], [G4:H12] 영역 선택 → '헬로도기'와 '덴탈라이프' 제외

제1작업

≪최종 출력형태≫

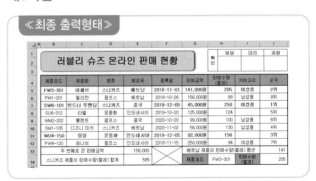

러블리 슈즈 온라인 판매 현황

제품코드	제품명	분류	제조국	등록일	판매금액	판매수량 (켤레)	카테고리	순위
FW3-301	이세븐	스니커즈	베트남	2018-11-01	141,000원	205	애슬레용	2위
PM1-201	엘리칸	펌프스	베트남	2018-10-26	156,000원	88	남성용	8위
SW6-101	반드너 투벤딩	스니커즈	중국	2018-09-15	45,000원	250	여성용	1위
SU6-312	타넬	운동화	인도네시아	2019-10-20	125,000원	124		5위
WM2-202	몰렌티	펌프스	중국	2020-10-20	99,000원	100	남성용	6위
SM1-105	디즈니 미키	스니커즈	베트남	2020-11-02	56,000원	130	남성용	4위
WU4-150	램램	운동화	인도네시아	2019-12-05	92,000원	156		3위
PW4-120	레니브	펌프스	베트남	2018-11-15	250,000원	94	여성용	7위

두 번째로 큰 판매금액 : 156,000 · 베트남 제품의 판매수량(켤레) 평균 : 141

스니커즈 제품의 판매수량(켤레) 합계 : 585

- 함수식
  (1) =IF(MID(B5,2,1)="M","남성용",IF(MID(B5,2,1)="W","여성용",""))

(2) =RANK.EQ(H5,$H$5:$H$12)&"위"

(3) =LARGE(판매금액,2)

(4) =SUMIF(D5:D12,"스니커즈",H5:H12)

(5) =DSUM(B4:H12,7,E4:E5)/COUNTIF(E5:E12,"베트남")

(6) =VLOOKUP(H14,B5:H12,7,FALSE)

(7) 조건부 서식 : 수식(=$H5>=150) 입력

제2작업

≪최종 출력형태≫

- [H11] 셀 수식 : =DAVERAGE(B2:H10,7,D2:D3)
- 고급 필터 조건 : '하거나'이므로 OR 조건 사용

제3작업

- 부분합 : [그룹화할 항목]은 '분류'
  - 부분합 1 : '개수', '제품명' 설정
  - 부분합 2 : '최대값', '판매금액' 설정

제4작업

- 데이터 범위 : [C4:C12], [G4:H12] 영역 선택 → '빈드너 투밴딩'과 '몰렌트' 제외

제 10 회 정보기술자격(ITQ) 기출문제

제1작업

≪최종 출력형태≫

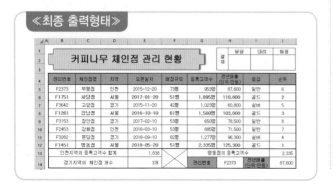

- 함수식

(1) =CHOOSE(RIGHT(B5,1),"골드","실버","일반")

(2) =RANK.EQ(G5,$G$5:$G$12)

(3) =DSUM(B4:H12,6,D4:D5)

(4) =COUNTIF(지역,"경기")&"개"

(5) =INDEX(G5:G12,MATCH("명동점",C5:C12,0))

(6) =VLOOKUP(H14,B5:H12,7,FALSE)

(7) 조건부 서식 : 수식(=$H5>=100000) 입력

제2작업

≪최종 출력형태≫

- 고급 필터 조건 : '이거나'이므로 OR 조건 사용
- 표 서식 : [표 스타일 보통 2] 선택

제3작업

- 그룹화 : 오픈일자([시작]은 '2015-11-20', [끝]은 '2018-05-21' 입력, [단위]는 '연' 선택)

제4작업

- 데이터 범위 : [C4:C12], [G4:H12] 영역 선택 → '부평점'과 '강화점' 제외

알아두면 유용한 단축키

기능 키	방향 키	Shift + 키
F1 : [도움말] 창 표시	↑ : 위 셀로 이동	F2 : 메모 삽입/편집
F2 : 현재 셀 편집	↓ : 아래 셀로 이동	F3 : 함수 마법사
F3 : 이름 붙여넣기	← : 왼쪽 셀로 이동	F4 : 다음 빈 셀로 이동
F4 : 마지막 작업 반복	→ : 오른쪽 셀로 이동	F9 : 현재 시트 내용 다시 계산
F5 : 이동	Home : 첫 행으로 이동	F10 : 바로 가기 메뉴
F6 : 다음 선택 메뉴로 이동	Page Up : 한 화면 위로 이동	F11 : 새 시트 삽입
F7 : 맞춤법 검사	Page Down : 한 화면 아래로 이동	Enter : 위쪽 행의 셀 선택
F8 : 셀 선택 확장 모드 on/off	Tab : 오른쪽 열로 이동	Tab : 오른쪽 열의 셀 선택
F9 : 모든 시트 내용 다시 계산	Enter : 아래 행으로 이동	Space : 행 전체 선택
F10 : 키 설명 표시		
F11 : 차트 만들기		
F12 : 다른 이름으로 저장		

Ctrl + 키	Alt + 키	Ctrl + Shift + 키
W : 현재 통합 문서 닫기	F4 : 엑셀 종료	~ : 일반 서식 설정
; : 현재 날짜 삽입	F10 : [선택 및 표시] 창 표시/ 숨기기	1 : 숫자 서식 설정
P : 인쇄	↓ : 드롭다운 목록 표시	2 : 시간 서식 설정
+ : 셀 삽입	Enter : 한 셀에 다음 줄 입력	3 : 날짜 서식 설정
− : 셀 삭제	F : [파일] 탭으로 이동	4 : 통화(원) 서식 설정
A : 모든 셀 선택	H : [홈] 탭으로 이동	5 : 백분율(%) 서식 설정
C : 복사	N : [삽입] 탭으로 이동	6 : 지수 서식 설정
X : 잘라내기	M : [수식] 탭으로 이동	7 : 테두리 선 적용
V : 붙여넣기	A : [데이터] 탭으로 이동	; : 현재 시간 삽입
Z : 실행 취소	R : [검토] 탭으로 이동	P : 글꼴 설정
N : 새 통합 문서	W : [보기] 탭으로 이동	U : 수식 입력줄 확장 / 축소
S : 저장		+ : 셀 삽입
O : 불러오기		

열공바 ITQ 엑셀 2016

초판2쇄 발행	2023년 04월 20일(인쇄 2023년 03월 16일)
초 판 발 행	2022년 01월 05일(인쇄 2021년 11월 25일)
발 행 인	박영일
책 임 편 집	이해욱
편 저	IT수험교재팀
편 집 진 행	이동욱
표지디자인	김도연
편집디자인	신해니
발 행 처	(주)시대고시기획
출 판 등 록	제 10-1521호
주 소	서울시 마포구 큰우물로 75 [도화동 538 성지 B/D] 9F
전 화	1600-3600
홈 페 이 지	www.sdedu.co.kr

I S B N	979-11-383-1152-6(13000)
정 가	14,000원